苏南旅游产业低碳化转型的系统模式与绩效评价

侯国林 等 著

国家社会科学基金项目（11CGL054）
江苏高校优势学科建设工程资助项目　　　　　　　　　资助出版
江苏省地理信息资源开发与利用协同创新中心建设项目

科　学　出　版　社

北　京

内 容 简 介

本书从全球变化与区域响应视角，以苏南为例，综合运用低碳经济相关理论和数理模型方法，探讨我国旅游业低碳化转型发展问题，构建"碳排放测度——低碳模式构建——低碳绩效评价"的研究范式。首先，应用区域旅游业碳排放测度模型估算苏南旅游业碳排放量，分析旅游业碳排放的影响因素，对旅游业碳排放量进行情景预测；其次，分析苏南旅游业低碳化转型的条件，构建旅游业低碳化转型的动力机制模型和系统模式；再次，分析旅游业低碳绩效的内涵及评价方法，对苏南典型景区进行低碳绩效评价；最后，提出苏南低碳旅游发展的路径与对策。

本书可供高等院校旅游专业师生、旅游及低碳经济科研人员、旅游规划设计人员、政府官员及旅游行业管理人员等参考。

图书在版编目(CIP)数据

苏南旅游产业低碳化转型的系统模式与绩效评价/侯国林等著. —北京：科学出版社，2015.11
ISBN 978-7-03-046248-0

Ⅰ.①苏⋯ Ⅱ.①侯⋯ Ⅲ.①地方旅游业-旅游业发展-节能-研究-苏南地区 Ⅳ.①F592.753

中国版本图书馆 CIP 数据核字(2015)第 264530 号

责任编辑：周 丹 刘稳航/责任校对：郑金红
责任印制：徐晓晨/责任设计：许 瑞

科 学 出 版 社 出版
北京东黄城根北街16号
邮政编码：100717
http://www.sciencep.com

北京京华虎彩印刷有限公司 印刷

科学出版社发行 各地新华书店经销

*

2015 年 11 月第 一 版 开本：720×1000 B5
2015 年 11 月第一次印刷 印张：14 1/2
字数：290 000
定价：89.00 元
(如有印装质量问题，我社负责调换)

序

地理学主要研究地表环境、地域系统及其变化规律，而人地关系，素来是地理学的研究核心。探寻人类活动对生态环境的影响机理和作用规律，实现对人类活动的有效调控，促进区域可持续发展，是人地关系研究中的重要科学问题。在全球变化背景下，人地关系矛盾呈现出全球性和复杂性特征，区域地理过程与全球人地系统的演变有着密不可分的关系，从全球视角研究区域人地系统已成为人地关系研究新的科学命题。

旅游地理学作为地理学的分支学科，研究对象和内容着眼于旅游学与地理学的结合点和相关点，其研究核心是旅游人地关系。事实上，旅游活动作为地球表层人类活动的一种特殊形式，依附于一定的地域，并与相关地理环境产生相互作用。这使得旅游业赖以生存的自然与人文环境呈现出不断变化、演替的格局，如果因人为因素影响与干扰而呈现出逆向变化的趋势就会造成环境问题。但旅游环境问题却因旅游业自身特征及取得的巨大成就而被忽视，直至 20 世纪 60 年代，旅游业是"无烟产业"的悖论才逐渐被人们所揭示。在全球气候变化背景下，旅游环境影响研究打破地域范畴的局限，加强旅游产业发展的全球环境效应研究，从全球变化视角研究旅游人地关系是旅游地理学应有的学术关照。

人类使用化石燃料产生的碳排放是全球气候变暖的主要驱动力。因此，通过节能减排、能源更替、增加碳汇，走低碳之路，实现社会经济发展模式转型，积极应对气候变化成为全球共识。经过多年粗放式高速发展，我国在成为世界第二大经济体的同时也成为世界上碳排放量最大的国家，国内资源和生态环境容量已达极限，必须走集约化、内涵式发展道路，加大节能减排力度，建设生态文明，实现发展模式的转型，只有这样，才能承担应对气候变化的国际责任，并保证社会经济的可持续发展。近来年，作为国民经济重要组成部分的旅游业，亦进入转型升级的关键时期，通过节能减排走低碳旅游之路，既是对全球气候变化和建设生态文明的响应，也是旅游业自身可持续发展的理性抉择。因此，旅游业低碳化转型问题是旅游地理学新兴的研究热点，具有重要的理论价值和应用价值。

《苏南旅游产业低碳化转型的系统模式与绩效评价》是侯国林基于其所主持的国家社科基金项目而完成的一部学术专著。该书将全球视角和区域视角相结合，将低碳化转型作为区域旅游可持续发展的关键因素，以苏南为典型案例地，注重将理论分析与实证研究、定量测度与定性研究相结合，构建了较为完整的区域旅游业低碳化转型的研究框架，拓展了旅游环境影响研究的视角，丰富了旅游地理学与旅游可持续发展的理论。该书对区域旅游产业低碳化转型的探讨并未局限于具体的模式提炼与绩效评价，而是将旅游产业低碳化转型视为区域旅游系统响应全球变化的自觉演进过程，回答了区域旅游系统向低碳化演进过程中的初始状态、演进潜力与条件、演进机制与模式、演进效果等问题，尝试构建低碳旅游的研究范式，揭示区域旅游发展与旅游业碳排放的耦合关系，引导区域旅游地认识旅游环境影响的跨区域扩散与全球性特征，重新审视旅游可持续发展的内涵，体现了研究的理论性与系统性，具有学术创新价值。

　　从研究方法来看，该书综合应用了文献综述、数据可视化技术、定性与定量模型、实证研究等方法，注重将新颖、适用的研究理论与方法引入到研究中来，得出具体而有深度的结论，深化了对研究对象的认识，提升了研究的科学性。

　　该书是区域旅游产业响应全球气候变化，实施低碳化转型发展方面的综合研究成果，研究思路、研究方法和主要结论对旅游地理学研究具有重要的理论贡献和现实意义。可为相关学者及政府管理部门、企业、投资者提供有益的参考，并将对苏南地区乃至我国其他地区旅游产业低碳化转型起到一定的指导和推动作用。

2015 年 10 月于南京

前　　言

　　在全球气候变化背景下,控制和减少温室气体排放成为全球关注的焦点问题。世界各国正在经历一场发展方式的根本性变革,发展低碳经济成为维护全球生态安全和促进可持续发展的必然选择。我国是世界上最大的发展中国家,同时也是世界上碳排放量最大的国家,承担着发展经济、改善民生的重任,同时,又面临着巨大的减排压力,需要寻找合理的发展道路与发展模式,化解这种"两难困境",兼顾经济发展与节能减排的低碳经济无疑是最佳的选择。低碳经济的核心内涵是转变经济发展方式,提高资源生产率和碳效率,以低能耗、低 CO_2 排放和低环境污染,实现较高的经济和社会发展水平,保障经济社会的可持续发展,协调经济发展与环境保护之间的关系。

　　旅游业相对于工业产业来说,污染物排放少、对生态环境破坏小,曾被人们一致认为是"无烟工业"。然而在气候变化背景下,旅游业对环境的影响被人们重新审视。从碳排放视角看,旅游是一种健康非低碳的生活方式,在提高生活质量、有益身心健康、促进社会经济发展的同时,具有明显的非低碳特征。旅游业的奢侈消费助长了对环境的负面影响,成为环境污染和气候变化的重要驱动因素,全球旅游业 CO_2 排放量,已占全球排放量的 5%,并呈现不断增加的趋势。推动旅游业"低碳化"转型,是响应全球气候变化,维系旅游业乃至全人类可持续发展的重大责任和内在要求,已成为现代旅游地理学需要解决的重要科学问题之一。因此,减少旅游业碳排放,走低碳旅游之路,已成为旅游业最紧迫的环境问题,是全球旅游业可持续发展的关键,也是当前旅游研究的热点。经过改革开放以来30 多年的快速发展,我国旅游业已形成巨大的产业规模,目前已进入转型与升级的发展阶段。然而,许多地区在转型升级的口号下,旅游业发展呈现奢侈化趋势,高投入、高能耗旅游项目层出不穷,对我国实现节能减排目标,协调推进"五位一体"战略产生了消极作用,旅游业向低碳化方向转型是协调旅游经济增长与保护生态环境双重目标的必由之路。

　　全球性问题最终要落实到区域上加以解决。每个区域的节能减排将延缓气候变暖的进程,为人类应对气候变化赢得时间。以"苏南模式"闻名于世的苏南地区,高碳经济占主导地位,正积极推动经济发展方式转变,建设生态苏南。苏南也是我国旅游业最发达的区域之一,旅游总收入、国内旅游人数等主要旅游业发展指标均居全国先进水平,同时,苏南旅游业碳排放量亦在江苏省占据绝对优势,达 70%左右,走低碳化之路的需求非常迫切。另一方面,苏南居民生态意识强烈,旅游需求旺盛，旅游创新与转型走在全国的前列，具备低碳化转型的资金、科技和市场等条件。在苏南发展面临资源环境约束和旅游业本身转型升级的共同挑战下，发展低碳旅游，对转变苏南经济增长方式，保持良好的经济发展态势，建设低碳社会，促进旅游业跨越式发展，实现生态文明，减缓气候变化具有重要意义。

本书从全球变化与区域响应视角，将低碳化转型视为区域可持续发展的关键因素，以苏南为典型案例区，运用气候变化、低碳经济理论和数理模型方法，探讨旅游业低碳化转型发展问题，构建"碳排放测度—系统模式构建—低碳绩效评价"的研究范式，探究区域旅游碳排放的测度和情景预测的方法，构建旅游产业转型的动力机制与系统模式，提出旅游业低碳化转型绩效评价的方法与模型，为科学测度区域旅游业低碳发展水平，推进区域旅游产业低碳化转型提供系统的理论支撑与方法依据。在内容安排上，遵循研究范式确定写作框架，首先基于科学知识图谱理论，应用 Citespace 软件对旅游与气候变化研究领域的研究进展、引证景观进行了分析，构建了旅游产业低碳化转型研究的理论基础；其次，建立区域旅游业碳排放测度模型，对苏南旅游业以及苏南典型旅游景区的碳排放量进行测度，进一步设定高碳情景、低碳情景、逐步低碳情景对未来一段时期内苏南旅游业碳排放进行了预测；再次，对苏南旅游业低碳化转型的主要利益相关者包括政府、旅游从业者以及公众的低碳旅游感知、态度与价值取向进行了研判，分析苏南旅游业低碳化转型的主客观条件，在此基础上构建了旅游产业低碳化转型的动力机制模型和低碳转型发展的系统模型。并分析了苏南旅游业低碳化转型的系统模式、低碳化转型的过程与时空分异；最后，在分析旅游产业低碳化绩效的内涵、影响因素与评价方法的基础上，运用熵权层次分析法和 DPSIR 模型，对苏南典型景区进行了低碳旅游绩效评价。最后，结合实际，提出推动苏南旅游业低碳化转型的路径与对策。

本书的研究主题与内容是国际旅游研究和低碳经济研究的热点和前沿性问题，研究视角较为新颖。在研究过程中，注重将定量研究法与定性研究法相结合，构建旅游低碳化转型层层递进型研究范式，注重研究内容和研究路径的创新性。在应对气候变化与建设生态文明的时代背景下，本书可以引导区域旅游地认识旅游环境影响的跨区域扩散与全球性特征，提升公众低碳环保意识，提高旅游业节能减排、保护生态的责任心，并对制定区域旅游规划与产业管理政策，推进旅游业减排增汇，实现低碳旅游与生态文明建设的耦合互动具有重要作用。同时，可以利用旅游产业链的传导机制，总结旅游业低碳化转型的"苏南模式"，带动其他产业走低碳发展之路，提高区域资源生产率，实现区域社会经济整体低碳化，对实施"五位一体"总布局，努力建设美丽中国，实现中华民族永续发展具有重要的应用价值。本书可为高等院校旅游专业师生、旅游及低碳经济科研人员、旅游规划设计人员、政府官员及旅游行业管理人员、旅游景区中高层管理人员等进行旅游产业转型与低碳旅游学术研究、制定旅游产业政策等提供参考。

　　本书是在我主持的国家社科基金项目《苏南旅游产业低碳化转型的系统模式与绩效评价》的研究成果的基础上，经充实、修改完善而成，既是基金研究成果的总结和提炼，也是团队合作研究的成果之一。其中陶玉国博士协助完成苏南旅游业碳排放测度工作，并完成"苏南旅游业碳排放测度"一节主要内容的写作；台运红硕士协助完成"苏南典型旅游景区碳排放测度与低碳绩效评价"研究工作；张玲硕士协助完成"苏南公众对低碳旅游的感知、态度与行为"的研究工作；黄锦硕士协助完成"苏南旅游业低碳化转型模式"的研究工作。在基金研究及本书的写作过程中，得到南京师范大学地理科学学院汤国安教授、黄震方教授、张小林教授、陆玉麒教授、陶卓民教授、丁正山教授等老师的指导和帮助，同时得到旅游系周年兴教授、吴江副教授、靳诚副教授、万露副教授、储少莹老师、张郴老师、葛军莲老师、曹芳东老师等同事的大力帮助；本书的出版得到全国哲学社会科学规划办公室、南京师范大学地理科学学院、科学出版社的大力支持，谨此表示衷心的感谢！此外，要特别感谢科学出版社编辑刘稳航、周丹为本书出版所做的大量工作！

　　本书是作者在旅游产业低碳化转型领域的初步研究成果，由于作者水平有限，加之旅游业碳排放涉及面广、相关数据可获得性差等原因，书中难免有不妥与谬误之处，敬请广大读者批评指正。

侯国林

2015 年 10 月于南京

目　　录

第1章 绪 论

1.1 研 究 背 景

1.1.1 气候变化是全球关注与研究的热点

气候变化包括了气温变化、降水变化以及气候极端事件变化等[1],其中,全球气温变暖所引起的后果最为严重,也是人们最关注的气候变化问题。近一百多年来,全球平均气温不断升高,全球平均气温经历了冷—暖—冷—暖两次波动,总体呈上升趋势。根据联合国政府间气候变化专门委员会(IPCC)的报告,1906~2005 年,全球平均地表温度上升了 0.74℃,且升温速度不断加快[2]。全球气候变化的后果,会导致冰川融化、海平面上升,高海拔与高纬度地区的冻土消融,进而使得全球气候系统发生紊乱、灾害性极端天气事件频发,既危害全球生态系统的安全与平衡,更威胁人类的粮食以及居住环境的安全,影响人类社会的可持续发展。自 1750 年以来,人类活动导致的温室气体排放是当前观测到的全球气候变化现象最主要的驱动因素,尤其是近 50 年来全球气候变暖 90%以上是人类活动产生的结果。美国两个观测记录最长的测站设在夏威夷群岛,观测资料显示,1958~1990 年二氧化碳浓度增加了约 13%,科学家们预计,如果不控制人类排放到大气中的二氧化碳,那么按照现在的排放速度,到 22 世纪中叶,大气中的二氧化碳含量将达到本世纪的两倍。2007 年,IPCC 公布的气候变化研究报告表明,如果不采取措施改变当前的温室气体排放模式,全球气温到 2100 年可能会升高 6℃[3]。美国 NASA 戈达德太空研究所(Goddard Institute for Space Studies,NASA)主任 James Hansen 认为:大气中的二氧化碳浓度已经到了危险水平,控制大气中二氧化碳浓度成为人类社会刻不容缓的事情。只有到 2050 年将大气中二氧化碳浓度增幅控制在工业化前水平的 2 倍以内,才可能避免发生极端的气候变化[4]。因此,气候变化已成为 21 世纪重大的政治、外交与环境发展问题[5],转变对化石燃料的依赖,减少碳排放,促进碳吸收,推动全球社会经济"低碳化"转型是人类应对气候变化,实现全球可持续发展的核心任务和必然选择。作为协调社会经济发展、应对气候变化的基本途径,发展低碳经济成为全球大多数国家的共识。

1.1.2 减少碳排放,发展低碳经济是全球可持续发展的必然选择

在气候问题备受关注的大背景下,国际社会在为解决气候问题而努力,从《京

都议定书》到"巴厘岛路线图",再到哥本哈根、利马全球气候变化大会,减少全球碳排放,发展低碳经济越来越受到国际社会的重视。低碳经济概念首见于英国政府于2003年发表的《我们未来的能源:创建低碳经济》报告,该报告的发表立刻引起国际社会对低碳经济的广泛关注。2006年,前世界银行首席经济学家尼古拉斯·斯特恩牵头做出的《斯特恩报告》指出,全球以每年GDP1%的投入,可以避免将来每年GDP5%~20%的损失,呼吁全球向低碳经济转型。2007年12月,联合国气候变化大会在印尼巴厘岛举行,制订了世人关注的应对气候变化的"巴厘岛路线图",为推动全球迈向低碳经济起到了积极的作用,具有里程碑的意义。2009年12月,在丹麦哥本哈根召开的世界气候大会成为了低碳经济发展的转折点,向低碳经济转型已经成为世界经济发展的大趋势[1]。

世界各国纷纷根据自身的实际情况,制定相应的法律法规以及措施,推动社会经济低碳化转型,促进低碳经济发展。在低碳经济制度方面,西方主要发达国家通过制定一系列碳减排的制度与法规,实现碳减排的法制化,使碳减排行动具有强制约束力。如英国在2007年推出全球第一部《气候变化法案》,并于2008年正式实施,是世界上第一个立法约束碳排放的国家。美国近年来也在碳减排法制化方面迈出了实质性步伐,如2007年7月美国参议院提出了《低碳经济法案》,2009年6月美国众议院通过了《美国清洁能源安全法案》。在经济激励方面,西方发达国家也纷纷出台了税收减免、补贴、价格保护、优惠贷款等一系列激励措施,鼓励减少碳排放,并取得了一定的成效,如一些欧盟国家根据车辆的燃油效率和环保性能制定不同的车辆消费税费,消费者如果购买新型、清洁和高能效的汽车将会得到一定的税收减免。在能源减排方面,各国都不遗余力地发展低碳或零排放的可再生能源和清洁能源。如英国利用丰富的风力大力发展风力发电,目前已成为全球拥有海上风力发电站最多、总装机容量最大的国家。德国对风力发电进行投资补贴,对风电项目和光伏发电项目实施低利率贷款等;在发展低碳技术方面,各国十分重视低碳技术的发展,为相关的研究机构和企业提供技术指导及巨额资金支持,以便占领低碳技术的高地。如日本提出了建设低碳社会的12条措施,加大对于低碳技术的开发[6]。在生活减排方面,西方发达国家也在节能建筑、绿色交通、倡导节能的生活方式等方面制定相应的对策措施。作为世界上最大的发展中国家、也是碳排放量最多的国家,我国在碳减排、发展低碳经济方面旗帜鲜明,坚持"共同但有区别的责任",先后批准了《联合国气候变化框架公约》和《京都议定书》,并发布了《中国应对气候变化国家方案》,成立了国家应对气候变化领导小组。与此同时,我国政府针对低碳减排也做出了承诺:到2020年我国单位国内生产总值二氧化碳排放比2005年下降40%~45%,并将减少碳排放纳入国民经济和社会发展中长期规划。和一些发达国家一样,我国通过制定应对气候变化的相关法律法规、完善税收制度、积极发展新能源和可再生能源、大力植树造林增加碳汇等方式来推进国民经济向低碳化方向转型。

1.1.3　旅游业与全球气候变化息息相关

旅游业相对于钢铁、石油等传统重工业来说，污染物排放少、对生态环境破坏小，曾被人们一致认为是"无烟工业"。然而在气候变化背景下，旅游业对环境的影响被人们重新审视。白长虹教授对旅游业"无烟工业"的称号进行了反思，指出旅游业的奢侈消费助长了负面环境影响[7]。张世满指出，旅游是一种健康非低碳的生活方式，在提高生活质量、有益身心健康、促进社会经济发展的同时，具有明显的非低碳特征[8]。旅游与气候的关系甚为密切，旅游业是一种严重依赖气候条件和自然环境的产业，对气候变化敏感，同时，旅游业的高速发展也加剧了环境污染和气候变暖，旅游业碳排放是旅游对环境影响的重要驱动力[9]。首先，从旅游行为本身看，旅游是人们满足日常生活需要后的高层次消费活动，带有明显的提升生活品质、享受性的特征。高层次的消费意味着更多的资源和能源消耗，产生大量温室气体的排放[10]。其次，旅游是旅游者从居住地到目的地的旅行、游览活动，因此具有明显的异地性，不可避免对交通工具的使用，旅游地在修建道路、酒店及其他消费场所供游客使用，这都会带来大量的碳排放。此外，旅游还带有明显的外部效应，旅游者在旅游过程消费具有明显的挥霍性，道德感弱化，常常会出现攀比成风、肆意浪费、破坏旅游资源等不良行为，这些行为的背后是大量资源和能源的消耗，产生比居家时多得多的碳排放。例如，2005 年以来全球每年有超过 8 亿人次的国际游客，更有超过 100 亿人次的国内游客。如此大规模的人员流动，而且相当大比例是长距离的国内、国际流动，需要大量运输工具提供相应的交通服务，这必然要消耗巨额燃油，排放巨量的"碳"。世界旅游组织的一项统计表明，旅游业能源消耗以及温室气体排放以旅游交通和旅游住宿餐饮业的影响最大，仅 2005 年旅游住宿和交通的碳排放量就达到了 284Mt 和 1192Mt[11]。以饭店为例，一座中等规模的三星级饭店，一年大约要消耗 1400t 煤的能量，可向空中排放 4200t 二氧化碳，饭店每平方米的年用电量是普通城市居民住宅楼的 10 多倍，平均每个客人每天的耗水量在 1t 左右，而目前很多城市居民每月的用水量一般不会超过 5t，饭店属于旅游业中"高能耗、高排放、高污染"的奢侈行业[12]。2009 年我国 1.4 万家星级饭店全年用电量达到了 1.74×10^{10} kW·h，全年用水 9.2×10^8t。其中，五星级饭店每平方米建筑面积综合能耗平均值为 60.87kg 标准煤，四星级饭店每平方米建筑面积综合能耗平均值为 47.29kg 标准煤，三星级饭店每平方米建筑面积综合能耗平均值为 40.36kg 标准煤；A 级景区游客每人次用电量为 1.42kW·h，游客每人次用水量为 0.17m^2[13]。世界旅游组织认为按照目前的旅游活动呈现的特点和旅游需求的递增速度，即使考虑了能效提高的因素，2035 年的旅游业碳排放水平较 2005 年将会提高 161%，远远超过 IPCC 对

2000 年到 2030 年碳排放水平的最悲观估计[14]。

当前，全球旅游业 CO_2 排放量，已占全球排放量的 5%（UNWTO-UNEP-WMO），若不采取措施，到 2035 年，该贡献率将增加 188%（WTO），旅游业加速全球变暖，全球变暖又影响旅游业发展，形成恶性循环。推动旅游业"低碳化"转型，是响应全球气候变化，维系旅游业乃至全人类可持续发展的重大责任和内在要求，已成为现代旅游地理学需要解决的重要科学问题之一。因此，减少旅游业碳排放，走低碳旅游之路，已成为旅游业最紧迫的环境问题，是全球旅游业可持续发展的关键，也是当前旅游研究的热点。新西兰、冰岛、挪威等国已率先提出实现"碳中性"旅游目的地的战略目标。经过 30 多年的快速发展，我国旅游业已形成巨大的产业规模，据 UNWTO 预测，到 2020 年，我国将成为世界最大的旅游目的地，旅游业将成为我国国民经济的支柱产业，旅游业碳排放量也将快速增长，对我国碳排放总量产生重要影响。多年来，我国旅游业经营方式粗放，以数量增长为主，目前已进入转型与升级的发展阶段。然而，许多地区在转型升级的口号下，旅游业发展呈现奢侈化趋势，高投入、高能耗旅游项目层出不穷，对我国实现节能减排目标，协调推进经济、政治、文化、社会和生态"五位一体"建设产生消极作用，旅游业低碳化转型显得尤为迫切。

1.1.4　苏南旅游低碳化转型要求迫切

全球性问题最终要落实到区域上加以解决。每个区域的节能减排将延缓气候变暖的进程，为人类应对气候变化赢得时间。基于此，全球碳计划（GCP）于 2005 年发起了城市与区域碳管理（Urban and Region Carbon Management, URCM）研究计划，其研究的首要目标是支持区域碳管理，并实现城市可持续发展[15]。GCP 指出了区域碳管理有利于减少碳排放，促进低碳经济发展。从全球看，我国是世界上碳排放量最大的国家，基于发展的需要，可以预计在未来的一段时期内，我国碳排放总量依然还有较大幅度的增长，根据中美两国政府 2014 年 12 月达成的协议，到 2030 年我国二氧化碳排放量达到峰值。由于近十几年来我国经济呈现粗放型高速增长，资源环境容量已达极限，在资源枯竭、环境恶化、污染积重难返的现实面前，全体国民的生态环境意识空前觉醒，生态文明建设已成为我国的核心战略之一。加之国际上对我国碳减排的要求，我国碳减排面临国际、国内的双重压力。从国内各省区的碳排放总量看，近 15 年以来，作为经济发达省区的江苏省的碳排放总量位列全国各省份第一位，年均增长超过 10%，碳排放压力非常大。江苏省作为中国名列前茅的旅游强省，旅游业减排有利于减少江苏省的碳排放，以及有效提高江苏省旅游业碳管理的水平。以"苏南模式"闻名于世的苏南地区，高碳经济占主导地位，正积极推动经济发展方式转变，建设生态苏南。苏南也是我国旅游业最发达的区域之一，旅游总收入、国内旅游人数等主要旅游业发展指标均居全国先进水平，苏南旅游业总量及碳排放量均在全省占据绝对优势，达 70% 左右，旅游业碳排放量对全江苏省的总排放量具有重要影响。在国家大力推行节能减排战略，建设生态文明之际，区域旅游发展面临现实的"两难困境"，即既要旅游消费增长促进区域经济发展，又要控制旅游碳足迹的大幅度扩张。面对这样一个理论与现实矛盾，实现旅游发展低碳化转型，发展低碳旅游是一剂良方，其核心目标是寻找到旅游经济增长与旅游碳足迹、能源消耗下降的理想均衡点[16]。另外，由于我国是发展中国家，面临着发展经济、改善民生的重任，如果从生产领域入手实施碳减排对我国 GDP 增长有较大影响，越早开始实施减排，GDP 损失率越大，而从服务业入手对降低我国碳排放的总体水平具有现实意义[14]。因此，在苏南发展面临资源环境约束和旅游业本身转型升级的共同挑战下，发展低碳旅游，对转变苏南经济增长方式，保持良好的经济发展态势，建设低碳社会，促进旅游业跨越式发展，实现生态文明，减缓气候变化具有重要意义。

1.2　选题目标与意义

1.2.1　研究目标

本研究将低碳化转型作为区域旅游可持续发展的关键因素，应用文献分析研究法、数学建模技术、结构方程模型（SEM）技术、DPSIR 模型等技术方法，分析区域旅游业碳排放量及其时空特征，评估区域旅游业低碳化程度，揭示区域旅游发展与旅游业碳排放的耦合关系，总结提炼区域旅游业低碳化转型的系统模式，为区域旅游业低碳化转型提供理论支撑和分析依据，进一步丰富旅游地理学与区域旅游可持续发展的理论内涵与方法体系。

以苏南地区为典型案例，通过对区域旅游业低碳化转型的系统模式与低碳景区管理绩效的深入研究，达到增强区域低碳转型动力，优化低碳旅游产业空间布局，促进旅游发展与碳排放量"脱钩"的目的，为推动旅游业节能减排，建设低碳旅游地提供科学依据并产生良好的示范效应。

1.2.2　研究意义

（1）本课题将全球视角和区域视角相结合，以苏南为例，开展旅游业低碳化转型的理论与实证研究，提出旅游业低碳化转型的系统模式与绩效评价方式，提高了对旅游业碳排放及旅游业低碳化转型规律的认识，拓展了旅游影响研究的视角，为科学衡量区域旅游业低碳发展水平，推进区域旅游产业低碳化转型提供系统的理论与方法依据，丰富了旅游管理学研究的内容，具有重要的理论意义。

（2）我国已成为世界上碳排放最多的国家，面临巨大的减排压力。在全球气候变化与我国突出生态文明建设的时代背景下，实现旅游业低碳化转型，一方面，可以促进苏南生态文明建设和旅游业可持续发展；另一方面，对引导区域旅游地认识旅游环境影响的跨区域扩散与全球性特征，提升公众低碳环保意识，提高旅游业节能减排、保护生态的责任心；对制定区域旅游规划与产业管理政策，应对全球气候变化，推进旅游业减排增汇，实现低碳发展，增强区域旅游综合竞争力和可持续发展能力；对实现低碳旅游与生态文明建设的有效耦合和良性互动，并利用旅游产业链的传导机制，带动其他产业走低碳发展之路，提高区域资源生产率，实现区域社会经济整体低碳化；对我国实施"五位一体"总布局，努力建设美丽中国，实现中华民族永续发展都具有十分重要的现实意义。

（3）苏南旅游经济发达，居民生态意识强烈，旅游需求旺盛，旅游创新与转型亦走在全国的前列，具备低碳化转型的资金、科技和市场等条件，具有典型性。总结旅游业低碳化转型的"苏南模式"，可以利用其示范效应，推动全国旅游业的低碳化转型，具有重要的榜样意义。

1.3　研究思路与内容

1.3.1　研究思路

本研究的基本思路包括四个递进步骤：

（1）首先，构建旅游业碳排放测度模型，核算和评估苏南旅游业碳排放的现状，在此基础上对苏南旅游业未来的碳排放量进行情景模拟预测，分析苏南旅游业低碳化转型的潜力；

（2）通过问卷调查和访谈，分析苏南旅游业低碳化转型的条件；

（3）根据低碳化转型的潜力和条件，构建苏南旅游业低碳化转型的系统模式；

（4）对苏南典型旅游景区低碳化转型的绩效进行评价，并提出相应的对策。

1.3.2　研究内容

1）苏南旅游业碳排放测度与情景预测

首先，对旅游地碳排放构成进行分析，通过统计资料和实地调查，应用碳排放测度模型对苏南旅游业碳排放量进行定量评估，进而分析旅游业碳排放影响因子及驱动机制；其次，对苏南典型旅游景区碳排放进行测度；通过情景模拟，分析在不同的情景下，苏南旅游业碳排放量，对苏南旅游业低碳化转型潜力进行评价。

2）苏南旅游业低碳化转型的条件评价

首先，从旅游产业低碳化转型的影响因素及影响机制出发，分析苏南低碳旅游产业发展的经济、科技和社会文化条件；其次，分析相关利益主体对旅游业低碳化转型的意向；最后，建立结构方程模型，通过问卷调查和访谈，定量研究苏南地区公众对低碳旅游的感知、态度和行为，分析苏南旅游产业低碳化转型的民意基础。

3）苏南旅游业低碳化转型的系统模式

首先，分析旅游业低碳化转型发展的内涵、过程与内容，构建旅游业低碳化转型的系统模型；其次，根据旅游系统理论和旅游产业链理论，从环境-产业、产品供给-消费行为等角度构建苏南旅游业低碳化转型的系统模式，分析低碳化转型发展模式的影响因素。主要包括低碳供给模式、低碳需求模式、低碳中介模式和低碳支持模式。最后，分析苏南地区旅游业低碳化转型的过程与空间分异。

4）苏南旅游业低碳化转型的绩效评价

首先，分析苏南旅游业低碳化转型绩效的影响因素和绩效内容；其次，建立景区旅游业低碳化转型的绩效评价模型与指标体系；最后，对苏南典型景区低碳旅游绩效进行评价。

5）苏南低碳旅游发展的路径与对策

首先，通过 SWOT 模型分析苏南低碳旅游发展的优劣势、机遇与挑战；其次，提出苏南地区低碳旅游发展的路径；最后，从宏观规划、中观管理、微观行为三个层面提出促进苏南低碳旅游发展的对策和措施。

1.4　研究方法与技术路线

1.4.1　研究方法

（1）数据采集方法。在广泛收集苏南旅游业及相关产业最新统计数据、抽样调查数据、碳排放相关参数等数据资料的基础上，通过实地考察、问卷调查、访谈等方法，获得研究所需的相关资料和数据；

（2）定量研究法。运用科学知识图谱对旅游与气候变化研究领域的引证景观进行分析；运用碳排放测度与因素分析数量模型、结构方程模型等定量评价旅游业碳排放和公众对低碳旅游的认知行为；运用情景模拟分析碳排放潜力；

（3）定性研究法。运用 SWOT 模型、框架模型、归纳分析法、结构分析法等研究低碳旅游产业发展的战略环境、实现路径、运行机制、三维模式以及相关政策等。

1.4.2　技术路线

技术路线如图 1-1 所示。

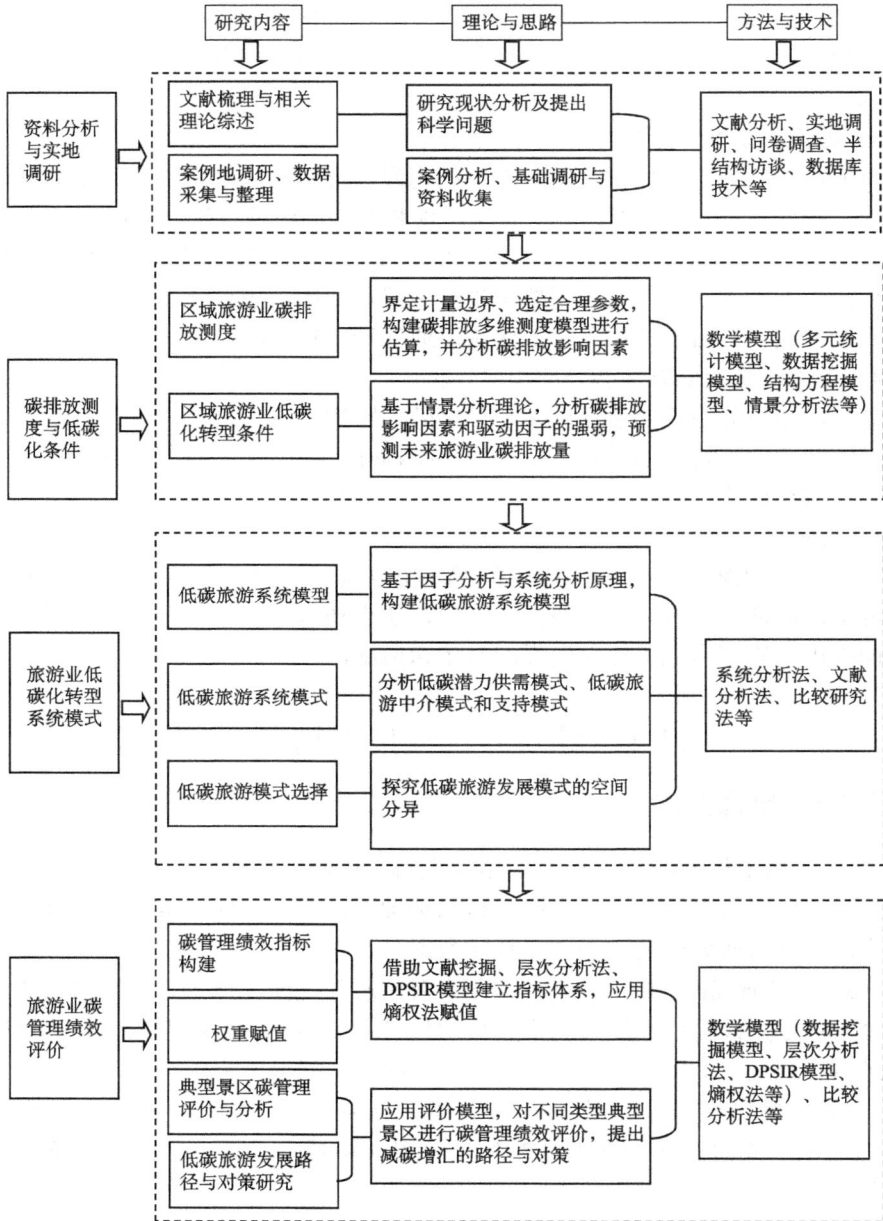

图 1-1　技术路线

1.5　研究创新之处与应用前景

1.5.1　主要创新点

（1）本课题探讨的旅游业碳排放和低碳旅游产业发展是国际旅游研究和低碳经济研究的热点和前沿性问题，体现了研究视角的新颖性。

（2）应用碳排放测度与因素分解模型、情景预测模型、结构方程模型、熵权层次分析法等数理模型方法，将定量研究与定性研究相结合，体现了研究方法的创新性。

（3）从碳排放的现状评估和潜力分析出发，研究苏南低碳旅游产业发展的条件、提出低碳旅游产业发展的路径，剖析实现路径的运行机制和政策体系，体现了研究内容和研究路径的新颖性。

（4）构建区域旅游低碳化转型的系统模型与系统模式。基于 DPSIR 模型构建景区低碳绩效模型，应用熵权法赋予权重，对苏南典型景区低碳旅游绩效进行了评价。

1.5.2　应用前景

本研究对推动低碳旅游发展具有重要指导作用，可为各级政府认识旅游业碳排放现状与前景，低碳旅游的发展条件和民意基础，制定促进低碳旅游发展的政策、培育低碳旅游发展的内在机制提供依据，也可为各级旅游企业实施低碳化发展战略提供技术和政策参考，具有广阔的应用前景。

参 考 文 献

[1] 罗栋燊. 低碳城市建设若干问题研究. 福建: 福建师范大学, 2011.

[2] 李文苗. 低碳旅游城市发展评价指标体系研究. 上海: 上海师范大学, 2011.

[3] 张琴. 基于低碳模式的城市景观设计模型与方法论. 武汉: 武汉理工大学, 2010.

[4] 刑继俊等. 中国要大力发展低碳经济. 中国科技论坛, 2007, (10): 87~92.

[5] 叶笃正. 中国的全球变化预研究. 北京: 气象出版社, 1992.

[6] 亚当乔力, 季田牛. 低碳技术商业化指南——清洁技术与清洁利润. 北京: 中信出版社, 2011.

[7] 马勇, 颜琪, 陈小连. 低碳旅游目的地综合评价指标体系构建研究. 经济地理, 2011, 31(4): 686~689.

[8] 张世满. 旅游: 一种健康而非低碳的生活方式. 旅游学刊, 2010, 25(9): 9~11.

[9] 石培华, 吴普. 中国旅游业能源消耗与 CO_2 排放量的初步估算. 地理学报, 2011, 66(2):

35~243.

[10] 李东和, 赵磊. 论旅游的非低碳性与低碳旅游发展. 中国人口·资源与环境, 2011, S2: 208~211.

[11] 任利娜. 低碳旅游的伦理解读. 长沙: 长沙理工大学, 2012.

[12] 袁靖靖. 饭店业低碳技术扩散障碍因素的研究——以粤港澳饭店业为例. 广州: 华南理工大学, 2012.

[13] 国家旅游局. 关于进一步推进旅游行业节能减排工作的指导意见. http://www.china.com.cn/travel/txt/2010-06/11/content_20232774.htm.

[14] 黄雪丽. 低碳旅游生活行为影响因素及其作用机制研究——以江苏居民为例. 镇江: 江苏大学, 2012.

[15] Urban and Regional Carbon Management. What is urban and regional carbon development. http: // www. gcpurcm. org.

[16] 姚治国. 低碳旅游生态效率研究. 天津: 天津大学, 2013.

第 2 章　研究进展与理论基础

2.1　国内外研究进展

人类活动排放的 CO_2 等温室气体引发全球气候变化等严重环境问题，使得碳排放成为人们关注的焦点，低碳概念应运而生。2003 年英国政府首先提出了"低碳经济"的概念，此后，全球掀起了低碳研究的热潮。旅游业碳排放体现了人类旅游活动与全球气候变化的耦合，低碳旅游与低碳经济一脉相承，强调在旅游过程中，尽量降低碳排放量，减少碳足迹。因此，研究低碳旅游的发展，首先要了解旅游与气候变化的研究进展。

2.1.1　旅游与气候变化研究进展与启示①

以气候变暖为主要特征的全球气候变化是人类面临的严重挑战，已成为 21 世纪重大的政治、外交与环境发展问题。人类旅游活动与气候关系甚为密切[1]，旅游业对气候变化敏感，同时，旅游业碳排放也是旅游对全球气候变化影响的重要驱动力[2]。自 20 世纪 80 年代以来，随着全球气候变化研究的兴起，旅游与气候变化亦成为世界旅游研究的重点和热点[3~4]，尤其是近 5 年来，随着大量研究成果的涌现，旅游与气候变化研究已形成一个不断发展的知识领域[5]。准确把握旅游与气候变化领域的学术动态与研究进展，分析其知识进化的属性与特征，对推进该领域的研究具有重要意义。Becken 对旅游与气候变化研究的进展与学术态势进行了系统回顾；刘春燕等[6]、席建超等、钟林生等[7]、周连斌等[8]回顾了气候变化对旅游业影响的研究进展。但相关的综述主要从旅游与气候变化的研究历程、研究内容及相关成果等角度进行了分析，研究方法以传统的统计学为主，对旅游与气候变化知识领域的属性与特征的研究不足，缺乏对该领域知识进化的历程与趋势的系统分析。近年来，国际上新兴的科学知识图谱研究，结合引文分析、复杂网络和社会网络分析等理论与方法，用可视化的图谱形象地生成研究文献的引证景观（citation landscape）[9]，对于探索某一研究领域知识网络、知识流动与知识演化等知识进化的规律，具有重要的理论与实用价值。本文借助信息可视化分析软件

① "旅游与气候变化研究进展与启示"相关研究成果公开发表于《生态学报》2015 年第 9 期。

CitespaceⅢ，尝试绘制旅游与气候变化研究知识图谱，分析旅游与气候变化领域的研究前沿与知识基础、研究热点与趋势、主要学者与知识网络结构，为把握旅游与气候变化领域知识进化的历程与趋势、基础与特征提供参考。

1. 研究方法与数据来源

科学知识图谱是显示科学知识的发展进程与结构关系的一种图形，属于科学计量学（scientometrics）的范畴[10]。美国德雷克塞尔大学陈超美博士开发的信息可视化分析软件 CitespaceⅢ创造性地把可视化技术和科学计量学结合起来，在引文分析和共被引分析等文献计量方法的理论基础之上，融合聚类分析、社会网络分析等分析方法，借鉴计算机图形学、数据挖掘等计算机技术，加入最小生成树、路径修剪（pathfinder）等图论数学方法[11]，开创了以知识单元为分析基础的可视化学术与应用领域，把对科学前沿的知识计量和知识管理研究推进到以知识图谱与知识可视化为辅助决策手段的新阶段[12]。CitespaceⅢ以文献的作者、标题、关键词、摘要、引文等信息为基础，通过共引分析（co-citation analysis）、共词（co-word analysis）等分析方法，显示了知识元或知识群之间的复杂关系，生成不同类型的知识图谱，为研究者提供可视化的引证景观。

Web of Science（WOS）引文数据库是美国科学情报研究所（American Science Information Institute，ISI）的产品，收录了 9000 多种世界权威的、高影响力的学术期刊[13]。鉴于 WOS 收录期刊的广泛性和权威性，本研究在 2013 年 2 月 4 日以 WOS 数据库为数据源，以"标题=（tour* 或 travel 或 aviation 或 hotel 或 scene*） AND 主题=（climat* change 或 carbon 或 energy 或 greenhouse*）"为条件，检索国际上旅游与气候变化研究的相关文献。本次检索累计命中 203 条文献，文献信息包括作者、标题、来源出版物、摘要、引用的参考文献。为了保证分析的客观性和准确性，进一步通过文献梳理及数据标准化处理，剔除与研究主题不相关的文献，合并相似字段，最终获得 185 篇旅游与气候变化研究文献记录样本。样本文献最早发表于 1998 年，最新至 2013 年检索时间前为止。在文献的年度分布上，2004 年之前，每年发表的文献量较少，2005 年至 2007 年进入蓄势发展期，2008 年之后文献开始大量涌现（图 2-1）。

2. 结果与分析

1）旅游与气候变化的研究前沿与知识基础
（1）旅游与气候变化的研究前沿演进过程与特征

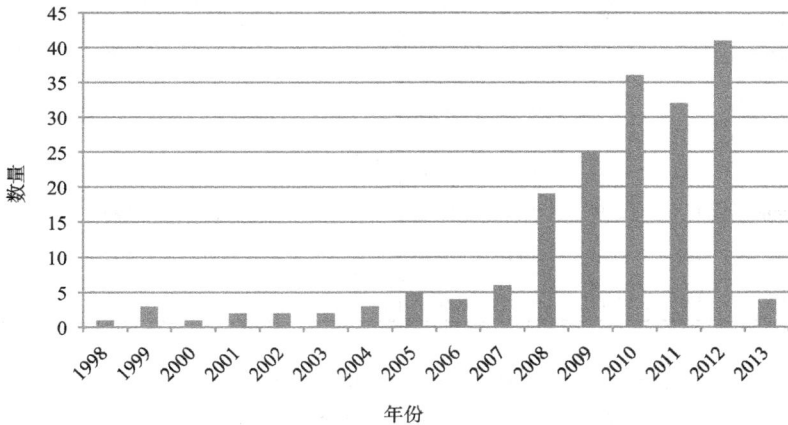

图 2-1　1998～2013 年旅游与气候变化研究领域的文献数量年度分布图

　　"研究前沿"的概念最早由普赖斯（D. Price）提出[14]。研究前沿由科学家积极引用的文章所体现，用以描述研究领域的动态本质，是指"一组突现的动态概念和潜在的研究问题"[15]。突现词（burst terms）在分析研究前沿、预测研究趋势和挖掘热点方面均有重要的价值。将样本数据导入 Citespace 软件，利用其词频探测技术进行研究前沿术语分析，得到突现词 12 个（见表 2-1）。可以看出，自 20 世纪 90 年代以来，随着全球气候变化成为国际社会关注的焦点，旅游与气候变化研究也日益受到学术界重视，研究前沿随着时间不断演进。20 世纪 90 年代末期，最先成为当时研究前沿的是气候变化对海滨旅游（coastal tourism）的影响、气候变化下旅游需求（demand）的变化；2001 年第一届国际气候、旅游与休闲研讨会召开之后，旅游与气候变化的互动开始进入学者的视野，到 2002 年，旅游业的能源消费（energy consumption）受到广泛关注；2003 年，第一届国际气候变化与旅游业大会在突尼斯召开，吸引了更多学者投入到本领域的研究，到 2005 年，旅游与气候变化的研究成果日渐丰富，研究前沿不断拓展，涉及气候变化对旅游的影响（impact）、旅游业（尤其是国际旅游业）的碳排放（CO_2 emissions）、旅游业对气候变化的适应（adaptation）等前沿议题；2007 年和 2008 年旅游与气候变化研究重点着眼于航空旅行（aviation）、冬季旅游（winter tourism）；2010 年之后，应对气候变化的政策（climate policy）成为前沿问题。

表 2-1　旅游与气候变化领域研究中的突现词

突现词	频次	突现度	中心性	年份	突现词	频次	突现度	中心性	年份
Climate Change	103	4.13	0.31	1998	Coastal Tourism	11	3.29	0.13	1999
Tourism	38	3.04	0.12	1998	Energy Consumption	11	3.81	0.06	2002
Impact	28	3.67	0.00	2005	International Tourism	11	4.98	0.03	2005
CO_2 Emissions	17	2.99	0.23	2005	Aviation	10	2.88	0.03	2007
Adaptation	16	3.16	0.14	2005	Winter Tourism	10	3.11	0.02	2008
Demand	16	4.05	0.12	2001	Climate Policy	8	1.36	0.00	2010

　　为进一步分析旅游与气候变化研究前沿按时间演进的特征,绘制了术语(terms)共现时间线图谱,共形成 15 个术语聚类(图 2-2)。该图谱最显著的特征是"旅游业碳排放(carbon dioxide emission)"(聚类 4),这一类聚集的专业术语最多,并贯穿整个时间线始终。这表明旅游业的碳排放问题是旅游与气候变化领域的核心问题,并始终是研究者关注焦点和前沿问题。而从最新出现的术语聚类"协同治理(collaborative governance)"(聚类 15)看,旅游业减缓气候变化的措施与政策正成为新兴的研究前沿议题,这与前面的突现词探测所得的结论一致(表 2-1)。

　　上述分析表明旅游与气候变化研究前沿的演进深受全球研究热点转移、学术界研究议题设置的影响,研究的时效性、话题性强,关键研究文献与国际会议是推动本领域研究前沿进化的重要动力。研究前沿围绕旅游业碳排放问题,沿着"影响—适应—减缓"的研究路径演化,呈现从单一问题向多维问题、从互动关系研究到管理政策研究,从被动适应视角向主动治理视角演变的特征。

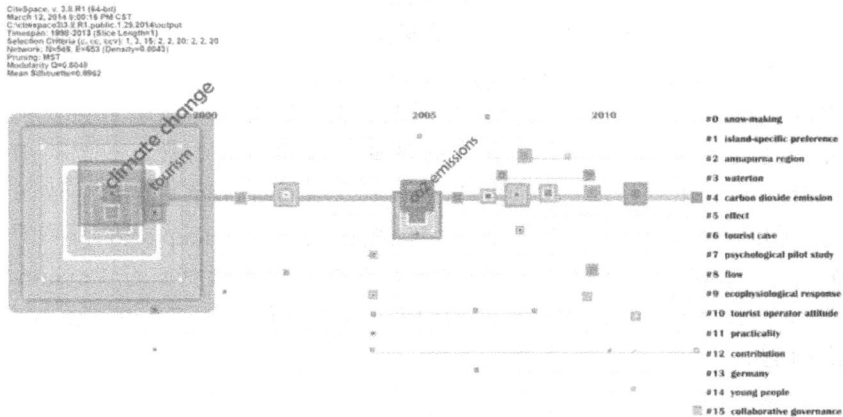

图 2-2　术语共现时间线图谱

（2）旅游与气候变化的研究热点与发展趋势

研究热点是某一时段内，有内在联系的、数量相对较多的一组论文所探讨的科学问题或专题。文献的关键词是研究思想核心内容的浓缩与提炼，高频度出现的关键词反映了该领域的研究热点[16]。对旅游与气候变化的研究文献进行关键词共现分析，如图 2-3 所示。在图谱中，climate change 与 tourism 两个词处于中心位置，它们的频次（frequency）和网络中心性（centrality）皆在前列，其他频次和中心性较高的词汇涵盖了旅游与气候变化的研究对象、内容和方法。结合文献分析，表明旅游与气候变化研究以 climate change 与 tourism 为中心，以新西兰、澳大利亚、瑞士、加拿大等为主要案例地，围绕气候变化对旅游的影响（impact）；气候变化影响下的旅游需求（demand）；旅游对气候变化的适应（adaptation）；旅游业（重点是航空、交通、住宿）能源消费模式（energy consumption patterns）、碳排放（CO_2/GHG emissions）、碳核算与模拟（accounting/simulation）、碳税（taxation）；减缓气候变化（mitigation）、旅游绩效（performance）、游客感知（perception）和态度（attitude）等热点展开，这与前面的研究前沿分析结果相吻合。根据关键词共现时区图谱，并结合关键词所在文献进行分析，发现旅游与气候变化的研究热点呈现从气候变化对旅游业的影响及旅游业的适应逐渐向旅游业减缓气候变化、碳排放管理政策等延伸，从单一问题研究向多维度综合研究发展的趋势。

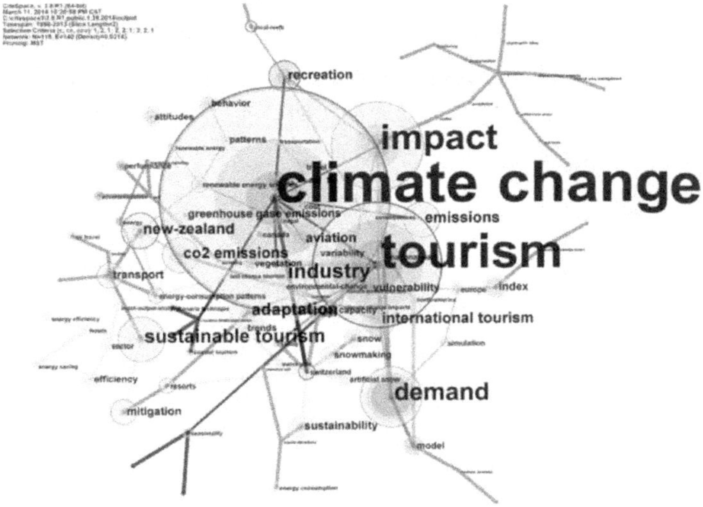

图 2-3　关键词共现图谱

（3）旅游与气候变化研究的知识基础

研究前沿的知识基础是"被前沿术语所在的文献引用的科学文献所形成的演

化网络和共引轨迹"[15]。文献共被引分析通过描述文献间存在的共被引关系,对现有研究的知识基础进行研究。图 2-4 是旅游与气候变化领域的被引文献共现知识图谱。图中每个节点代表一篇被引文献,节点的直径与相应年份的引文数成比例。在图中,共被引频率最高的文献是 Lise 的"气候对旅游者需求的影响"[17]一文,而网络中心性最高的文献为 Gössling 的"旅游的全球环境效应"[18]一文。与研究前沿一样,知识基础也沿着时间的变化而演进,在这种演进中起关键作用的 12 个节点(centrality>0.1,在图中以紫色圆圈凸出显示)构成了旅游与气候变化领域最重要的知识基础(表 2-2)。从时间序列看,旅游与气候变化知识网络演进的关键文献可以追溯到 1990 年 Freitas 发表的"游憩气候评估"[19]一文,该文是 20 世纪 90 年代初期较早关注旅游与气候之间关系的代表性文献。到 20 世纪 90 年代中期之后,气候变化对旅游业的影响开始受到关注,Witt 发表的"预测旅游需求:经验主义方法的回顾"[20]和 Koenig 发表的"气候变化对瑞士阿尔卑斯冬季旅游的影响"[21]成为承前启后的两篇关键文献。此后,旅游与气候变化的互动作用研究开始深入和细化,知识网络结构趋向强健和复杂。其中,Gössling 发表的"旅游的全球环境效应"、Scott 发表的"气候变化与加拿大南安大略滑雪旅游:揭示人工造雪的重要性"[22]、Becken 发表的"旅游者对国际航空旅行的全球气候影响和可能的应对气候变化政策的感知"[23]和 Lise 发表的"气候对旅游需求的影响"这 4 篇文献在知识网络进化中作出了突出的贡献,他们的网络中心性和共引频次皆居前列,成为网络中最醒目的节点。另外,2008 年的论文"显而易见的真相:航空旅行者对抵消旅行碳排放的意愿"[24]成为最新的关键节点,这表明减缓气候变化的对策研究正日益进入学者的视野,而旅游者的感知、意愿与需求依然是学者关注的重点,体现了西方学者的人本主义倾向。

图 2-4　被引文献共现图谱

表 2-2　旅游与气候变化研究领域知识演进的关键文献

文献	作者	发表刊物	发表时间	中心性	共引频次
Global environmental consequences of tourism	Gössling S	GLOBAL ENVIRON CHANG	2002	0.22	15
Climate change and the skiing industry in Southern Ontario (Canada): exploring the importance of snowmaking as a technical adaptation	Scott D	CLIM RES	2003	0.17	14
Tourist' Perception of International Air Travel's Impact on the Global Climate and Potential Climate Change Policies	Becken S	J SUSTAIN TOUR	2007	0.17	9
Impact of Climate on Tourist Demand	Lise W	CLIMATIC CHANGE	2002	0.14	16
Aviation radiative forcing in 2000: an update on the IPCC (1999)	Sausen R	METEORE Z	2005	0.14	6
Implications of global climate change for tourism flows and seasonality	Amelung B	J TRAVEL RES	2007	0.12	9
Impacts of climate change on winter tourism in the Swiss Alps	Koenig U	J SUSTAIN TOUR	1997	0.12	9
Forecasting tourism demand: A review of empirical research	Witt S F	INT J FORECAST	1995	0.12	5
Tourism climatology: evaluating environmental information for decision making and business planning in the recreation and tourism sector	De Freitas C R	INT J BIOMETEOROL	2003	0.11	6
Recreation climate assessment	De Freitas C R	INT J CLIMATOL	1990	0.10	5
Giving Wings to Emission Trading: Inclusion of Aviation Under the European Emission Trading System (ETS): Design and Impacts	Wit R	GIVING WINGS EMISSIO	2005	0.10	4
"A convenient truth": air travel passengers' willingness to pay to offset their CO_2 emissions	Brouwer	CLIMATIC CHANGE	2008	0.10	3

注：GLOBAL ENVIRON CHANG: *Global Environment Change*；　CLIM RES: *Climate Research*；　J SUSTAIN TOUR: *Journal of Sustainable Tourism*；　METEORE Z: *Meteorologische Zeitschrift*；　J TRAVEL RES: *Journal of Travel Research*；　INT J FORECAST: *International Journal of Forecasting*；　INT J BIOMETEOROL: *International Journal of Biometeorology*；　INT J CLIMATOL: *International Journal of Climatology*；　GIVING WINGS EMISSIO: *Giving Wings to Emission Trading*.

2）旅游与气候变化的研究力量与社会网络

（1）研究者及其社会网络结构

研究者及他们的网络是研究领域的核心要素。通过文献作者共现网络分析可以发现合作密切的学者群，发掘学术研究的团队效应。旅游与气候变化文献作者共现图谱（图 2-5）表明，样本文献有超过 340 名研究人员，并已经形成了 72 个 2 人以上的研究团队或研究小组，各个研究团队或研究小组之间尚未显示明确的合作关系，大部分处于孤立状态。但整个网络的核心-边缘结构已经形成，分别以 Richard、Gössling 和 Scott 为核心的三个研究团队人数众多，合作网络较为强健，处于整个网络的核心位置。在核心之外形成了许多研究小组组成的外围圈层，他们大多数形成于 2007 年之后，表明 2007 年以来，旅游与气候变化研究力量日渐强大。

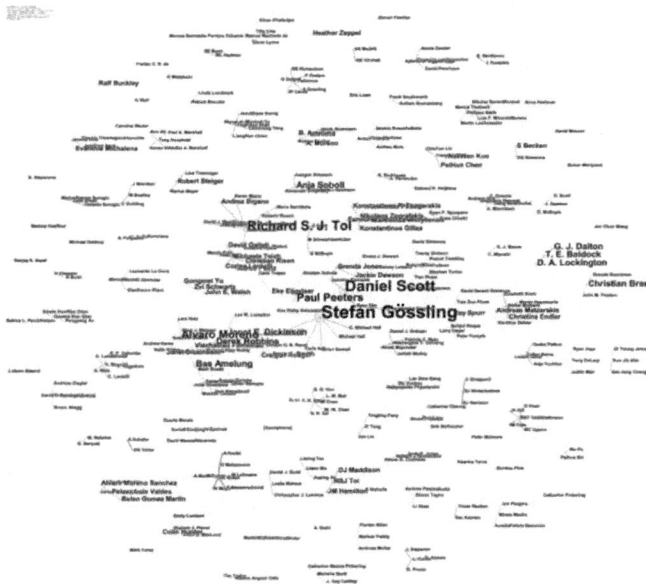

图 2-5 文献作者共现图谱

（2）学术刊物及其共引关系

从学术刊物共引图谱（图 2-6）可以看出，旅游与气候变化研究引用的文献涉及 436 种不同的出版物。居共被引频次前 10 位的杂志分别是 *Journal of Sustainable Tourism*、*Tourism Management*、*Global Environment Change*、*Climatic Change*、*Ecological Economics*、*Climate Research*、*Energy Policy*、*Annals of Tourism Research*、*Journal of Travel Research*、*Energy and Buildings*。其中影响最大的杂志

是 *Journal of Sustainable Tourism*，共被引频次为 68 次，但在图谱中占主体的为非旅游类杂志，且涉及气候变化、环境、能源、生态、经济等学科领域，体现了旅游与气候变化研究涉及学科的多样性。

图 2-6　学术刊物共引图谱

（3）研究机构及其合作关系

从旅游与气候变化的研究机构共现图谱（图 2-7）可以看出，当前的旅游与气候变化研究机构达 149 个，大部分研究机构之间已出现少量的合作关系，但研究机构共现图谱仍处于孤立分布的均质状态，成规模的合作网络尚未形成。在图谱中，有 30 组共 60 个研究机构形成两两合作关系，有 11 组合作网络中有 3 个以上的研究机构。其中，规模最大的是以 Richard 在的爱尔兰经济及社会研究所及 Hamilton 在的德国汉堡大学为中心的合作网络，共有 6 个合作研究机构；居第二是以 Gössling 所在的瑞典兰德大学为中心的合作网络，共有 5 个合作研究机构；居第三、第四位的是以 Scott 所在的加拿大滑铁卢大学为中心的合作网络和以东英格兰大学为中心的合作网络，都有 4 个合作研究机构。加拿大滑铁卢大学在 20 世纪 90 年代就有学者（如 Geoffrey Wall）关注旅游与气候变化问题并形成了研究传统，其研究成果丰富，因此成为图谱中最显著的节点。另外，Weaver 和 Becken 所在的澳大利亚格里菲斯大学虽然未与其他研究机构形成合作关系，但由于其在旅游与气候变化研究领域所做出的贡献，成为图谱中仅次于滑铁卢大学的重要节点。

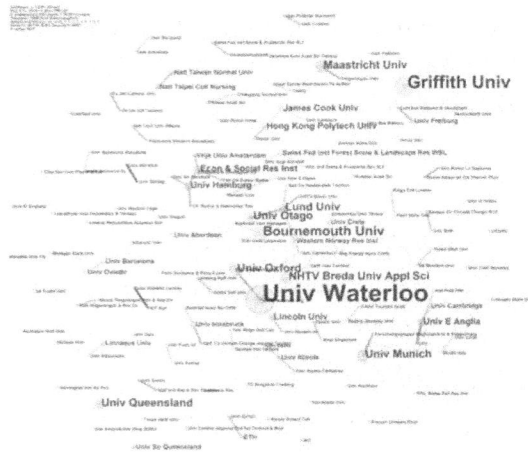

图 2-7　研究机构共现图谱

（4）研究力量的空间分布及其合作关系

从作者所在的国家及地区共现图谱（图 2-8）可以看出，旅游与气候变化研究力量主要来自 33 个国家和地区，但主要分布在欧洲、北美、大洋洲、东亚地区，这与世界经济与社会文化发达地区的空间分布格局基本一致。其中，欧洲的国家和地区在旅游与气候变化研究领域有着较为密切的合作关系，形成了以英国、荷兰、德国为中心，包括瑞典、瑞士、西班牙、挪威、意大利、爱尔兰、丹麦、奥地利等欧洲国家以及加拿大、新西兰这两个域外国家的合作网络。澳大利亚和美国的研究力量也很强大，但与其他国家的合作关系较少，在图谱中显得孤立。研究力量排前 10 名的国家和地区依次为澳大利亚、英格兰、荷兰、德国、美国、加拿大、新西兰、瑞士、瑞典和中国。

图 2-8　国家及地区共现图谱

为了与国际上的研究现状相比较，我们以中国期刊网全文数据库为数据源，以"低碳+旅游"、"气候变化+旅游"为检索关键词，获得相关论文 128 篇，绘制了国内旅游与气候变化研究的知识图谱。研究表明，国内相关研究集中在旅游业如何减缓气候变化，实现低碳可持续发展方面。在研究热点中，低碳旅游高居榜首，其他包括新能源研究、碳排放研究、碳足迹研究、低碳化研究、循环经济研究等（图 2-9 Ⅰ）。国内的旅游与气候变化研究成果的涌现规律与国外类似，尤其是 2007 年第二届国际气候变化与旅游会议之后，气候变化与旅游得到多方关注与宣传，国内的碳排放、低碳旅游、低碳经济等相关文献数量快速增长，迅速成为旅游学领域的研究前沿，研究主题呈现不断深化和细化的趋势（图 2-9 Ⅱ）。

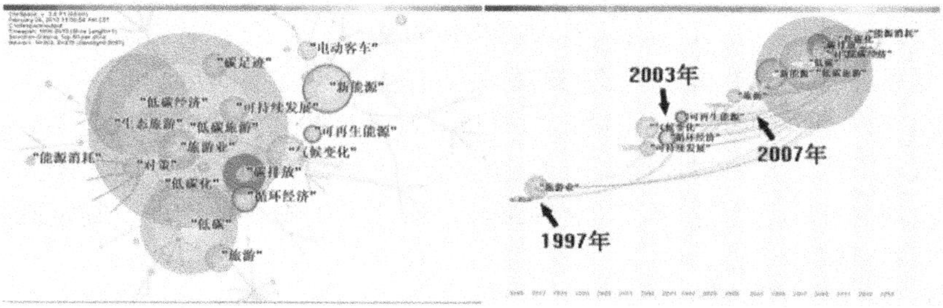

Ⅰ　　　　　　　　　　　　　　　Ⅱ

图 2-9　国内旅游与气候变化研究知识图谱

Ⅰ.关键词共现图谱；Ⅱ.关键词共现时区图谱

3. 结论与启示

旅游与气候变化研究的前沿问题从最初的气候变化对海滨旅游影响到旅游业对气候变化的适应，再到最新的旅游业减缓气候变化的措施与政策，表明旅游与气候变化研究的前沿问题正沿着"影响—适应—减缓"的研究路径演化。在此过程中，旅游业的碳排放问题始终是旅游与气候变化研究的核心问题。在旅游与气候变化知识演进的过程中，"旅游的全球环境效应"等 12 篇论文起到了关键的作用，成为旅游与气候变化研究领域最重要的知识基础。旅游与气候变化的研究热点与研究前沿的演化基本一致，呈现从气候变化对旅游业的影响及旅游业的适应逐渐向旅游业减缓气候变化、碳排放管理政策等延伸，从单一问题研究向多维度综合研究发展的趋势。

从空间格局上看，旅游与气候变化的研究力量主要分布于欧洲、北美、大洋洲、东亚等经济与社会文化发达地区，其中许多欧洲国家和地区已形成了较为密切的合作网络。研究人员之间核心-边缘型社会网络结构已初步形成，分别以

Richard、Gössling 和 Scott 为首的三个研究团队处在网络的核心位置，体现了他们在旅游与气候变化研究领域的领袖地位。旅游与气候变化研究涉及的学术刊物众多，其中影响最大的是 *Journal of Sustainable Tourism*，但占主体的为非旅游类杂志，体现了旅游与气候变化研究涉及学科的多样性。当前，大部分旅游与气候变化研究机构之间已出现少量的合作关系，但成规模的合作网络尚未形成，加拿大滑铁卢大学、澳大利亚格里菲斯大学、瑞典兰德大学、爱尔兰经济及社会研究所、德国汉堡大学等是该领域影响力较为显著的研究机构。

在旅游与气候变化研究领域，我国研究力量较强，并已在国际上产生了一定的影响，但仍存在诸多问题，表现在研究主题较为单一，理论与方法的创新不足，缺乏结合案例地的深入研究，相关成果的影响力不强，研究人员与研究成果未能在本领域知识进化、知识网络构建中产生应有的作用。通过对旅游与气候变化研究前沿与引证景观的分析，为我们的研究工作提供了重要的启示：

（1）在未来的研究中，要紧扣旅游与气候变化研究前沿演变的趋势，以旅游业碳排放核算为依据，以旅游与气候变化互动关系研究为基础，深入研究旅游业碳排放机理与减排增汇途径，开展多维综合研究，为碳排放治理、制定减缓气候变化政策提供科学依据。

（2）要加强理论与方法创新，结合典型案例地进行深入研究，形成高水平的原创性成果，使之成为本领域研究的重要知识基础与知识网络进化的重要节点。

（3）鼓励国内高校、研究机构开展协同创新，构建我国旅游与气候变化研究的核心团队，充分发挥学术研究的团队效应，提高本领域研究的综合水平与影响力。

（4）要进一步加强国际交流与合作，积极参加本领域的国际会议，尤其要加强与本领域核心研究团队、研究机构的交流与合作，提升我国学者的知名度与话语权，共同推进本领域的学术进步。

2.1.2　旅游业碳排放研究进展

低碳旅游与低碳经济一脉相承，是低碳经济的旅游响应模式，属于减缓（mitigation）气候变化研究范畴，强调在旅游过程中，尽量降低碳排放量，减少碳足迹[25]。现有研究领域主要集中于旅游业碳排放量（碳足迹）评估、低碳旅游实现路径与模式等方面。

能源消费与碳足迹评估是低碳经济领域的研究起点和重点。碳足迹（carbon footprint）是在生态足迹概念基础上提出的，对某种活动引起的（或某种产品生命周期内积累的）直接或间接的 CO_2 排放量的度量[26]。现有成果主要表现为运用自上而下的投入—产出分析和自下而上的生命周期法、统计调查法等对国家、区域、产品等的碳足迹进行计算。宏观层面：Dubois 对法国 2050 年旅游业温室气体排放做出了预测；Becken 分析了新西兰旅游吸引物和旅游活动的能源消耗模式[27]；

Perch-Nielse 计算瑞士旅游温室气体密度,并将之与其他国民经济部门和欧洲其他国家进行对比,为衡量旅游业发展水平提供了新的参考依据[28];Camelia、Munday 分别应用投入产出模型估算了东欧剧变后罗马尼亚旅游部门以及英国威尔士地区旅游消费的碳足迹[29~30];石培华,吴普采用"自下而上"法估算了中国旅游业能源消耗和碳排放量等。区域层面:Liu 以成都为例,分析中国西部旅游产业的能源需求与 CO_2 排放[31];焦庚英分析了江西省旅游业能耗及 CO_2 排放的时空特征[32];谢园方借鉴"旅游消费剥离系数"对长三角地区旅游业 CO_2 排放量进行了估算[33];汪清蓉估算了深圳城市旅游业的 CO_2 排放量[34]等。部门与产品层面:许多学者采用生命周期法、调查与统计相结合的方法,对旅游业尤其是旅游交通、旅游目的地、旅游线路、景区、高星级酒店的能源消费量、碳足迹(碳排放量)进行估算来衡量旅游业对气候变化的贡献,代表性的作者有 Schafer[35]、Becken[36]、Miyoshi、Howitt、Lin[37]、李鹏[38]、王怀採、王立国、包战雄[39]、窦银娣[40]、魏艳旭[41]等,并进一步对碳足迹进行模拟或预测,如 Kelly[42]、Piecyk[43]、Mayor、Xu[44]等。有些学者将旅游业碳排放与旅游收益相结合,估算了基于碳排放的旅游业生态效率,如 Gössling、章锦河[45~46]、李鹏、杨桂华等[47]等。在现有研究的基础上,一些学者总结与思考碳排放计量的方法论问题。如 Filimonau 回顾酒店碳足迹分析,指出生命周期能源分析法是全面评估旅游住宿业碳影响的方法[48];Chan 分析中国低碳酒店的能源基准[49];钟永德对旅游业碳排放的计量边界、计量理论与方法、计量参数进行了讨论[50];唐承财总结了旅游业能源消耗与碳排放的计量方法[51]等。另外,旅游业碳足迹的影响因素与减排措施得到人们关注。Richard、Hofer 模拟了航空碳税对游客量和碳排放量的影响[52~53];Mayor 分析了欧盟与美国开放领空协议对国际旅行和碳排放量的影响[54];Dubois 分析了未来世界旅游人口快速增长与应对气候变化政策的矛盾,讨论了旅游部门减排的途径及政策影响[55]等。

2.1.3 旅游业低碳化转型发展研究进展

1)旅游业转型升级研究综述

产业转型发展一直是人们关注的课题。鉴于西方旅游业已进入成熟发展时期,旅游业转型研究的重点在旅游衰退地的复兴以及苏联、中东欧等地剧变后的旅游业转型方面,重点研究旅游业和旅游者对社会制度、经济发展模式转型的响应[56~57]。国内在旅游产业快速发展,形成巨大产业规模的同时,也积累了旅游发展模式、旅游产业结构、旅游产品类型、旅游服务质量等领域的诸多问题,转型升级势在必行。尤其是在 2008 年全国旅游工作会议后,旅游业转型升级成为旅游业界与学界共同关注的焦点。现有的研究成果主要集中于旅游业转型的理论[58]、路径与模式[59]、对策与政策[60]等方面,涉及旅游产品、旅游市场、旅游企业、旅游行业管理、旅游教育等领域的转型升级问题。在旅游转型的影响因素及转型机制方面，金霞认为产业耦合是旅游产业转型的根本动因，休闲制度是促发其转型的外在基本条件[61]；麻学锋分析了旅游业转型中政府作用和旅游业自发作用的分工机理，指出在旅游业转型过程中把握好政府作用和自发作用的关系并使之有机结合是关键所在[62]；卞显红从旅游业经济贡献度、旅游容量、旅游投资与旅游者需求四个方面分析了江南水乡古镇旅游业转型的动力机制；杨主泉构建了生态旅游产业转型升级的动力模型；何寅昊分析了城市风景区转型发展的驱动力及风景区转型发展的响应机制。

2）低碳视角下旅游业转型研究综述

低碳化是旅游业和区域经济发展的共同转型方向[63]。自低碳概念提出以来，推进旅游产业向低碳化方向转型成为业界共识。UNWTO 将 "碳中性旅游目的地"视为减少旅游业对气候变化影响的政策工具，新西兰、冰岛、挪威等国率先提出实现"碳中性"旅游目的地的战略目标。现有研究主要集中于旅游业低碳化转型的意义、旅游城市转型发展的模式、路径与对策等方面。低碳视角下区域发展机制多从技术革新、制度激励等方面分析低碳经济、低碳城市的实现机制，而探讨旅游业低碳化转型内在机制的文献较少，相关研究有待进一步深入。Gössling 分析了"碳中性旅游目的地"的内涵和实现对策[64]，进而分析旅游业食品生产与服务的碳排放影响，提出加强食品管理来减少旅游业碳排放[65]；Dickinson 指出发展"慢游"（slow travel）是旅游地低碳化发展的合适战略[66]；周连斌、年四锋从宏观角度分析了低碳旅游发展的动力机制[67~68]；汪宇明分析了旅游发展的转型期特征，提出倡导低碳旅游，推进发展方式转型，并以崇明岛为例，探讨了旅游发展方式转型的低碳化模式[69~70]；郑琦分析了低碳旅游与低碳城市转型的互动关系，从市场拓展、产业开发、业态创新、技术推广角度提出低碳旅游促进低碳城市转型的发展模式[71]；蔡萌、汪宇明从低碳视角分析了旅游城市转型发展的路径与对策，认为低碳旅游城市是旅游城市的转型发展的战略选择，应该加强城市旅游公共服务、城市旅游设施、城市旅游吸引物、城市旅游体验环境以及城市旅游消费方式等旅游城市发展要素的低碳化建设与引导[72]。 刘莹认为低碳旅游发展的动力基础是低碳经济，依据是效益理论，并构建了低碳旅游政府、企业、个体（旅游者）、区域四位一体的"四轮"驱动机制框架[73]；谢园方从规划、市场、管理和技术支撑四方面阐述了旅游业碳减排的实现机制。

2.1.4　旅游业低碳化发展模式研究进展

2009 年 5 月，世界经济论坛发布《趋向低碳的旅行和旅游部门》，对全球旅游业应对气候变化、开展节能减排，促进低碳旅游发展提供指导。此后，低碳旅游作为一种旅游发展方式得到旅游学者广泛关注。相关研究成果主要集中于低碳旅游的概念与内涵、路径与模式、感知与行为、评价与对策等方面。在低碳旅游概念与内涵方面，一些学者对低碳旅游与生态旅游、可持续（可替代）旅游等概念进行了比较，分析了低碳旅游的概念与内涵[74]，认为低碳旅游是获得更高的旅游体验质量和更大的旅游经济、社会、环境效益的一种可持续旅游发展新方式[75]，是旅游可持续发展的深化，是旅游产业生态化的战略选择[76]，是保障气候安全，不牺牲消费体验和质量的前提下实现控制及减少温室气体排放的旅游发展方式[77]；在低碳旅游的实现路径与模式方面，一些学者认为，低碳旅游消费理念是实现路径的根本，产品是关键，技术是基础，经营方式是动力，发展环境是保障[78]，要采取"示范区"等形式建设低碳旅游目的地、营销低碳旅游产品与服务、培育低碳理念，倡导低碳旅游消费方式、制定低碳化发展政策[79]，采取源头控制的"无碳技术"（清洁能源）、过程控制的"减碳技术"（节能减排）、末端控制的"去碳技术"（碳汇碳封存）实现低碳旅游[80]；低碳旅游有市场主导型、政府主导型、社区主导型等发展模式[81]；在低碳旅游感知与行为方面，Tsagarakis分析了游客选择具有再生能源和节能系统住宿设施的态度[82]，刘心怡分析了游客环境意识、低碳旅游态度与行为关系之间的关系，Gössling 分析了旅游者对气候变化的消费行为和需求反应，杨洋则分析了低碳旅游感知与景区低碳旅游满意度之间的关系；在低碳旅游评价与对策方面，Horng 发展了一个旅游从业者低碳素质评价量表，并在台湾旅游业界进行了实验研究，确认了七个低碳素质的关键属性[83]，Cheng 建立了中国低碳旅游吸引物评估指标体系，对杭州西溪湿地进行了评估[84]，骆毓燕、赵金凌[85]、李晓琴 [86]、魏卫等建立了低碳旅游目的地、低碳旅游景区及饭店低碳化评价模型与指标体系，刘长生则以张家界景区环保交通为例，对低碳旅游服务提供效率进行了评价[87]，唐承财等提出了低碳旅游发展的主要对策和措施[88]，王群则分析了低碳旅游发展的困境与对策[89]。

2.1.5　旅游业低碳化绩效评价研究进展

骆毓燕基于 IEME 对低碳化景区进行综合集成评价，在复杂性科学管理熵与管理耗散结构理论的指导下，多维度地构建了旅游景区低碳化水平多维综合评价体系，从宏微观角度系统地解释景区低碳化建设的系统序度及发展趋势[90]。谢园方运用实证研究法是对研究对象进行分类，分别选取具有代表性的样本，采取样本问卷调查等手段，获取有效的统计数据，将旅游业分为交通、住宿、旅游吸引物和旅游活动；并基于旅游卫星账户（TSA）的测度方法，通过对相关数据信息和资料的分析，评估或预测旅游在经济，环境方面的潜在影响。而江苏旅游卫星账户是我国首个严格按照世界旅游要求建立的旅游卫星账户[33]。石培华提出了我国碳排放测度面临的问题，构建了碳排放控制设计思路，并提出了由旅游主管部门，旅游企业，旅游经营者和旅游者"四位一体"的减排措施[2]。陶玉国认为针对碳排放管理的评价研究方法有三种：实证研究法、自上而下研究法、自下而上研究法。并运用文献法和统计法从旅游交通、住宿业和旅游活动三方面估算了全省旅游业直接的能源消耗和二氧化碳排放总量[91]。

在评价体系研究方面，李晓琴，银元根据 DSR 模型，构建了低碳旅游景区评价概念模型，提出构建"经济—环境—运营—技术—管理"五维综合评价指标体系的理论框架[86]；赵金凌，高峻采用 ANP 成对比较方法对低碳旅游区优先等级进行评价，提出了按权重排序的评估标准[85]；蒋岑通过对低碳旅游景区概念的分析和发展背景的研究，根据旅游景区的基本特征，建立了由 3 大子系统、8 项指标、46 个要素因子构成的旅游景区低碳水平评价指标体系，并提出了评价指标的参考值[92]；谭锦通过景区生态环境，景区旅游设施，景区管理体系和参与者态度四个方面结合专家打分法对景区的低碳化进行了评价[93]；陈海珊通过 DSR 模型和层次分析法结合构建了低碳生态旅游发展评价体系，并研究了长沙的旅游发展现　状[94]。虽然国内对于低碳景区评价体系研究已有一定成果，但是大多是基于宏观层面上的管理及技术层面上进行分析，较少针对于景区低碳减排所面临的压力和影响层面上进行深层次原因的探讨。

2.2　相关概念及理论基础

2.2.1　相关概念

1）温室气体

温室气体（greenhouse gas，GHG）指的是大气中能吸收地面反射的太阳辐射，并重新发射辐射的一些气体，如水蒸气、二氧化碳、大部分制冷剂等。它们的作用是使地球表面变得更暖，类似于温室截留太阳辐射，并加热温室内空气的作用，这种温室气体使地球变得更温暖的影响称为"温室效应"。水汽（H_2O）、二氧化碳（CO_2）、氧化亚氮（N_2O）、甲烷（CH_4）和臭氧（O_3）是地球大气中主要的温室气体。由于 CO_2 对于大气增温的作用最为显著，因此，一般所说的温室气体主要指的就是 CO_2[95]。

2）碳源与碳汇

碳源（carbon source）是指二氧化碳气体成分从地球表面进入大气（如地面燃烧过程向大气中排放 CO_2），或者在大气中由其他物质经化学过程转化为二氧化碳气体成分（如大气中的 CO 被氧化为 CO_2，对于 CO 来说也叫源）（IPCC，2000）。旅游业中的碳源是指 CO_2 气体成分因旅游活动而被排放到大气中，准确定位旅游业碳源是低碳旅游研究的初始工作[95]。

碳汇（carbon sink），一般是指从空气中清除二氧化碳的过程、活动、机制。

森林是陆地生态系统中最大的碳库，在降低大气中温室气体浓度、减缓全球气候变暖中具有十分重要的作用。因此，碳汇主要是指森林吸收并储存二氧化碳的多少，或者说是森林吸收并储存二氧化碳的能力。碳源与碳汇是两个相对的概念，碳源是指自然界中向大气释放碳的母体，碳汇是指自然界中碳的寄存体。减少碳源一般通过二氧化碳减排来实现，增加碳汇则主要采用保护森林、植树造林以及各类固碳技术。

3）碳足迹

碳足迹（carbon footprint）通常也被称为"碳耗用量"，是一种新开发的，用于测量机构或个人因每日消耗能源而产生的二氧化碳排放对环境影响的指标，是指企业机构、活动、产品或个人通过交通运输、食品生产和消费以及各类生产过程等引起的温室气体排放的集合。"碳"耗用得越多，导致地球暖化的元凶"二氧化碳"也制造得越多，"碳足迹"就越大；反之，"碳足迹"就越小。

4）低碳

低碳（low carbon），指较低（更低）的温室气体（二氧化碳为主）排放。一般而言，对低碳的理解可以分为三种情形：第一种情形是温室气体排放的增长速度小于国内生产总值（GDP）的增长速度；第二种情形是零排放；第三种情形是绝对排放量的减少。实现以上三种情形低碳发展的前提条件是经济正增长（GDP增长率大于零）。对于发达国家来说，追求的目标应该是绝对的低碳经济。而对于发展中国家而言，目标应该是相对的低碳发展[96]。

5）低碳经济

低碳经济（low-carbon economy，LCE）最早写入见政府文件是 2003 年的英国能源白皮书《我们能源的未来：创建低碳经济》，是指在可持续发展理念指导下，通过技术创新、制度创新、产业转型、新能源开发等多种手段，尽可能地减少煤炭、石油等高碳能源消耗，减少温室气体排放，达到经济社会发展与生态环境保护双赢的一种经济发展形态。

6）低碳旅游

低碳旅游（low carbon tourism）是指在旅游系统运行过程中，应用低碳经济理论，以低能耗、低污染、低排放为原则开发和利用旅游资源与环境，实现资源利用的高效低耗与对环境损害最小化的全新旅游发展方式。低碳旅游包括两个方面的含义，一方面是旅游生产的低碳化，另一方面是旅游消费的低碳化。

2.2.2　理论基础

1）气候变化理论

全球气候变化（climate change）是指在全球范围内，气候平均状态统计学意义上的巨大改变或者持续较长一段时间（典型的为 10 年或更长）的气候变动[97]。

引起气候变化的因素可能是多种多样的，有的可能是自然的内部进程，有的可能是外部强迫。但从近代以来的数据看，气候变化与人类活动有着密切的相关关系，也就是说，由于人类的社会经济活动，导致土地利用格局的变化或大气组分的变化，是近代以来全球气候变化的重要因素。

为了应对气候变化，国际社会行动起来，政府间签订了联合国气候变化框架条约（UNFCCC），力求把温室气体的大气浓度稳定在某一水平，从而防止人类活动对气候系统产生"负面影响"。

在气候变化背景下，国际社会所讨论的气候变化问题，主要是指温室气体增加产生的气候变暖问题。大气中能产生温室效应的气体已经发现近 30 种，其中二氧化碳起重要的作用，甲烷、氟利昂和氧化亚氮也起相当重要的作用（见表 2-3）。从长期气候数据比较来看，在气温和二氧化碳之间存在显著的相关关系。温室气体增加，导致地球大气吸收的热量增加，向外散发的热量减少，温室效应越来越强。

表 2-3　主要温室气体及其特征

气体	大气中浓度/ppm	年增长/%	生存期/年	温室效应（CO_2=1）	现有贡献率/%	主要来源
CO_2	355	0.4	50~200	1	55	煤、石油、天然气、森林砍伐
CFC	0.000 85	2.2	50~102	3400~15 000	24	发泡剂、气溶胶、制冷剂、清洗剂
甲烷	1.714	0.8	12~17	11	15	湿地、稻田、化石、燃料、牲畜
NOX	0.31	0.25	120	270	6	化石燃料、化肥、森林砍伐

引自全球环境基金（GEF）：Valuing the Global Environment,1998.

尽管无人知道气候变化在多大程度上是安全的，但从现有的情况看，气候变化给全球生态系统以及人类社会经济和人民生活带来了沉重的灾难。如日益频繁的极端天气、南北极及中低纬度地区高山冰川的消融、永久冻土层融化、珊瑚礁死亡、海平面上升、生态系统退化、旱涝灾害增加、致命热浪、前所未见的疾病肆虐等。如果放任地球升温、气候变化发展，人类可能会面临灭顶之灾。例如，随着气温上升，数千年后格陵兰冰盖会全部消失，全球海平面将随之上升 7m。当前各国经济发达的沿海城市和地区都沦陷为海底世界，许多国家将从地球上消失。

由于人类排放的温室气体主要来自于能源消耗，且当前碳捕获、碳储存等技术并不成熟且成本高昂，因此，当前实际有效的控制气候变化及其影响的主要途径是制定适当的能源发展战略,逐步稳定和削减排放量,并采取保护森林、湿地,植树造林等碳汇措施,增加对碳的吸引和固定。

2）生态文明理论

生态文明（ecocivilization）是人类文明发展的一个新的阶段,即工业文明之后的文明形态。生态文明是人类遵循人、自然、社会和谐发展这一客观规律而取得的物质与精神成果的总和。生态文明是以人与自然、人与人、人与社会和谐共生、良性循环、全面发展、持续繁荣为基本宗旨的社会形态。生态文明强调人的自觉与自律,强调人与自然环境的相互依存、相互促进、共处共融,既追求人与生态的和谐,也追求人与人的和谐,而且人与人的和谐是人与自然和谐的前提。可以说,生态文明是人类对传统文明形态特别是工业文明进行深刻反思的成果,是人类文明形态和文明发展理念、道路和模式的重大进步。

建设生态文明,是关系人民福祉、关乎民族未来的长远大计。面对资源约束趋紧、环境污染严重、生态系统退化的严峻形势,必须树立尊重自然、顺应自然、保护自然的生态文明理念,把生态文明建设放在突出地位,融入经济建设、政治建设、文化建设、社会建设各方面和全过程,努力建设美丽中国,实现中华民族持续发展。

中国作为全球最大的发展中国家,长期实行粗放型经济增长方式,导致资源和能源的大量消耗和浪费,同时也让中国的生态环境面临非常严峻的挑战。在此背景下,党的十七届五中全会明确要求"树立绿色、低碳发展理念"。十八大报告再次论及"生态文明",并将其提升到更高的战略层面,使中国特色社会主义事业总体布局由经济建设、政治建设、文化建设、社会建设"四位一体"拓展为包括生态文明建设的"五位一体"。2015 年,中共中央、国务院印发的《关于加快推进生态文明建设的意见》,该文件是自党的十八大报告重点提及生态文明建设内容后,中央全面专题部署生态文明建设的第一个文件,生态文明建设的政治高度进一步凸显。

3）可持续发展理论

可持续发展的概念是在 20 世纪 80～20 世纪 90 年代提出的,是为了明确"人与自然"之间以及"人与人"之间的关系准则。可持续发展是既要满足当代人的需要,又要保证不损害后代人满足其需求的能力,这一概念来源于社会大生产过程中,人们对自然的无限索取谋求经济迅猛发展的形势下提出的。可持续发展就是要实现相互冲突的经济、环境和社会的平等目标,即存在经济持续增长这样一种状态,而经济增长的结果得到公平地分配,并且这些活动对于环境的影响是最小的。可持续发展理论的中心思想是人类应享有与自然和谐的方式过健康而富有生产成果的生活权利,并满足现今以及后代在发展和环境方面的需求等。

在具体内容方面,可持续发展涉及可持续经济、可持续生态和可持续社会三方面的协调统一，要求人类在发展中讲究经济效益、关注生态和谐和追求社会公平，最终达到人的全面发展。这表明，可持续发展虽然源起于环境保护问题，但作为一个指导人类走向 21 世纪的发展理论，它已经超越了单纯的环境保护。它将环境问题与发展问题有机地结合起来，已经成为一个有关社会经济发展的全面性战略。具体地说：

在经济可持续发展方面：可持续发展鼓励经济增长而不是以环境保护为名取消经济增长，因为经济发展是国家实力和社会财富的基础。但可持续发展不仅重视经济增长的数量，更追求经济发展的质量。可持续发展要求改变传统的以"高投入、高消耗、高污染"为特征的生产模式和消费模式，实施清洁生产和文明消费，以提高经济活动中的效益、节约资源和减少废物。从某种角度上，可以说集约型的经济增长方式就是可持续发展在经济方面的体现。

在生态可持续发展方面：可持续发展要求经济建设和社会发展要与自然承载能力相协调。发展的同时必须保护和改善地球生态环境，保证以可持续的方式使用自然资源和环境成本，使人类的发展控制在地球承载能力之内。因此，可持续发展强调了发展是有限制的，没有限制就没有发展的持续。生态可持续发展同样强调环境保护，但不同于以往将环境保护与社会发展对立的做法，可持续发展要求通过转变发展模式，从人类发展的源头、根本上解决环境问题。

在社会可持续发展方面：可持续发展强调社会公平是环境保护得以实现的机制和目标。可持续发展指出世界各国的发展阶段可以不同，发展的具体目标也各不相同，但发展的本质应包括改善人类生活质量，提高人类健康水平，创造一个保障人们平等、自由、教育、人权和免受暴力的社会环境。这就是说，在人类可持续发展系统中，经济可持续是基础，生态可持续是条件，社会可持续才是目的。22 世纪人类应该共同追求的是以人为本位的自然—经济—社会复合系统的持续、稳定、健康发展。

4）"天人合一"的传统生态理念

中国传统文化的根本精神就是在农业实践和体察宇宙万物的基础上形成的"天人合一"的精神[98]。生态伦理思想本来就是中国传统文化的主要内涵之一，《周易》中就已明确提出了天与人协调的思想，并将其表述为天、地、人的"三才之道"。中国历朝历代都有生态保护的相关律令，如《逸周书》上说"禹之禁，春三月，山林不登斧"。以儒释道为中心的中华文明，在几千年的发展过程中，形成了系统的生态伦理思想。"天人合一"是传统生态伦理之核心，它的确立影响着中国人的生态环境，同时也规范了中国人的思想和行为。例如儒家生态智慧的核心是德性，尽心知性而知天，主张"天人合一"，其本质是"主客合一"，肯定人与自然界的统一，所谓"天地变化，圣人效之"，"与天地相似，故不违"等；道家的生态智慧是一种自然主义的空灵智慧，通过敬畏万物来完善自我，强调人要以尊重自然规律为最高准则，以崇尚自然、效法天地作为人生行为的基本皈依，达到"天地与我并生，而万物与我为一"的境界；佛教的生态智慧的核心是在爱护万物中追求解脱，它启发人们通过参悟万物的本真来完成认知，提升生命。佛家认为万物是佛性的统一，众生平等，万物皆有生存的权利。在人与自然的关系上表现出的慈悲为怀的生态伦理精神，客观上为人们提供了通过利他主义来实现自身价值的通道。

中国传统"天人合一"的整体精神铸造了中国文化的深层内涵，形成了中国特色生态文化，与低碳社会价值目标中所追求的人的自由发展与人与自然共生共存的基本精神是相容相通的，从而也为我国旅游产业低碳化转型提供了理论支撑。低碳旅游基于旅游与其发展环境整体性考虑，强调在旅游过程中人要发挥其主观能动性，从食、住、行全方位出发，减少碳的排放量，以减小旅游活动对自然环境的污染，在旅游的同时保护旅游地的自然和人文环境，促进旅游业与自然环境的和谐发展，与"天人合一"思想不谋而合。这种传统生态伦理精神，能够为宏观层面的低碳旅游决策、微观层面的低碳旅游生产和低碳旅游消费、低碳旅游发展路径的拓展以及构建环境友好型社会作出巨大贡献[99]。

5）脱钩理论

"脱钩"（decoupling）一词最早出现于物理学领域，一般理解为"解耦"，即使两个或多个物理量之间的响应关系尽早分离。1966 年 Carter 首次将脱钩概念引入社会经济领域，用来表述经济发展与环境保护之间的变化趋势[100]。2011 年经济合作与发展组织（OECD）运用该理论来分析经济增长与能源消耗之间的联系，用"脱钩"表示两者关系的阻断，即实现经济增长与能源消耗或环境污染的脱钩发展。根据环境库兹涅茨曲线（EKC）假说，经济增长与能源消费之间存在正相关关系，即经济增长往往伴随着能源消费的增加，但如果采取一些有效的技术手段或减排措施，可能会以较少的能源消费得到同样甚至更好的经济效益，这一过程被称为"脱钩"[100]。

国内外对碳排放的研究表明，无论是发达国家还是发展中国家，其经济发展与碳排放的关系演化在碳排放强度、人均碳排放量以及碳排放总量上均存在三条"倒 U 型"曲线。这意味着要实现经济发展与碳排放的脱钩必须逐步实现三种脱钩，即碳排放强度脱钩、人均碳排放量脱钩与碳排放总量脱钩。根据 OECD 的分类，"脱钩"可以分为"相对脱钩"和"绝对脱钩"。其中，"相对脱钩"是指二氧化碳排放增长率小于经济增长率，即相对意义上的低碳经济发展；"绝对脱钩"是指经济发展的同时碳排放量减少（碳排放的负增长），即绝对意义上的低碳经济发展[100]。区域旅游产业发展亦然，在传统发展模式下，旅游业呈现高排放、高耗能、低经济效益的"两高一低"状态，旅游能耗增长率高于旅游经济效益增长率，而通过低碳旅游模式的应用和推广，单位经济效益的旅游碳足迹和能源消耗大为降低，其增长速率低于旅游经济效益的增长速率，旅游生态效率处于最优化水平，旅游碳足迹和能源消耗与旅游经济增长呈现"脱钩"发展的状态[101]。

6）清洁生产理论

清洁生产（cleaner production，CP）是一种谋求最小的环境影响，最少的资源能源使用，最佳的管理模式及最优的经济发展的先进生产方式，将综合预防的环境保护策略持续应用于生产过程和产品中，以期减少对人类和环境的风险。清洁生产起源于1960年的美国化学行业的污染预防审计，而"清洁生产"概念的出现，最早可追溯到1976年。自1989年，联合国开始在全球范围内推行清洁生产以来，全球先后有8个国家建立了清洁生产中心，推动着各国清洁生产不断向深度和广度拓展。清洁生产从本质上来说，就是对生产过程与产品采取整体预防的环境策略，减少或者消除它们对人类及环境的可能危害，同时充分满足人类需要，使社会经济效益最大化的一种生产模式。具体措施包括不断改进设计、使用清洁的能源和原料，采用先进的工艺技术与设备、改善管理，综合利用，从源头削减污染，提高资源利用效率；减少或者避免生产、服务和产品使用过程中污染物的产生和排放。清洁生产体现的是集约型的增长方式，要求改变以牺牲环境为代价的、传统的粗放型的经济发展模式，走内涵发展道路，强调使用清洁能源，通过清洁的生产过程，生产清洁产品，实现节能、降耗、减污、增效、合理、高效配置资源，最大限度地提高资源利用率，是实施可持续发展的重要手段。

清洁生产理论对节能减排、改善全球气候变化和保护生态环境都具有重要的意义。对于旅游产业来说，实现低碳化转型，就要贯彻清洁生产的理念与措施，尽可能地节能减排，提高能源使用效率，改变原来粗放的发展模式，加强管理，提高效率与效益，走内涵式集约化发展的道路。

7）环境经济学理论

环境经济学（environmental economics）是一门环境科学和经济学之间交叉的边缘学科，主要讨论环境资源的可持续利用和环境保护的经济手段，并以基本的环境经济学原理为环境保护政策和环境管理提供理论支持。环境经济学领域的最早研究可以上溯到20世纪50年代末60年代初，当时的研究主要是"未来资源"（RFF）组织中的智囊团对于排放税收和自然稀缺性分析。但是，对于环境经济学的真正研究兴起于20世纪70年代并从此繁荣起来，在20世纪90年代研究成果对于环境政策方面的影响开始凸现出来。

环境经济学理论支撑的典型研究包括以下几种：首先，是对于污染的研究，确定适当的污染量并不容易，环境经济学认为确定污染需要了解产品生产的结构以及不同程度污染的成本变化机制。从经济学的角度出发来定义成本以及实际估算这些成本。其次，确定适当的污染量也涉及确定污染造成的损失，对于这种损失的支付意愿的估量也是环境经济学领域研究的主要主题。再次，对于空气污染以及全球气候变暖等环境问题的研究和实际执行都涉及到政府政策的支持。环境经济学理论对于此类问题的研究侧重于在威胁到环境资源的力量与保护社会价值之间寻求一种平衡[102]。

生态经济、循环经济、绿色经济与低碳经济等领域的研究均以环境经济学为相关理论基础，并将环境学相关的领域与经济学结合形成了一定的交叉学科理论[103]。而对于旅游产业低碳化转型发展水平的衡量也需要充分考虑到环境经济学的相关理论。例如，景区的发展是追求一定的经济效益和相应的生态效益，利用环境经济学理论可以更好地用最少的成本达成最好的碳管理状态，是一种对于经济发展和环境保护双赢局面的理论支撑，在旅游景区的碳管理过程中，需要充分考虑到环境经济学的原理，更好地实现景区的碳管理水平的提升。

8）绿色经济理论

绿色经济（green economy）是以市场为导向、以传统产业经济为基础、以经济与环境的和谐为目的而发展起来的一种新的经济形式，是产业经济为适应人类环保与健康需要而产生并表现出来的一种发展状态。绿色经济的概念是由英国经济学家皮尔斯 1989 年出版的《绿色经济蓝皮书》首次提出的。绿色经济是一种融合了人类的现代文明，以高新技术为支撑，使人与自然和谐相处，能够可持续发展的经济，是市场化和生态化有机结合的经济，也是一种充分体现自然资源价值和生态价值的经济理念。它是一种经济再生产和自然再生产有机结合的良性发展模式，是人类社会可持续发展的必然产物。绿色经济与传统产业经济的区别在于传统产业经济是以破坏生态平衡、大量消耗能源与资源、损害人体健康为特征的经济，是一种损耗式经济。而绿色经济则是以维护人类生存环境、合理保护资源与能源、有益于人体健康为特征的经济，是一种平衡式经济，有利于转变我国经济高能耗、高物耗、高污染、高排放的粗放发展模式，有利于推动我国经济集约式和可持续发展。

对于区域旅游产业而言，旅游业的发展也是一种重要的经济活动，旅游经济增长方式的转型，旅游过程能源消耗和碳足迹的降低就是为了促进旅游活动中人与自然环境的和谐发展，因此，绿色经济的发展理念和模式与低碳旅游殊途同归，具有很强的关联性[101]。

9）循环经济理论

所谓循环经济（circular economy），即在经济发展中，实现废物减量化、资源化和无害化，使经济系统和自然生态系统的物质和谐循环，维护自然生态平衡，是以资源的高效利用和循环利用为核心，以"减量化、再利用、资源化"为原则，符合可持续发展理念的经济增长模式，是对"大量生产、大量消费、大量废弃"的传统增长模式的根本变革。循环经济的思想最早出现在 20 世纪 60 年代的美国，并于 20 世纪 90 年代中期引入中国[104]。传统经济是一种由"资源—产品—污染排放"所构成的物质单向流动的经济。在传统经济模式下,人们不断开发地球上的资源,将之加工成产品并把污染和废物大量地排放到环境中去,对资源的利用常常是粗放的和一次性的,导致了许多自然资源的短缺与枯竭并酿成了灾难性环境污染后果。循环经济理论发现了传统经济模式的缺点,对传统经济发展模式进行了革新,使之具有系统性和生态性。它是在可持续发展的思想指导下,按照自然生态系统物质循环和能量流动规律重构经济系统,使经济系统和谐地纳入到自然生态系统的物质循环的过程中,建立起一种新形态的经济。循环经济的特征是清洁生产、形成"资源—产品—再生资源"的反馈式流程、低开采,高利用,低排放。

循环经济理论对旅游产业低碳化转型具有重要的指导意义。低碳旅游和循环经济是人类社会陷入资源、环境、生存危机之后对自身发展模式的反思。低碳旅游通过提高能源效率、降低能源损耗和碳排放量,减缓气候变化,促进人类可持续发展。循环经济是以提高资源的利用效率为核心,以保护环境和发展经济为目标,运用生态学规律和经济规律来指导人类社会的生产生活方式,两者完全吻合。

10)生态经济学理论

生态经济学(ecological economy)是20世纪50年代产生的由生态学和经济学相互交叉而形成的一门边缘学科,生态经济简称ECO,"ECO"源自"economic"和"生态的(ecological)",生态经济是指在生态系统承载能力范围内,运用生态经济学原理和系统工程方法改变生产和消费方式,挖掘一切可以利用的资源潜力,发展一些经济发达、生态高效的产业,建设体制合理、社会和谐的文化以及生态健康、景观适宜的环境。

生态学和经济学之间的联系有悠久的历史渊源。生态环境问题的实质是经济问题。随着社会生产力的发展,人类改造自然能力日益增强,随之出现了环境污染和环境破坏问题,究其根源在于自然资源未能得到充分合理地利用。长期以来,传统经济学认为资源无价值,可以无偿使用,资源无穷尽,可以任意获取,其结果导致资源利用从不考虑"外部经济性",废弃物和资源破坏的处置费不计入生产成本,以牺牲生态环境质量为代价谋取高额利润,把治理环境污染的费用转嫁给社会,降低了国民经济效益,破坏了人类舒适的生态环境。另外,单纯运用经济指标(如国民生产总值)衡量经济发展,也导致忽视生态环境效益的外部不经济行为的不断发生。大量事实证明,经济发展与环境保护应当相互协调,发展与环境是矛盾的,处理得好可以保证经济发展和生态进化,反之,则会恶化环境。生态系统平衡失调必然会严重地影响经济增长。应当走生态发展的道路,使经济生态化、生态经济化才能走出困境,协调经济发展与生态环境两者之间的关系,在保持良好的生态环境条件下,促进经济的发展。

生态经济的本质就是把经济发展建立在生态环境可承受的基础之上,实现经济发展和生态保护的"双赢",建立经济、社会、自然良性循环的复合型生态系统，这与应对全球气候变化，实现产业低碳化发展的内涵是一致的。

11）低碳经济理论

为减缓人类活动排放的 CO_2 等温室气体引发的全球气候变化等严重环境问题，低碳概念应运而生。在全球气候变暖的背景下，以低能耗、低污染为基础的"低碳经济"已成为全球热点。所谓低碳经济是指在可持续发展理念指导下通过技术创新、制度创新、产业转型、新能源开发等多种手段，尽可能地减少煤炭、石油等高碳能源消耗，减少温室气体排放，达到经济社会发展与生态环境保护双赢的一种经济发展形态。2003 年英国政府首先提出了"低碳经济"的概念，并立即引起国际社会的广泛关注，欧盟、美国、日本等国家和地区纷纷以各种途径开展低碳经济建设。低碳经济的特征是以减少温室气体排放为目标，构筑低能耗、低污染为基础的经济发展体系，包括低碳能源系统、低碳技术和低碳产业体系。近年来，随着全球气候变暖问题日益被关注，低碳经济也越来越热，并可能成为未来经济发展的制高点，代表了未来经济发展的核心竞争力。低碳经济的实质在于提升能源的高效利用、推行区域的清洁发展、促进产品的低碳开发和维持全球的生态平衡。

低碳经济的内涵十分丰富，外延也非常广泛。总体来说，发展低碳经济是一种经济发展理念，也是经济发展模式，是一个经济、社会、环境系统交织在一起的综合性发展问题，对生产模式、生活方式甚至价值观等都将产生革命性的影响。发展低碳经济，一方面是积极承担环境保护责任，完成国家节能降耗指标的要求；另一方面是调整经济结构，提高能源利用效益，发展新兴工业，建设生态文明。这是摒弃以往先污染后治理、先低端后高端、先粗放后集约的发展模式的现实途径，是实现经济发展与资源环境保护双赢的必然选择。低碳经济是以低能耗、低污染、低排放为基础的经济模式，是人类社会继农业文明、工业文明之后的又一次重大进步。低碳经济实质是能源高效利用、清洁能源开发、追求绿色 GDP 的问题，核心是能源技术和减排技术创新、产业结构和制度创新以及人类生存发展观念的根本性转变（表 2-4）。

表 2-4　高碳经济与低碳经济比较

项目	高碳经济	低碳经济
主要特征	高能耗、高污染、高排放	低能耗、低污染、低排放
基本内涵	注重经济增长数量	注重经济增长质量
增长速度	不计成本和代价的高速增长	放慢经济增速，追求经济的可持续增长
能源类型	煤炭、石油、天然气等化石能源	新能源、可再生能源
形象称呼	褐色经济	绿色经济
消费模式	盲目、奢侈、浪费	环保、节约、可持续
对应文明	工业文明	生态文明

　　低碳经济具有三个方面的特征：一是经济性。低碳经济遵循经济发展的普遍规律，以市场机制为基础，其发展不仅不应该导致人们生活条件和福利水平的明显下降，还应该能为人们带来更多新的生活体验；二是科技性。低碳经济需要通过科学技术的发展，不断提高能源使用效率和新能源的使用，并降低 CO_2 等温室气体的排放强度；三是目标性。发展低碳经济的目标是逐步减少碳排放量，将大气中温室气体的浓度保持在一个相对稳定的水平上，减缓气候变化，实现人类的可持续发展。

参 考 文 献

[1] Nicholls S. Tourism, recreation and climate change. Annals of Tourism Research, 2006, 33(1): 275~276.

[2] 石培华, 吴普. 中国旅游业能源消耗与 CO_2 排放量的初步估算. 地理学报, 2011, 66(2): 235~243.

[3] 席建超, 赵美风, 吴普, 王凯. 国际旅游科学研究新热点：全球气候变化对旅游业影响研究. 旅游学刊, 2010, 25(5): 86~92.

[4] 周年兴, 黄震方, 梁艳艳. 庐山风景区碳源、碳汇的测度及均衡. 生态学报, 2013, 33(13): 4134~4145.

[5] Becken S. A review of tourism and climate change as an evolving knowledge domain. Tourism Management Perspectives, 2013, 6: 53~62.

[6] 刘春燕, 毛端谦, 罗青. 气候变化对旅游影响的研究进展. 旅游学刊, 2010, 25(2): 91~96.

[7] 钟林生, 唐承财, 成升魁. 全球气候变化对中国旅游业的影响及应对策略探讨. 中国软科学, 2011, (2): 34~41.

[8] 周连斌, 于蓉. 国外气候变化与旅游业研究进展综述. 乐山师范学院学报, 2012, 27(9): 64~71.

[9] Chen C M, Song I Y, Yuan X J, et al. The thematic and citation landscape of *Data and Knowledge Engineering* (1985-2007). Data & Knowledge Engineering, 2008, 67(2): 234~259.

[10] 陈悦, 刘则渊. 悄然兴起的科学知识图谱. 科学学研究, 2005, 23(2): 149~154.

[11] 林德明, 刘则渊. 国际地震预测预报研究现状的文献计量分析. 中国软科学, 2009, (6): 62~70.

[12] 刘则渊, 陈悦, 侯海燕. 科学知识图谱方法与应用. 北京: 人民出版社, 2008.

[13] 王贤文, 刘则渊, 栾春娟, 等. SSCI 数据库中的人文地理学期刊分析. 地理学报, 2009, 64(2): 243~252.

[14] De Solla Price D J. Networks of scientific papers. Science, 1965, 149(3683): 510~515.

[15] Chen C. CiteSpace II: Detecting and Visualizing emerging trends and transient patterns in

scientific literature. Journal of the American Society for Information Science and Technology, 2006, 57(3): 359~377.

[16] 马费成, 张勤. 国内外知识管理研究热点——基于词频的统计分析. 情报学报, 2006, 25(2): 163~171.

[17] Lise W, Tol R S J. Impact of climate on tourist demand. Climatic Change, 2002, 55(4): 429~449.

[18] Gössling S. Global environmental consequences of tourism. Global Environmental Change, 2002, 12(4): 283~302.

[19] De Freitas C R. Recreation climate assessment. International Journal of Climatology, 1990, 10(1): 89~103.

[20] Witt S F, Witt C A. Forecasting tourism demand: A review of empirical research. International Journal of Forecasting, 1995, 11(3): 447~475.

[21] Koenig U, Abegg B. Impacts of climate change on winter tourism in the Swiss Alps. Journal of Sustainable Tourism, 1997, 5(1): 46~58.

[22] Scott, D, McBoyle G, Mills B. Climate change and the skiing industry in Southern Ontario (Canada): exploring the importance of snowmaking as a technical adaptation. Climate Research, 2003, 23: 171~181.

[23] Becken S. Tourists' perception of international air travel's impact on the global climate and potential climate change policies. Journal of Sustainable Tourism, 2007, 15(4): 351~368.

[24] Brouwer R, Brander L, Van Beukering P. "A convenient truth": air travel passengers' willingness to pay to offset their CO_2 emissions. Climatic Change, 2008, 90(3): 299~313.

[25] 谢园方, 赵媛. 国内外低碳旅游研究进展及启示. 人文地理, 2010, 5: 27~31.

[26] 赵荣钦, 黄贤金, 钟太洋. 中国不同产业空间的碳排放强度与碳足迹分析. 地理学报, 2010, 65(9): 1048~1057.

[27] Becken S, David G. Simmons. Understanding energy consumption patterns of tourist attractions and activities in New Zealand. Tourism Management, 2002, 23: 343~354.

[28] Perch-Nielsen S, Sesartic A, Stucki M. The greenhouse gas intensity of the tourism sector: The case of Switzerland[J]. Environmental Science&Policy, 2009, 13(2), 131~140.

[29] Cameliaa S, Razvanb M S, et al. An Input-Output Approach of CO_2 Emissions in Tourism Sector in Post-Communist Romania. Procedia Economics and Finance, 2012, 3: 987~992.

[30] Munday M, Turner K, Jones C. Accounting for the carbon associated with regional tourism consumption. Tourism Management, 2013, 36: 35~44.

[31] Liu J, Feng T T, Yang X. The energy requirements and carbon dioxide emissions of tourism industry of Western China: A case of Chengdu city. Renewable and Sustainable Energy Reviews, 2011, 15: 2887~2894.

[32] 焦庚英, 郑育桃, 叶清. 江西省旅游业能耗及 CO_2 排放的时空特征. 中南林业科技大学学

报, 2012, 32(10): 105~112.

[33] 谢园方, 赵媛. 长三角地区旅游业能源消耗的 CO_2 排放测度研究. 地理研究, 2012, 31(3): 429~438.

[34] 汪清蓉. 城市旅游业 CO_2 排放量估算研究——以深圳市为例[J]. 地理与地理信息科学, 2012, 28(5): 104~109.

[35] Schafer S, David G. Victor. Global passenger travel: implications for carbon dioxide emissions. Energy, 1999, 24: 657~679.

[36] Becken S, David G. Simmons, Chris Frampton. Energy use associated with different travel choices. Tourism Management, 2003, 4: 267~277.

[37] Tzu-Ping Lin. Carbon dioxide emissions from transport in Taiwan's national parks. Tourism Management, 2010, 31: 285~290.

[38] 李鹏, 黄继华, 莫延芬, 杨桂华. 昆明市四星级酒店住宿产品碳足迹计算与分析. 旅游学刊, 2010, 3: 27~34.

[39] 包战雄, 袁书琪, 陈光水. 不同游客吸引半径景区国内旅游交通碳排放特征比较. 地理科学, 2012, 32(10): 1168~1175.

[40] 窦银娣, 刘云鹏, 李伯华, 刘沛林. 旅游风景区旅游交通系统碳足迹评估——以南岳衡山为例[J]. 生态学报, 2012, 32(17): 5532~5541.

[41] 魏艳旭, 孙根年, 马丽君, 李静. 中国旅游交通碳排放及地区差异的初步估算. 陕西师范大学学报(自然科学版), 2012, 40(2): 76~84.

[42] Kelly J, Peter W. Modelling Tourism Destination Energy Consumption and Greenhouse Gas Emissions: Whistler, British Columbia, Canada. Journal of Sustainable Tourism, 2007, 15(1): 67~90.

[43] Maja I, Alan C. Forecasting the carbon footprint of road freight transport in 2020. Int. J. Production Economics, 2010, 128: 31~42.

[44] Xu J P, Yao L M, Mo L M. Simulation of low-carbon tourism in world natural and cultural heritage areas: An application to Shizhong District of Leshan City in China. Energy Policy, 2011, 39 : 4298~4307.

[45] 章锦河. 旅游废弃物生态影响评价——以九寨沟、黄山风景区为例. 生态学报, 2008, 28(6): 2764~2773.

[46] 章锦河, 张捷, 王群. 旅游地生态安全测度分析——以九寨沟自然保护区为例. 地理研究, 2008, 27(2)449~458.

[47] 李鹏, 杨桂华, 郑彪, 张一群. 基于温室气体排放的云南香格里拉旅游线路产品生态效率. 生态学报, 2008, 28(5): 2207~2219.

[48] Filimonau V, Dickinson J, Robbins D, et al. Huijbregts. Reviewing the carbon footprint analysis of hotels: Life Cycle Energy Analysis (LCEA) as a holistic method for carbon impact appraisal

of tourist accommodation. Journal of Cleaner Production, 2011, 19: 1917~1930.

[49] Chan W. Energy benchmarking in support of low carbon hotels: Developments, challenges, and approaches in China. International Journal of Hospitality Management, 2012, 31: 1130~1142.

[50] 钟永德, 李世宏, 罗芬. 我国旅游业碳排放计量的三个关键问题思考. 中南林业科技大学学报, 2012, 32(11): 139~143.

[51] 唐承财, 钟林生, 成升魁. 旅游业碳排放研究进展. 地理科学进展, 2012, 31(4): 451~460.

[52] Tol R S J. The impact of a carbon tax on international tourism. Transportation Research Part D , 2007, 12: 129~142.

[53] Hofer C, Dresner M E, Robert J. The environmental effects of airline carbon emissions taxation in the US. Transportation Research Part D , 2010, 15: 37~45.

[54] Mayor K, Tol R S J. The impact of the EU-US Open Skies agreement on international travel and carbon dioxide emissions. Journal of Air Transport Management, 2008, 14: 1~7.

[55] Dubois G, Peeters P, Ceron J P, et al. The future tourism mobility of the world population: Emission growth versus climate policy. Transportation Research Part A , 2011, 45: 1031~1042.

[56] Williams A M, Baláž V. The Czech and Slovak Republics: conceptual issues in the economic analysis of tourism in transition. Tourism Management, 2002, 23: 37~45.

[57] Chapman A, Speake J. Regeneration in a mass-tourism resort: The changing fortunes of Bugibba, Malta. Tourism Management, 2011, 32 : 482~491.

[58] 马波. 中国旅游业转型发展的若干重要问题. 旅游学刊, 2007, (12): 12~17.

[59] 邵小慧, 雷石标, 罗艳菊. 国际旅游岛视角下海南旅行社产业转型升级的路径与对策. 特区经济, 2012, 4: 34~136.

[60] 唐留雄. 中国旅游产业转型与旅游产业政策选择. 财贸经济, 2006, 12: 101~103.

[61] 金霞. 旅游产业转型机制与趋势. 经济问题探索, 2009, 11: 178~182.

[62] 麻学锋. 旅游产业转型的理性构建与自发演进. 经济问题, 2009, 2: 124~126.

[63] 蓝旭鹏. 低碳经济背景下我国旅游业与区域经济协同发展研究. 改革与战略, 2012, 28(4): 155~158.

[64] Gössling S. Carbon neutral destinations: a conceptual analysis. Journal of Sustainable Tourism, 2009, 17(1): 17~37.

[65] Gössling S, Garrod B, Aall C, et al. Food management in tourism: Reducing tourism's carbon "foodprint". Tourism Management, 2011, 32: 534~543.

[66] Dickinson J E, Robbins D, Lumsdon L. Holiday travel discourses and climate change. Journal of Transport Geography, 2010, 18 : 482~489.

[67] 周连斌. 低碳旅游发展动力机制系统研究. 西南民族大学学报(人文社会科学版), 2011, 2 , 149~154.

[68] 年四锋, 李东和, 杨洋. 我国低碳旅游发展动力机制研究. 生态经济, 2011, 4: 81~84.

[69] 汪宇明. 倡导低碳旅游, 推进发展方式转型. 旅游学刊, 2010, 2: 11~12.

[70] 汪宇明, 吴文佳, 钱磊, 蔡萌. 生态文明导向的旅游发展方式转型——基于崇明岛案例. 旅游科学, 2010, 24(4): 1~11.

[71] 郑琦. 低碳旅游: 低碳城市转型的模式创新. 学习与探索, 2010, 4: 126~129.

[72] 蔡萌, 汪宇明. 基于低碳视角的旅游城市转型研究. 人文地理, 2010, 5: 32~35.

[73] 刘莹, 王文军. 我国低碳旅游发展的动力机制与路径选择. 城市, 2012, 5: 33~38.

[74] 侯文亮, 梁留科, 司冬歌. 低碳旅游基本概念体系研究. 安阳师范学院学报, 2010, 2: 86~89.

[75] 蔡萌, 汪宇明. 低碳旅游: 一种新的旅游发展方式. 旅游学刊, 2010, 25(1): 13~17.

[76] 明庆忠, 陈英, 李庆雷. 低碳旅游: 旅游产业生态化的战略选择. 人文地理, 2010, 5: 22~26.

[77] 王谋. 低碳旅游概念辨识及其实现途径. 中国人口·资源与环境, 2012, 22(8): 166~171.

[78] 朱海英, 张琰飞. 低碳旅游发展路径研究, 旅游市场, 2012, 02: 87~89.

[79] 马艺芳. 旅游业低碳化途径探析. 广西师范大学学报: 哲学社会科学版, 201248(2): 84~87.

[80] 王先菊. 城市低碳转型模式研究——以郑州市为例. 特区经济, 2012, 4: 183~185.

[81] 马勇, 刘军. 国内外低碳旅游发展模式研究. 湖北大学学报(哲学社会科学版), 2012, 39 (1): 106~110.

[82] Tsagarakis K P, Bounialetou F, Gillas K, et al. Tourists' attitudes for selecting accommodation with investments in renewable energy and energy saving systems. Renewable and Sustainable Energy Reviews, 2011, 15: 1335~1342.

[83] Horng J S, Hu M L, Teng C C, et al. Development and validation of the low-carbon literacy scale among practitioners in the Taiwanese tourism industry. Tourism Management, 2013, 35: 255~262.

[84] Cheng Q, Su B, Jin T. Developing an evaluation index system for low-carbon tourist attractions in China—a case study examining the Xixi wetland, Tourism Management, 2012, http: // dx. doi. org/ 10. 1016/j. tourman. 2012. 10. 019.

[85] 赵金凌, 高峻. 基于 ANP 法的低碳旅游景区评估模型. 资源科学, 2011, 33(5): 897~904.

[86] 李晓琴, 银元. 低碳旅游景区概念模型及评价指标体系构建. 旅游学刊, 2012, 27(3): 84~89.

[87] 刘长生. 低碳旅游服务提供效率评价研究——以张家界景区环保交通为例. 旅游学刊, 2012, 27(3): 90~98.

[88] 唐承财, 钟林生, 成升魁. 我国低碳旅游的内涵及可持续发展策略研究. 经济地理, 2011, 31(5): 862~867.

[89] 王群, 章锦河. 低碳旅游发展的困境与对策. 地理与地理信息科学, 2011, 27(3): 93~98.

[90] 骆毓燕, 戈鹏, 任佩瑜, 梁学栋, 邱厌庆. 基于 IEME 的低碳化景区综合集成评价. 资源科学. 2011, 33(11): 2182~2190.

[91] 陶玉国, 张红霞. 江苏旅游能耗和碳排放估算研究. 南京社会科学, 2011(8): 151~156.

[92] 蒋芩. 低碳旅游景区评价指标体系研究. 资源与产业, 2012, 10.

[93] 谭锦, 程乾. 论低碳旅游景区评价体系构建——以四川贡嘎燕子沟景区为例. 经济研究导刊, 2010 (11): 117~118.

[94] 陈海珊. 长沙市低碳生态旅游发展评价体系构建. 中南林业科技大学, 2012.

[95] 郑丽. 低碳旅游的若干基本问题研究. 青岛: 青岛大学, 2012.

[96] 曾丽婷. 长沙低碳酒店初探. 价值工程, 2011, 10: 99~100.

[97] 王倩. 国际气候制度中的国际环境合作——国际制度的研究视角. 青岛: 中国海洋大学, 2008.

[98] 郝美田. 中国传统生态伦理精神与低碳旅游合理性之构建. 河南师范大学学报(哲学社会科学版), 2010, 38(5): 111~113.

[99] 周婷, 龙祖坤. "天人合一"的哲学观与低碳旅游. 产业与科技论坛, 2013, 12(2): 5~7.

[100] 贾林娟. 全球低碳经济发展与中国的路径选择. 东北财经大学博士论文, 2014.

[101] 姚治国. 低碳旅游生态效率研究. 天津大学博士学位论文, 2013.

[102] Kolstad C D. Environmental economics. Oxford: Oxford university press, 2000.

[103] Honey M. Ecotourism and Sustainable Development: Who own paradise? Washington

[104] 罗栋燊. 低碳城市建设若干问题研究. 福建师范大学博士论文, 2011.

第 3 章　苏南旅游业碳排放测度与低碳化转型潜力分析

3.1　苏南旅游业碳排放测度

3.1.1　旅游地碳排放构成分析

旅游地碳排放主要与能源消费的类型和数量直接相关。旅游活动引发的碳排放具有跨区域性、跨部门性、多样性和复杂性等特点（图 3-1），是一个时空动态过程。量化旅游活动碳排放也是旅游环境影响研究的难点。旅游地的碳排放既包括区域内碳排放，也包括旅游者从客源地到目的地旅游过程中在旅游地之外的区域的碳排放，如飞机、火车的能源消耗等产生的碳排放。旅游地碳排放除了旅游业的碳排放之外，还包括旅游地当地居民、景区员工的生活、生产所产生的碳排放，如居民的自住房屋、通勤等产生的碳排放。这些碳排放有些是显性的，有些是隐性的，往往难以完全估算出来。因此，现有成果大多从旅游消费行为角度，按旅游活动生命周期进行碳足迹评估，并以估算旅游业的直接排放为主，较少考虑旅游地开发与管理中产生的碳排放量和隐性排放量。

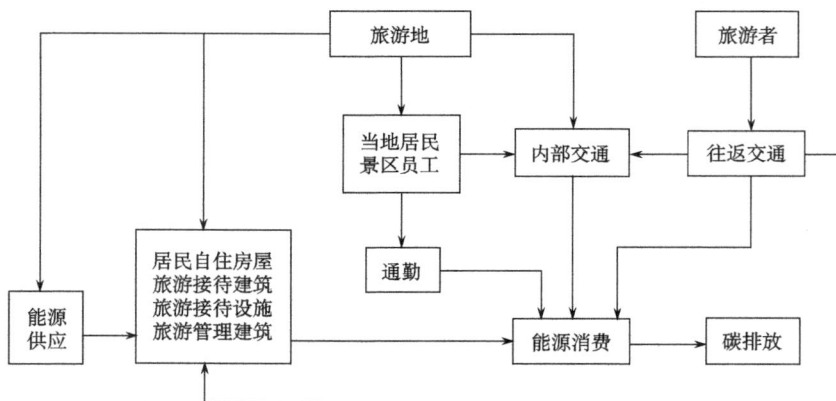

图 3-1　旅游地碳排放模型（据 Kelly 和 Williams[1] 改绘）

从旅游消费角度来看，旅游业碳排放主要是旅游者消费旅游产品过程中的能源消耗产生的碳排放量，也包括为旅游者准备产品时的碳排放以及旅游消费产生废物的运输、存放所产生的碳排放。由于旅游消费涉及的部门、环节、因素比较多，甄别、核算的过程非常复杂。一般在旅游碳排放量核算时，忽略为旅游者准备产品时的碳排放量，重点核算旅游消费过程中产生的碳排放量以及为了处理旅游废弃物所产生的碳排放量。根据旅游活动规律,旅游者的旅游活动一般包括食、住、行、游、购、娱这些要素。每个要素又包括一定数量的项目与内容，所使用的能源类型也存在差异。

1）旅游交通碳排放分析

旅游交通碳排放主要是指游客在旅游过程中乘坐的交通工具在运行过程中能源消耗所产生的碳排放。旅游交通碳排放既包括旅游者从客源地到目的地的交通碳排放，也包括景区内乘交通工具游览时产生的碳排放，一般来说，前者占据比重远大于后者。从交通工具类型来说，航空旅行的碳排放系数和当量系数远远大于其他交通形式，自驾车的碳排放也远远大于火车、长途汽车等陆地公共交通工具（见表 3-1），最低碳的旅行形式是骑自行车和步行。所以，践行低碳旅游要尽量降低航空、自驾车等碳排放量高的交通工具的使用，多乘坐公共交通工具，有条件的多骑自行车或进行徒步旅行。

表 3-1　不同交通工具的排放系数、当量系数及绕道系数

交通类别	排放系数	当量系数	绕道系数
飞机	0.140	2.70	1.05
火车	0.025	1.05	1.15
小汽车	0.075	1.05	1.15
长途汽车	0.018	1.05	1.15
游艇	0.070	1.05	1.15
其他	0.075	1.05	1.15

2）旅游住宿碳排放分析

旅游住宿碳排放指的是旅游者住宿酒店时，能源消耗所产生的碳排放。酒店能源消耗项目主要包括照明、取暖、制冷和其他设备运行，能源类型包括电力、燃油、燃气等[3]。规模越大、设施设备越豪华的酒店，单位游客的碳排放量越大。五星级酒店单位床位每晚的碳排放量是中等星级酒店（三、四星级）的 1.57 倍，而中等星级酒店单位床位每晚的碳排放量是经济等酒店（一、二星级）的 1.75 倍[2]。

3）旅游餐饮碳排放分析

旅游餐饮能源消耗过程比较复杂，贯穿于餐饮原料的制备、食品的烹饪与制作、顾客消费与餐饮服务全过程。餐饮能源的类型除了电力之外，主要是燃气（包括液化气、人工煤气、天然气），还有部分地区的餐饮部门使用煤炭。另外，在餐厅消费过程中，有一些菜品需使用酒精作为燃料。在常见餐饮能源消耗中，无

烟煤的排放系数最高，其次是液化石油气，居第三的为煤气，而电在用户端的排放系数几乎可以忽略（表 3-2）。

表 3-2　常见燃料的排放系数

燃料类型	排放系数	单位
电	0.001 007	$tCO_2-e/(kW \cdot h)$
煤气	47.67	tCO_2-e/TJ
天然气（干燥）	56.10	tCO_2-e/TJ
液化石油气	63.07	tCO_2-e/TJ
无烟煤	98.27	tCO_2-e/TJ

4）游览碳排放分析

旅游景区、博物馆、历史建筑等接待游客游览产生的能耗主要表现为接待设施的建设与运营方面。如游客中心、展示中心、休息服务区等，主要包括室内温湿度调节、引导系统、人机交互系统、模拟展示等。大型主题公园的游览能耗还包括游乐设施运转的能耗等。游览项目主要使用电力，部分景区或旅游场所开始使用太阳能、风能等低碳新能源。

5）旅游购物碳排放分析

旅游购物碳排放主要集中于旅游购物点经营过程中为接待游客购物所使用的能源碳排放，主要集中在空气温湿度调节、电气照明和商品展览等方面，使用的能源主要为电力。

6）旅游娱乐碳排放分析

旅游娱乐的类型比较丰富，包括观看歌舞表演、KTV 或酒吧唱歌跳舞、参与体验项目等。游客参与娱乐活动由于项目或内容不同，所消耗的能源也存在差异，室内娱乐活动碳排放以电力碳排放为主，室外的包括燃油、焰火、燃烧木柴等生物资源所产生的碳排放。

7）旅游废弃物处理碳排放分析

旅游活动中几乎每一个环节都会有一定的废弃物产生。旅游废弃物一般可以分为在餐饮、住宿过程中所产生的厨余、纸张等有机生活垃圾以及游客在旅游过程中所丢弃的塑料、金属包装物等垃圾。旅游废弃物在存放、运输以及处理过程中都会产生碳排放。

3.1.2　区域旅游碳排放测度方法分析

在气候变化背景下，旅游业碳排放是衡量旅游业影响环境质量的一个重要指标，也是当前旅游业人地关系研究的焦点问题之一。旅游业碳排放包括旅游业直接碳排放和旅游业间接碳排放两种类型。前者是指旅游系统直接消耗的能源所排放的二氧化碳；后者是指旅游系统消费的关联产业中间产品的隐含碳排放。2000年，Gössling 率先提出了系统测度旅游业碳排放的方法，使得碳排放逐渐被学术界所重视，到 2008 年，UNWTO 等发布了研究报告《气候变化与旅游业：应对全球气候挑战》，将旅游业碳排放研究推向一个新高度。

虽然旅游业碳排放异常复杂，其测度也非常艰难，自 2000 年来，旅游业直接碳排放在国家层面、区域层面、景区层面乃至企业层面等多个空间尺度上已取得了令人鼓舞的进展。近年来，旅游业碳排放呈现出由考虑少数部门的直接测度转向从全部要素出发的直接与间接测度的趋势。依托自上而下法和自下而上法、生产法和支出法、投入产出法、延伸式旅游卫星记事方法等计量手段。Thomas 基于能源消耗的碳排放计算使用了 MRIO 模型（multi-region input-output）,对于国家层面的碳排放以及碳足迹进行了衡量，此种方法主要用于大范围的研究数据分析汇总来对于环境能源消耗进行了汇总和分析。CBA（consumption-based accounting）是以消费为基础的碳排放计算方式，作为一种交流性的方法，CBA 可以促进公众对于碳排放与自身联系的认知，了解到一些热门景点的不可持续性的发展措施以及发现气候变化与自身产生碳排放之间的关系。Becken 通过自下而上的旅游产业分析和自上而下的分析方法对于旅游业的碳排放衡量方法进行的研究，并认为自下而上的评价提供了比较详细的能源信息，并且自上而下的测评方法对于旅游业作为大的经济产业的影响因子来说较为宏观[4]。Gössling 对于航空的碳排放问题进行了探索，提出了对于休闲旅游活动产生的碳足迹计算的方法框架。基于 Seychelles 的计算方法克服了这种计算方法的劣势[5]。

宋德勇对于碳排放影响因素进行了分解，并对其中周期性波动进行了研究，他通过对于 1990～2005 年的时间序列数据，采用两阶段 “LMDI” 方法，将碳排放的影响因素分解为产出规模、能源结构、排放强度和能源强度四个方面，分析了我国碳排放的周期性特征[6]。谢园方运用实证研究法对研究对象进行分类，分别选取具有代表性的样本，采取样本问卷调查等手段，获取有效的统计数据，将旅游业分为交通、住宿、旅游吸引物和旅游活动[7]；按旅游者类别估算碳排放量，引入剥离系数对于碳排放进行相应的测度。基于旅游卫星账户（TSA）的测度方法是在现有国民账户之外，单独设立一个虚拟的附属账户，它通过将所有与旅游消费相关部门中由于旅游消费而引致的产出部分分离出来，单独列入这一虚拟账户，这样就可以准确测度旅游业对 GDP 的贡献率，并且使旅游业可以和国民账户中的其他经济部门进行比较。而江苏旅游卫星账户是我国首个严格按照世界旅游要求建立的旅游卫星账户。旅游卫星账户作为一种信息系统，可以通过对相关数据信息和资料的分析，评估或预测旅游在经济，环境方面的潜在影响。石培华提出了我国碳排放测度面临的问题，构建了概念性政策框架设计思路，提出旅游主管部门，旅游企业，旅游经营者和旅游者"四位一体"的减排措施[8]。陶玉国提出对于低碳旅游碳排放测度的研究方法有三种：实证研究法、自上而下研究法、自下而上研究法。并通过对于江苏省旅游业的碳排放特征进行分析，结果表明相对其他产业和发达国家而言，江苏省旅游业具有低能耗和低排放的特征[9]。以往旅游业碳排放主要是考虑直接排放，对全要素排放考虑较少。而全要素排放的测度对科学评价旅游业的碳排放量，评估旅游业的碳排放影响，制定科学合理的节能减排政策具有重要的意义。本研究尝试采用投入产出表和旅游终端收入，测度江苏省并进而测度苏南旅游业各部门包括直接和间接碳排放的旅游业碳排放总量，并利用 LMDI 分解了影响因素的作用机理。

3.1.3　研究方法与数据来源[①]

1. 研究方法

1）旅游业直接碳排放和间接碳排放

一个部门的直接能源强度可表示为该部门能源消费实物量和总投入的比值，计算公式如下[10]

$$e_i^{\text{direct}} = \frac{\sum_{j=1}^{m} E_{ij}}{X_i} \tag{3-1}$$

其中，e_i^{direct} 为 i 部门的直接能源强度（吨标准煤/万元）；E_{ij} 为 i 部门对 j 种能源的实物消费量（标准煤）；X_i 为 i 部门的总投入；m 为能源种类。

旅游经济收入主要来自住宿、餐饮、交通、购物、娱乐、邮电通信和游览 7 个部门（其他旅游收入部分划归娱乐）。这些部门对应投入产出表中的住宿和餐饮业、交通运输及仓储业、批发和零售业、文化、体育和娱乐业、邮政业和其他服务业等部门。由于相同部门的经济活动所创造的收入，需要使用的成本大致相同，故可利用公式（3-2）测算旅游业 i 部门直接消耗的标准煤（ E_i^{ce} ）

$$E_i^{\text{ce}} = e_i^{\text{direct}} \times s_i \tag{3-2}$$

其中，s_i 为旅游业 i 部门的终端总收入。

旅游业 i 部门直接消耗的 j 种能源（ E_{ij} ）可通过公式（3-3）测算

$$E_{ij} = \frac{E_i^{\text{ce}} \times W_{ij}}{E_j^{\text{cont}}} \tag{3-3}$$

---

① 本节部分研究成果发表于《地理学报》2014 年第 69 卷第 10 期。

其中，E_i^{ce} 为旅游业 i 部门的标准煤；W_{ij} 为能源平衡表中的 i 部门终端能源消费的 j 种能源折算的标准煤占 i 部门总标准煤的比例；E_j^{cont} 为 j 种能源的标准煤折算系数，来自中国能源统计年鉴。

旅游业直接消耗的 j 种能源的碳排放可通过公式（3-4）计算

$$C_j^{direct} = E_j \times C_j^{cont} \qquad (3\text{-}4)$$

其中，C^{direct} 为旅游业直接碳排放；E_j 为旅游业直接消耗的 j 种能源；C_j^{cont} 为 j 种能源的碳排放系数（转换因子），来自 IPCC。

旅游业直接碳排放（C_{tot}^{direct}）计算公式为

$$C_{tot}^{direct} = \sum_{i=1}^{7} \sum_{j=1}^{m} E_{ij} \times C_j^{cont} \qquad (3\text{-}5)$$

其中，E_{ij} 为旅游业 i 部门直接消耗的 j 种能源。

完全能源强度（e^{tot}）是指生产单位最终产品或服务而导致的全部能源消费量，即该单位产品或服务中所蕴含的能源量，是直接能源强度与列昂惕夫逆矩阵的乘积。计算公式为

$$e^{tot} = e^{direct} \times (I - A)^{-1} \qquad (3\text{-}6)$$

其中，A 为投入产出直耗系数矩阵。$(I - A)^{-1}$ 为列昂惕夫逆矩阵。利用完全能源强度可测算旅游业碳排放总量（C^{tot}），而旅游业间接碳排放（$C^{indirect}$）是旅游业碳排放总量与直接碳排放的差，计算公式为

$$C^{indirect} = C^{tot} - C^{direct} \qquad (3\text{-}7)$$

2）Kaya 恒等式与碳排放影响因素 LMDI 分解

Kaya 恒等式为日本能源经济学家 Kaya 1989 年提出，目的是为了判断人类活动对二氧化碳的影响水平[11]。通过扩展，该恒等式可用来分解旅游业碳排放的影响因素。公式为

$$C^{tot} = \sum_i \sum_j \left(\frac{C_{ij}}{E_{ij}} \cdot \frac{E_{ij}}{E_i} \cdot \frac{E_i}{Y_i} \cdot \frac{Y_i}{Y} \cdot \frac{Y}{P} \cdot P \right) \qquad (3\text{-}8)$$

其中，C^{tot} 为旅游业碳排放总量；C_{ij} 为旅游业 i 部门 j 种能源的碳排放总量；E_{ij} 为旅游业 i 部门消耗的 j 种能源；E_i 为旅游业 i 部门的能耗；Y_i 为旅游业 i 部门的收入；Y 为旅游总收入；P 为游客总人次。

令 $f_{ij} = \dfrac{C_{ij}}{E_{ij}}$，$n_{ij} = \dfrac{E_{ij}}{E_i}$，$q_i = \dfrac{E_i}{Y_i}$，$r_i = \dfrac{Y_i}{Y}$，$g = \dfrac{Y}{P}$，$k = P$ $\qquad (3\text{-}9)$

则 f_{ij}、n_{ij}、q_i、r_i、g 和 k 分别表示碳排放系数效应、旅游能源结构效应、旅游能源强度效应、旅游收入结构效应、旅游消费水平效应和游客规模效应。本文运用迪氏对数指标分解法（logarithmic mean disivia index, LMDI）对碳排放影响因子进行分解。LMDI 是一种完全的、不产生残差的分解方法，是一种很好的研究碳排放变化机理的方法。

设基期旅游业碳排放总量为 C^0，T 期总量为 C^T，可将旅游业碳排放总量变化量分解为

$$\Delta C^{\mathrm{tot}} = C^T - C^0 = \Delta C_{f_{ij}} + \Delta C_{n_{ij}} + \Delta C_{q_i} + \Delta C_{r_i} + \Delta C_g + \Delta C_k \qquad (3\text{-}10)$$

根据 LMDI，各分解因素贡献值的表达式分别为

$$\Delta C_{f_{ij}} = \sum_i \sum_j \left(\frac{C_{ij}^T - C_{ij}^0}{\ln C_{ij}^T - \ln C_{ij}^0} \times \ln \frac{f_{ij}^T}{f_{ij}^0} \right) \qquad (3\text{-}11)$$

$$\Delta C_{n_{ij}} = \sum_i \sum_j \left(\frac{C_{ij}^T - C_{ij}^0}{\ln C_{ij}^T - \ln C_{ij}^0} \times \ln \frac{n_{ij}^T}{n_{ij}^0} \right) \qquad (3\text{-}12)$$

$$\Delta C_{t_i} = \sum_i \sum_j \left(\frac{C_{ij}^T - C_{ij}^0}{\ln C_{ij}^T - \ln C_{ij}^0} \times \ln \frac{q_i^T}{q_i^0} \right) \qquad (3\text{-}13)$$

$$\Delta C_{r_j} = \sum_i \sum_j \left(\frac{C_{ij}^T - C_{ij}^0}{\ln C_{ij}^T - \ln C_{ij}^0} \times \ln \frac{r_i^T}{r_i^0} \right) \qquad (3\text{-}14)$$

$$\Delta C_g = \sum_i \sum_j \left(\frac{C_{ij}^T - C_{ij}^0}{\ln C_{ij}^T - \ln C_{ij}^0} \times \ln \frac{g^T}{g^0} \right) \qquad (3\text{-}15)$$

$$\Delta C_k = \sum_i \sum_j \left(\frac{C_{ij}^T - C_{ij}^0}{\ln C_{ij}^T - \ln C_{ij}^0} \times \ln \frac{k^T}{k^0} \right) \qquad (3\text{-}16)$$

由于在实际应用中各类能源的碳排放系数通常取常量，因此，ΔC_{f_j} 始终等于 0，可以不作为考量因素。公式（3-10）可简化为

$$\Delta C_{\mathrm{tot}} = C^T - C^0 = \Delta C_{n_{ij}} + \Delta C_{q_i} + \Delta C_{r_i} + \Delta C_g + \Delta C_k \qquad (3\text{-}17)$$

2）数据来源

由于旅游业能耗没有纳入传统的国家统计体系，因此，各国无法提供关于旅游业能耗或碳排放的全面统计数据[11,12]。国家统计局基于大规模调查数据编制了 1992 年 124 部门、1997 年 124 部门、2002 年 124 部门、2007 年 135 部门的投入产出表，为确定旅游能源强度系数提供了基础数据。受江苏省旅游统计数据的限制，本文测度时间选取 1997 年、2002 年和 2007 年。2007 年的强度系数来自陆旸[14]，在此基础

上，根据刘洪涛[15] 研究成果推算前两年。江苏省及其地级市的旅游经济收入和游客人次来自江苏统计年鉴及新中国 55 年统计资料汇编（表 3-3），而入境游客和国内游客的旅游花费构成来自江苏旅游统计年度报告。根据中国能源统计年鉴中的江苏能源平衡表，通过对各相关部门终端能源消费推算旅游业各部门每种能源的消耗比例。旅游者低碳旅游消费意愿和行为方面的数据，来自项目组于 2012 年 10 月～2013 年 8 月对苏南 580 户居民出游的实地调研。由于本测度方法使用能源平衡表，但目前公开资料中的能源平均表仅编制到省一级行政区。因此，本研究先核算江苏省旅游业的碳排放量，再通过苏南各市旅游业占据的比重来核算各市的碳排放量。

表 3-3　江苏省及苏南 5 市 1997 年、2002 年、2007 年旅游统计数据一览表

项目 年份	旅游总收入/亿元			国内游客量/万人次			入境游客量/万人次		
	1997	2002	2007	1997	2002	2007	1997	2002	2007
江苏	438.7	917.3	2508.3	5078	10 038.2	23 198.6	101.7	222.6	512.6
南京	100.6	210.81	614.9	984	2076.2	4489	29.3	56.1	116
苏州	88.4	198.44	638.1	972	2010.10	4792.4	27.6	73.8	206.2
无锡	65.1	150.90	445.8	728.9	1501.27	3350.8	18.4	42.3	76.2
常州	26.4	61.25	199.3	295.9	680.21	1747	2.4	8.1	25.8
镇江	22.9	53.05	176.5	257.3	610.05	1589.9	6.6	15.0	46.4

注：数据来源于江苏省及各市旅游统计公报、国民经济与社会经济发展统计公报。其中 1997 年的数据中，南京市的全部数据来自统计公报，江苏省及各市的入境游客量来自江苏省统计年鉴（1998），其余的数据是以 2001 年的数据，按当时的多年平均增长率倒推而得，误差较大。

3.1.4　江苏省旅游业碳排放测度

1）旅游业直接碳排放

将数据导入相应的公式，得出 1997 年、2002 年和 2007 年，江苏省旅游业直接碳排放分别为 5.535 68 Mt、9.460 32 Mt 和 18.184 89 Mt（表 3-4）。从碳排放量可以看出，随着旅游业的快速发展，碳排放量增长较快，其中，2002 年比 1997 年增长 1.71 倍，2007 年比 2002 年增长 1.92 倍，2007 年比 1997 年增长 3.29 倍。但碳排放量的增长率低于旅游总收入、游客量等旅游经济指标的增长率，这表明江苏旅游业的碳效率在不断提高。随着时间推移，餐饮、住宿和旅游交通所占比重均有所下降，而游览、购物和娱乐的比例则有所上升，旅游消费的转型升级在旅游业直接排放结构的演变上得到了一定的体现。在 1997 年、2002 年、2007 年的旅游业吃、住、行、游、购、娱六大部门的排放比例均值中，最高者为交通，最低者为娱乐，交通、购物和住宿是三个主要部门，分别占 58.66%、12.21% 和 10.47%，合占 81.34%。这与 UNWTO 得出的全球旅游业直接碳排放主要来自交

通（71%）、住宿（24%）和游览（5%）的结论[13]基本一致，但又有一定的差异，表现如下：首先，主要部门并不完全相同，购物取代了游览，游客对购物的偏好在碳排放上得以体现；其次，将三个主要部门的碳排放作为一个整体，交通分摊的责任基本不变，住宿责任则有所降低；第三，三大核心部门之外的其余四个部门合占 19.66%的比例，这些部门也是旅游业节能减排不容忽视的要素。

表 3-4　1997 年、2002 年和 2007 年江苏省旅游业直接碳排放

部门	1997		2002		2007	
	排放/Mt	比例/%	排放/Mt	比例/%	排放/Mt	比例/%
餐饮	0.559 56	10.11	0.915 72	9.71	1.723 43	9.48
住宿	0.651 39	11.77	0.972 96	10.31	1.699 78	9.35
交通	3.530 48	63.78	5.585 89	59.22	9.667 78	53.16
游览	0.116 01	2.09	0.306 69	3.25	1.232 84	6.78
购物	0.514 14	9.29	1.269 23	13.46	2.533 81	13.93
娱乐	0.082 29	1.48	0.185 69	1.97	0.863 80	4.75
其他	0.081 83	1.48	0.196 58	2.08	0.463 45	2.55
合计	5.535 68	100	9.432 76	100	18.184 89	100

2）旅游业间接碳排放和碳排放总量

1997 年、2002 年和 2007 年，江苏省旅游业间接碳排放分别为 17.036 98 Mt、24.440 11 Mt 和 44.253 12 Mt（表 3-5），类似直接碳排放其增长较快，其中，2002 年比 1997 年增长 1.43 倍，2007 年比 2002 年增长 1.81 倍，2007 年比 1997 年增长 2.60 倍。旅游消费的转型升级在旅游业间接排放结构的演变规律上也得到了一定的体现。餐饮、住宿、交通、游览、购物、娱乐和其他部门的三年比例均值分别为 15.23%、16.43%、18.60%、13.96%、18.76%、9.34%和 7.69%，分配相对比较均衡，购物最高，交通紧随其后，其他部门最低，间接部门排放结构与直接结构差异显著。

表 3-5　1997 年、2002 年和 2007 年江苏省旅游业间接碳排放

部门	1997		2002		2007	
	排放/Mt	比例/%	排放/Mt	比例/%	排放/Mt	比例/%
餐饮	2.981 21	17.50	3.598 80	14.71	5.956 19	13.46
住宿	3.470 47	20.37	3.823 78	15.65	5.874 43	13.27
交通	3.151 59	18.50	5.184 98	21.22	7.115 23	16.08
游览	1.944 16	11.41	3.046 82	12.47	7.970 02	18.01
购物	2.739 23	16.08	4.988 11	20.41	8.756 86	19.79
娱乐	1.335 97	7.84	1.844 71	7.55	5.584 30	12.62
其他	1.414 34	8.30	1.952 91	7.99	2.996 09	6.77
合计	17.036 98	100	24.440 11	100	44.253 12	100

1997 年、2002 年、2007 年碳排放总量分别为 22.572 67 Mt、33.900 42 Mt 和 62.438 00 Mt（表 3-6），2007 年比 1997 年增长 2.77 倍。部门排放由高到低依次为交通（29.42%）、购物（16.98%）、住宿（14.85%）、餐饮（13.77%）、游览（11.26%）、娱乐（7.54%）和其他（6.18%）。旅游业碳源并不集中于少数几个部门，各部门对碳排放均负有较大的责任，因此，旅游业节能减排不仅需考虑交通、住宿和游览等三个公认部门，更需从全局视角考虑各部门的共同分担。间接排放占碳排放总量的均值为 72.82%，这一般要显著高于国外，如威尔士[16,17]、新西兰[18]和澳大利亚[19]分别为 42%、64%、46%和 52%。其原因与中国许多重要行业对煤炭和火电的依赖程度依然很高[20]关联很大。进一步的解释是，基于火电、水电等能源形成的电力碳排放系数具有很强的国别性和区域性，如根据美国能源部的温室气体研究报告和中国省级温室气体清单编制指南，消耗等量电力所排放的二氧化碳，中国是欧洲 OECD 的 2.2 倍，江苏分别是新西兰和瑞士的 5.8 倍和 42.2 倍，这必将拉升间接碳排放的比例。有鉴于此，旅游业碳减排不仅需关注产业自身，更依赖向其提供中间产品的关联部门的大力联动。

表 3-6　1997 年、2002 年和 2007 年江苏省旅游业碳排放总量

部门	1997		2002		2007	
	排放/Mt	比例/%	排放/Mt	比例/%	排放/Mt	比例/%
餐饮	3.540 77	15.69	4.514 51	13.32	7.679 62	12.30
住宿	4.121 86	18.26	4.796 74	14.15	7.574 20	12.13
交通	6.682 07	29.60	10.770 86	31.77	16.783 01	26.88
游览	2.060 17	9.13	3.365 78	9.93	9.202 86	14.74
购物	3.253 37	14.41	6.257 34	18.46	11.290 67	18.08
娱乐	1.418 26	6.28	2.037 82	6.01	6.448 10	10.33
其他	1.496 17	6.63	2.157 36	6.36	3.459 54	5.54
合计	22.572 67	100	33.900 42	100	62.438 00	100

3）入境和国内游客群体碳排放

1997 年、2002 年和 2007 年，国内游客和入境游客的碳排放及比值见表 3-7。国内游客是旅游业碳源的主要载体，三个年份国内游客碳排放总量占全体游客总量的均值为 89.93%。比值符合旅游业碳排放大多来自国内游客的结论[13]，但由于中国国土面积广大、国内游客众多等原因，该比值一般高于其他国家，如新西兰为 72%[18]。

表 3-7　1997 年、2002 年和 2007 年江苏省国内和入境游客碳排放

时间	国内游客			入境游客			国内游客/入境游客		
	直接/Mt	间接/Mt	总量/Mt	直接/Mt	间接/Mt	总量/Mt	直接/Mt	间接/Mt	总量/Mt
1997	4.86	15.59	20.45	0.68	1.45	2.12	7.19	10.79	9.64
2002	8.33	22.07	30.41	1.13	2.37	3.49	7.41	9.32	8.70
2007	15.76	40.12	55.88	2.42	4.14	6.56	6.51	9.70	8.52

　　江苏省全体、入境和国内游客的每人次碳排放见表 3-8。可看出，游客每人次碳排放总体上呈现出随时间推移而下降的态势。下降的一个可能的原因是期间游客人数增长速度大于旅游收入增长速度。三个年份入境游客每人次碳排放总量分别是国内总量的 6.89 倍、4.86 倍和 5.40 倍，即前者是后者的 4~7 倍，二者呈现一种趋同态势，这在某种程度上也是同期国内外经济发展形态的一个表征。

表 3-8　1997 年、2002 年和 2007 年江苏省不同游客群体每人次碳排放

时间	国内游客			入境游客			全体游客		
	直接/t	间接/t	总量/t	直接/t	间接/t	总量/t	直接/t	间接/t	总量/t
1997	0.09	0.28	0.37	0.66	1.42	2.09	0.10	0.30	0.40
2002	0.08	0.22	0.30	0.51	1.06	1.57	0.09	0.24	0.33
2007	0.07	0.17	0.24	0.47	0.81	1.28	0.08	0.19	0.26

　　从表 3-6 还可看出，江苏省全体游客每人次碳排放总量均远高于 2003 年威尔士的 0.02 t[17]，这反映了该值在不同地区可能相差悬殊，因此，将其与全球平均值进行比较更具一般意义。以交通、住宿和游览三个部门作为直接测度的口径，UNWTO 等的报告显示，2005 年，全球游客每人次碳排放为 0.250 t，其中，发达国家入境游客为 0.678 t，国内游客为 0.258 t，而发展中国家国内游客为 0.074 t[13]；采用相同口径，时间距离较近的 2007 年的江苏全体游客每人次碳排放为 0.053 t，其中，入境游客为 0.387 t，国内游客为 0.046 t。对比发现，江苏全体游客每人次碳排放约为全球的 21.26%，其中，入境游客约为发达国家的 57.14%，国内游客仅为发达国家的 17.73%，甚至只达发展中国家的 61.83%。国内游客每人次碳排放较低的事实，说明了该群体尚需要大量的排放空间，以保障其享受旅游福利。这正如有关研究[21]所指出：高收入国家对碳排放的需求增量较为有限，而低收入国家尚需要大量的排放空间，来实现其人文发展的潜力。

3.1.5　苏南旅游业碳排放测度

通过对比中国、江苏及部分省区的旅游业各部门的花费构成发现，其在同一时期不同地方虽有所出入，但相对较小。因此，在假设各地级市游客旅游花费结构相同的前提下，来估算苏南各市的旅游业碳排放。由于 1997 年的旅游统计数据不全，故未计算 1997 年各市的碳排放量。2002 年，南京旅游业的碳排放总量为7.79Mt；苏州旅游业的碳排放总量为 7.33Mt；无锡旅游业的碳排放总量为 5.58Mt；常州旅游业的碳排放总量为 2.26Mt；镇江旅游业的碳排放总量为 1.96Mt；苏南地区旅游业的碳排放总量为 24.92Mt，占全省旅游业碳排放总量的 75.52%。2007 年，南京旅游业的碳排放总量为 13.21Mt；苏州旅游业的碳排放总量为 14.35Mt；无锡旅游业的碳排放总量为 10.09Mt；常州旅游业的碳排放总量为 4.50Mt；镇江旅游业的碳排放总量为 4.05Mt。苏南地区旅游业的碳排放总量为 46.2Mt，占全省旅游业碳排放总量的 73.99%（图 3-2）。从数据上可以看出，经过 5 年的发展，苏州旅游业的碳排放量超越南京，排苏南乃至全省第一。苏南旅游业碳排放明显呈现3 个梯队，其中苏州、南京为第一梯队；无锡处于第二梯队；常州和镇江处于第三梯队，这与苏南旅游业发展的态势基本一致。

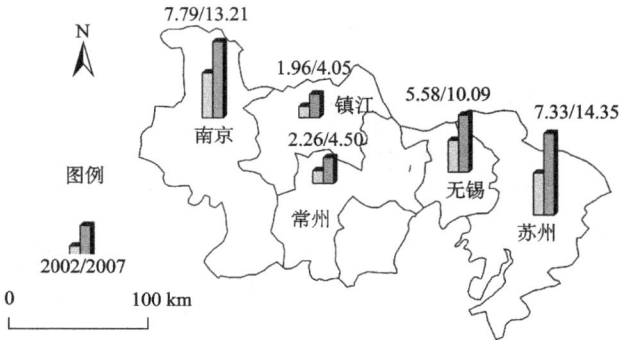

图 3-2　2002 年和 2007 年苏南各级市旅游业碳排放总量

在游客每人次碳排放总量方面，2002 年由大到小排列依次为：南京（0.37t）、无锡（0.36t）、苏州（0.35t）、常州（0.33t）、镇江（0.31t），全省最低的市是淮安，其人均排放量为 0.20t，南京是淮安的 1.86 倍；2007 年由大到小排列依次为：无锡（0.29t）、苏州（0.29t）、南京（0.29t）、常州（0.25t）、镇江（0.25t），全省最低的市是宿迁（0.15t），无锡是宿迁的 1.96 倍。可以看出，随着时间的推移，苏南各市游客每人次碳排放有所降低，各市游客每人次碳排放量的差距在缩小，但与江苏省内其他城市相比，差异比较显著且有所扩大。

3.1.6　旅游业碳排放影响因素分解

1. 旅游业碳排放影响因素与驱动机理

旅游产业是一个复杂系统，影响旅游产业碳排放的因素多样，这使得旅游产业碳足迹变化过程非常复杂，在系统发展过程中必然存在着随机扰动和微小的涨落。要在了解碳排放现状的基础上，分析碳减排的潜力，需要从系统角度对旅游产业碳排放的内在机理进行深入探究。

旅游产业碳排放影响因素非常多，包括国家能源政策对新能源和低碳能源的支持力度、环保政策对低碳发展的推动、科技进步促进低碳技术的发展、对低碳旅游的投资力度、区域旅游业的营销战略以及景区的低碳化管理程度等。任何一个方面的变化都会对旅游产业碳排放产生影响。

旅游产业的碳排放最重要的是旅游产业运行过程中能源消耗所带来的碳排放。旅游产业的能源消费来自旅游者的旅游行为以及旅游地的运行与管理。旅游者的旅游行为引发的能源消费受游客数量、市场结构、交通模式等驱动因子的驱动；旅游地能源消费受产品结构、能源结构、节能减排等驱动因子的驱动。综上所述，旅游产业的碳排放驱动机制模型见图3-3。

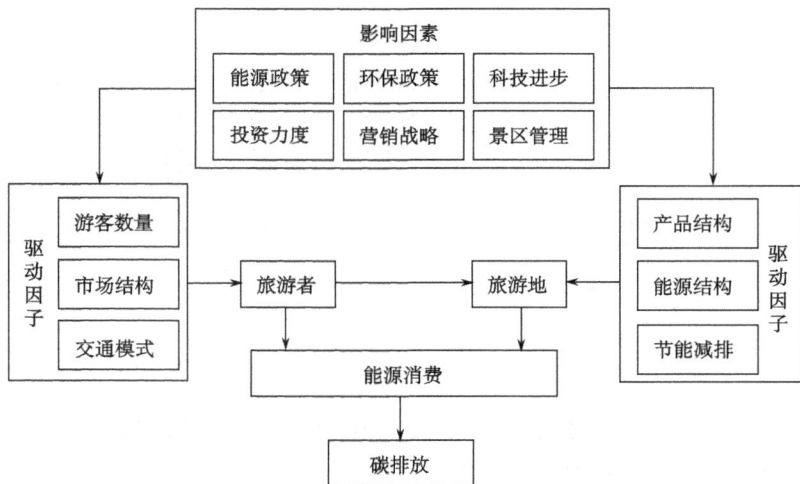

图 3-3　旅游产业碳排放驱动机制模型

2. 苏南旅游业碳排放影响因素分解

根据公式（3-8）～（3-15）可计算江苏省不同时段各分解因素对碳排放总量

的变化值及贡献值。苏南旅游业在全省占主体地位,其碳排放占全省的75%以上,故苏南旅游业碳排放影响因素与全省基本一致,因此,鉴于数据的易获得性,本文应用全省的数据来映射苏南的情景。图3-4可看出,游客规模和游客消费水平对碳排放增长表现为正效应,能源强度与能源结构表现为负效应,而收入结构效应则表现为阶段性波动。1997~2002年和2002~2007年正效应对负效应的数值比分别为2.90和4.53,说明碳排放的增长作用明显大于抑制作用,如果不采取切实可行的措施,未来碳排放仍将继续增长。

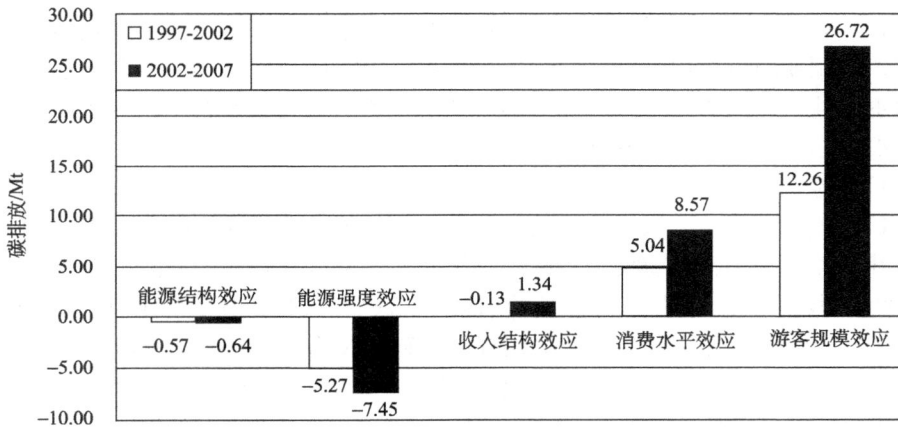

图 3-4　1997~2007 年江苏省旅游业碳排放总量变化 LMDI 分解结果

1)　游客规模效应

游客规模不断扩大是苏南旅游业碳排放较快增长的主要驱动力。两个时间段中,游客规模对碳排放增长的贡献值分别为 70.86% 和 72.95%。来苏南的游客人数由 1997 年的 3322.4 万人次增长到 2007 年的 16 439.7 万人次,增长了 4.95 倍,年均增长率达 17.34%。游客绝对数量的快速增长需要与之相对应的能源消费的增长成为满足游客旅游需求的必要条件,同期碳排放的持续增长由此可以得到部分解释。如果寄希望于通过减少游客数量来实现碳减排,这将以牺牲旅游机会为代价,并不是理想的解决之道。

2)　消费水平效应

旅游消费水平持续提高对碳排放增长表现出较大的驱动作用。这与相关研究成果比较吻合[22,23]。两个时段中,消费水平对碳排放总量累积增量分别有 29.14% 和 23.38% 的驱动贡献。人均旅游花费由 1997 年的 700 多元增长到 2007 年的 1169 元,年均增长率为 5.25%,期间虽受到了亚洲金融危机等突发事件的影响,但总体仍增长较快。旅游业碳锁定是由技术与制度共同演进造成的递增报酬所引起的，但在没有制度约束或激励的前提下，旅游者、供应商等并不愿意减少这种报酬，碳解锁难以推进。这种"高碳"的旅游消费方式产生了大量碳排放。

3）能源强度效应

旅游能源强度下降是促使碳排放降低的主要因素。旅游能源强度是单位旅游收入所消耗的能源总量，反映了能源经济活动的整体效率。1997 年、2002 年和2007 年苏南旅游能源强度分别为 0.68、0.53 和 0.26（单位：吨标准煤/万元）。两个时段中，能源强度对碳排放减缓的贡献值分别为 88.26%和 92.11%。相对于工业而言，旅游业是一个低污染、低能耗的产业，单位旅游收入产生的碳排放量也较小，能源使用效率提升的空间较大。国内外一些研究也证实了能源强度对碳减排的重要性，如在 2004~2008 年期间，其每年均对立陶宛乡村旅游业碳排放的增长起很大作用，但 2009~2010 年则是碳排放降低的关键因素[24]。

4）能源结构效应

相对于能源强度，旅游能源结构调整对碳排放的负效应大幅度减小。两个时段中其贡献值分别为 9.58%和 7.89%。虽然旅游能源结构在不同阶段有所变动，如 2002 年煤折算成标准煤后的比例比 1997 年减少了 27%,但受其他因素的影响，其对碳排放的影响作用仍较小。旅游业主要碳源来自间接层面，而我国许多重要行业对煤炭和火电的依赖程度依然很高[20]，这也印证了现阶段旅游业通过改变能源结构减排的空间不大的结论。

5）旅游收入结构效应

旅游收入结构变动对碳排放的影响作用微弱。两个时段结构变动分别累积引发了 2.16%的碳排放降量和 3.66%的碳排放增量，表现出阶段波动效应特征。旅游收入结构随时间推移变动较小，以苏南游客为例，2002 年餐饮、住宿、交通、游览、购物、娱乐、邮电通讯和其他所占百分比分别为 18.47%、19.52%、16.3%、9.4%、24.2%、5.25%、1.28%和 5.58%,到 2007 年对应为 18.01%、17.13%、17.01%、10.61%、25.8%、6.8%、1.11%和 3.53%。相对于其他因素，收入结构变动引发的碳排放变动较少，但如果大力推动旅游消费向低碳转型，提高负效应，对旅游业碳解锁的顺利实现也具有一定的积极作用。

综上所述，考虑到短期内游客规模不可能大幅降低，降低能源利用强度和引导旅游消费向低碳发展是旅游业节能减排的两种主要手段。减排需能耗供求双方的利益相关者共同努力。降低能源利用强度的主要驱动力来自技术进步，有效的技术减排措施是供应商采取清洁生产等技术，提高能源利用效率。遗憾的是低碳技术被旅游商使用有限[25]。虽然国家旅游局发布的《关于进一步推进旅游行业节能减排工作的指导意见》指明了各省区旅游业的节能减排目标和时间表，减排刻不容缓，但旅游消费现状与低碳要求仍有较大差距。项目组通过对苏南 580 户居民的出游调查发现，虽然 87.36% 的游客认为"非常应该"或"应该"减少旅游业的碳排放，但仅 33.15% 的"非常自觉"或"较自觉"践行节能节水，6.75% 的认为"非常愿意"通过减少旅游机会以减排，40.16% 的认为犹豫不决。因此，建立制度性约束机制，促使游客在吃、住、行、游、购、娱等环节低碳消费，对整个产业节能减排意义重大。

3.2　苏南典型旅游景区碳排放量测度

前面主要运用数据模型法从区域层面对苏南地区各城市旅游业碳排放量进行了测度，让我们从宏观上认识苏南旅游业碳排放的总体情况以及在全省的比重。对于碳排放测度而言，碳排放的测量是实现减排以及碳补偿的基础。区域旅游业低碳化转型需要各个旅游企业去贯彻落实，尤其是作为游客游览吸引中心的景区。

3.2.1　旅游景区碳排放测量常用方法

客观而真实的碳排放测度有利于真实有效的了解旅游景区实际的碳排放状况，包括能源使用情况，景区运行产生的实际碳排放标准以及景区碳排放过程中存在的问题。针对于实际的碳排放测量情况而得出的减碳方案更加切合实际，也更加能够实现方案的有效性。有效的碳排放测量方法对于低碳景区减少碳排放的过程至关重要。国内外主要用于碳排放测量的方法介绍如下：

1）实地监测法

实地监测法的数据来源主要是环境监测站。监测方法主要通过温室气体检测技术或者国家相关部门认可的连续计量方式来计算温室气体的排放总量。检测的数据都是通过科学、合理的采集和分析样品而获得的[26]。目前美国的监测系统能够正常有效运行，其监测系统是温室气体监测系统（CEMS）最发达的国家。我国尚且没有自己的碳排放监测系统，但是 2020 年实现碳减排目标的基础是碳排放监测系统的建设，因此，国家会越来越重视温室气体监测系统的建设，逐步完善相关统计监测和考核体系。

实地监测法的连续监测具有较高的精确度，是测量温室气体最直观有效的方法，数据的直观性和方法的客观性使得实地监测法成为较为常用的一种碳排放衡量方法。但是由于监测站的位置和采集是实地监测法的关键所在，数据的真实和有效性会直接影响到分析结果，如果选择的样本代表性不强，监测的结果不具有任何意义。另一方面，实地监测法若为单独测量温室气体监测成本较高，同时由于监测站易受小环境影响，精确度不高。

2）单位排放系数法

单位排放系数法是指在正常技术经济和管理条件下，生产单位产品所排放的气体数量的统计平均值，这个统计平均值是在企业正常生产条件下的单位产品的碳排放量，可以通过实测或调查得到。目前使用的碳排放系数有两种：一种是在没有气体回收的情况下，生产某单位产品所排放的气体量；另一种是指在有气体回收情况下的排放系数[27]。单位排放系数法对于小规模企业估算其碳排放量具较为有效，但是由于生产技术水平、能源使用情况的不同，不同单位生产产品的单位碳排放系数也会存有较大差异。因而这种碳排放测度方法具有很大的不确定性，比较适合在统计数据不够完善的情况下，对某些环节或关键点进行估算，而不适用于做具体系统的测度或分析。

3）能源消费法

能源消费是温室气体碳排放的最主要的模块，根据 IPCC、CDIAC 碳排放 150 多年的观测数据显示，人类活动产生的温室气体增加中，主要来自于煤、石油、天然气为主的化石燃料燃烧。在发达国家，能源部分的贡献一般占二氧化碳的 90% 以上和温室气体总排放量的 75%。这些排放的大约一半与能源工业中的燃料燃烧相关，主要是发电厂和炼油厂。基于能源消耗的碳排放测量方法，能够直接有效的反应碳排放水平[28]。

能源估算方法主要有两种计算方法，包括 IPCC 参考方法以及系数法。其中 IPCC 参考方法是使用能源消费量来估算二氧化碳排放量，可以根据燃料的数量和平均排放因子来进行计算，平均排放因子可以用特定的国家排放因子来计算可以提高估算的准确度。系数法主要是根据不同能源的消费量来计算排放分量，各种类型能源可按照标准统一折算为标准煤，最后得出不同种类能源排放量的总量。

4）生命周期法（LCA）

生命周期法/分析法（LCA）是通过对于产品、生产工艺及活动的物质、能量的利用及造成的环境排放进行环境负荷评价的过程，也是对评价对象改善其环境影响的机会进行识别和评估的过程。生命周期评价包括整个产品的工艺过程，即原材料的开采、加工、产品制造、运输和分配、使用、重新利用、循环以及最终处理。其主要目的是对于一个产品生产活动的环境后果或潜在的环境影响进行科学和系统的定量研究[29]。

ISO 的生命周期评价框架为目的与范围确定、清单分析、影响评价和解释四部分。首先必须确定或定义评价对象的范围，然后进行清单分析，即将研究过程边界内所有的物质能量输入输出参数进行定量描述，影响评价是生命周期评价中最为关键的一步，即在前两步的基础上给出评价对象对环境造成的影响。这个评价过程涉及到测量对象的每个环节的活动过程，通常以活动环节为分类单位。要求详细研究测量对象生命周期内的能源需求、原材料利用和活动造成的废弃物排放等。

5）投入产出法

投入产出法主要通过经济统计资料编制投入产出表，并利用线性代数等数学方法建立相关的数学模型，从而反映经济系统各个产业或部门间的关系[30]。投入产出模型能够很好地测量各个部门生产中碳的直接以及间接排放量，从而测量不同部门最终需求变化对部门或者对于总体碳排放量的变化统计。

对于存在交互关系的多个区域而言，产品的碳排放贯穿了从原料制备到废弃物消亡的整个过程，不仅包括在生产或服务中利用化石能源产生的直接碳排放，还包括由某种消费活动引发的一系列生产或服务中的隐含碳排放。同时，制作区域间投入产出表还可以核算区域之间产品或服务的碳排放在区域之间的流动量和转移总量。

6）模型法

模型法是目前世界各国在气候变化政策、减排分析等相关领域研究主要采用的手段，可以用于从宏观层次、行业层次和项目层次进行情景与政策分析。模型法的主要应用领域为土地利用变化和森林碳通量研究等，现在国内国际常用的模型主要有以下两类：生物地球化学模型，如 DNDC 模型计算碳储量、碳平衡和碳排放情况、COPMAP 模型、CO_2FLX 模型等[31]；另一类模型为 L/O-INET 模型、LEAP 模型、ERI-AIM 模型、IMAGE 模型和 CGE 模型[32]。

3.2.2　苏南碳排放测度分析方法

通过对以上各种碳排放测度方法分析可见，不同的碳排放测度方法研究的角度不同，适用的范围也不同。对于旅游景区的碳排放测度而言，要结合以上碳排放的优缺点，根据旅游景区的独特性。主要有实证研究法、旅游卫星账户测度法来进行旅游地碳排放评价计算。本文拟采用 STIRPAT 模型法及实证研究法相结合对于苏南地区旅游碳排放进行测度，进而进行低碳旅游发展的相关评价。

York 等提出的 STIRPAT 随机回归模型，它是在人文因素与环境影响之间的恒等式 IPAT 基础上改进的，是多变量非线性模型[33]。该模型用来分析 P（人口）、A（富裕度）、T（技术）与 I（环境影响）之间的关系，在各学科领域已经得到了广泛的应用。STIRPAT 模型和弹性系数的应用，解决了实证分析中如何检验各驱动力变化对环境压力变化的影响问题，其形式如下文介绍。

STIRPAT（stochastic impacts by regression on population, affluence, and technology）是一种可拓展的随机性的环境影响评估模型（通过对人口、财富、技术三个自变量和因变量之间的关系进行评估）

$$I_i = aP_i^b A_i^c T_i^d e_i$$

其中，a 为模型 P 的系数，b、c、d 为各自变量指数，e 为误差。指数的引入使得该模型可用于分析人文因素对环境的非比例影响。对公式两边取自然对数，得到方程

$$\ln I_i = a + b(\ln P_i) + c(\ln A_i) + d(\ln T_i) + e_i$$

其中，a 为模型 P 的系数，b、c、d 为各自变量指数，e 为误差。

由弹性系数的概念可知，方程的回归系数反映的是解释变量与被解释变量之间的弹性关系。一些学者利用 STIRPAT 模型研究了二氧化碳排放量和人口之间的关系。如 Becerra 认为人口对二氧化碳排放量的弹性系数约等于 1[34]，Shi 认为人口对二氧化碳量的弹性系数介于 1.41～1.65 之间[35]，York et al.采用对数化的 STIRPAT 模型计算了二氧化碳排放量与人口、富裕度、城市化之间的关系，认为人口对二氧化碳排放量的弹性系数基于 0.62～0.70 之间[36]。Fan 等采用 STIRPAT 模型分析了 1975～2000 年人口、财富和技术对不同收入水平国家二氧化碳排放的影响，发现这些因素对不同收入水平国家的二氧化碳排放的影响是不同的，因此决策者在制定碳减排量和人口等的面板数据，但缺乏对具体国家数据的具体分析[37]。

由以上模型介绍可以了解到，对于人口、经济、技术三个主要指标运用到旅游景区碳排放测度中应当对指标进行细分，从而获得更客观的分析数据。其中 P 代表人口平均碳排放量，在旅游景区可表示年接待游客量的人均碳排放值；A 代表财富，在旅游景区碳排放测度中可表示为旅游景区的年营业额及当地城市经济总量，应当对于指标 A 进行分解，由于排放量 I 与经济发展指标 A 之间并非仅存单一的一次线性关系，本文借鉴 York 的方法[24]。借此构建成为二次模型

$$\ln I_i = a + b(\ln P_i) + c(\ln A_i) + d(\ln A_i)^2 + f(\ln T_i) + e_i$$

其中，a 为模型 P 的系数；b、c、d 为各自变量指数；e 为误差。

同时，对于技术指标 T 而言，主要代表的是碳排放强度，计算方式为当地旅游产业增加值与 GDP 的比重，可以考虑到旅游产业能源使用情况差异等变量对于碳排放量的影响，对于旅游景区碳排放强度的计算，主要使用当地景区能源消费金额与实际 GDP 的比重，考虑到旅游产业碳排放的影响因子多样性，可以引用 C 指标代表清洁能源使用率，则模型可变为

$$\ln I_i = a + b(\ln P_i) + c(\ln A_i) + d(\ln A_i)^2 + f(\ln T_i) + g\ln C_i + e_i$$

其中，a 为模型 P 的系数；b、c、d 为各自变量指数；e 为误差，C 代表清洁能源使用率。

本模型的主要计算思路为：首先通过对于苏南地区旅游景区近十年的碳排放强度的相关数据进行分析，展示时间序列上的碳排放基本情况；其次，通过对于

数据的回归分析把握各景区各地的总体碳排放发展潜力；最后，根据各景区的碳排放对比分析，进行空间差异化探究，对于时空分析及演化机理进行探索，同时为苏南地区旅游景区的低碳化转型分析提供一定的基础。

3.2.3　苏南典型旅游景区碳排放测度分析

1. 典型旅游景区碳排放测度

景区是旅游活动与经营的主要场所，同时也是旅游业产生碳排放的主要区域之一，通过对景区碳排放的测度可以管窥整个旅游业碳排放的状况。因此，通过对于重点旅游景区的碳排放测度对于整体苏南旅游业碳排放的测度具有一定的代表性。不同的景区形态往往导致游客的活动有明显的差异，导致碳排放出现差异。本文选择南京中山陵景区、苏州同里景区、无锡灵山景区、常州天目湖景区为典型研究区对苏南旅游景区进行碳排放测度。其中中山陵景区是都市近郊历史文化遗产型景区、灵山景区是现代人工主题型文化景区、同里是传统乡村古镇型景区、天目湖是自然山水林泉型景区，基本代表了江苏的主要旅游景区的类型。主要的测算方法是通过对于景区能源的具体使用情况进行搜集，并通过 IPCC 认证的能源转换系数标准来计算实际景区的碳排放。具体能源的碳转换系数如下表 3-9 所示。

表 3-9　各种能源的碳排放系数

能源种类	碳排放系数	能源种类	碳排放系数
原煤	0.7559	燃料油	0.6185
洗精煤	0.7559	其他石油制品	05857
焦炭	0.8550	液化石油气	0.5042
其他焦化产品	0.6449	天然气	0.4483
原油	0.5857	焦炉煤气	0.3548
汽油	0.5538	炼厂干气	0.4602
煤油	0.5714	其他煤气	0.3548
柴油	0.5921		

1）南京中山陵园风景区碳排放分析

中山陵园风景区是国家重点风景名胜区钟山风景区的主体部分，国家 5A 级景区，素有"龙盘虎踞，紫气东来"之称，是孙中山先生的陵寝及附属建筑群所在地。景点包括中山陵寝、孙中山纪念馆、中山书院、音乐台等景点，构成了中山陵风景区的主要景观，面积共 8 万余平方米。中山陵于 1926 年 1 月由吕彦直先生担任总建筑师设计建造，景区位于南京市东郊，拥有独特的历史文化、自然景观和生态资源。在海内外的知名度较高,长期以来一直具有强大的旅游吸引力,中山陵风景区已经成为国内外游客来南京旅游的必然选择。自2010年11月12日孙中山先生诞辰中山陵景区免费以来,中山陵园风景区接待人数逐年快速增长,2013年中山陵园风景区共接待游客913万人次(图3-5),达到历史新高。

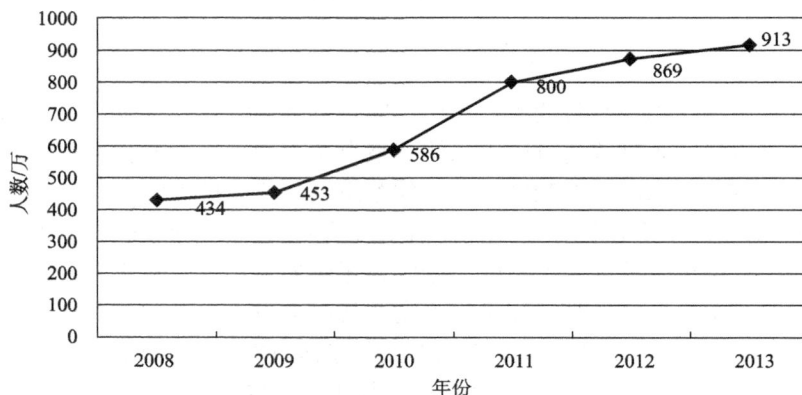

图3-5　中山陵景区游客人次变化

面对快速增长的游客人数,2010年中山陵景区就规定从1月10日起景区黄标车限行,构建低碳交通体系,鼓励采用公共交通、电动车以及自行车或徒步的方式进行低碳旅游。同时中山陵景区在2013年新建成由琵琶湖至环陵路的约17公里的绿道供游客骑车、散步等低碳旅游。对于景区碳管理而言,中山陵景区由于位于城市近郊,作为南京市的天然氧吧和城市休闲的集中地,对于中山陵的碳排放测度也具有一定的代表性,因此本文选取中山陵作为城市近郊和城市休闲的景区类型的典型景区。

本文对于具体景区碳排放量的计算采用的是《中国能源统计年鉴》中能源平衡表的分类,以煤、碳、原油、煤油、汽油等八种能源为标准而算出,测算具体方法采用IPCC(intergovernmental panel on climate change)推荐的表现能源消费量估算法,将旅游景区的各项能源消耗乘以具体的能源消耗系数进行具体的计算,最终测算出苏南各旅游景区的碳排放量。通过对于旅游景区的实地调研,和走访旅游管理局的相关交通管理部门得知,对于旅游景区内部的主要交通以紫金山索道和景区内小火车为主,以便于游客在各景点和公交车站之间换乘。截至2013年12月,中山陵景区内有小火车48辆,使用的燃料为汽油,景区内小火车全年游客乘坐量2011年达到360万人次。通过对中山陵园风景区的紫金山观光索道的调研得知,观光索道配备发电机两台,年度用电量为275 862kW·h,其中索道的高差为333m,全长为2350m,是属于单循环吊椅式登山索道。对于实际的索道速度为每秒 1.25m，单程时间耗费为 30 分钟，索道靠电力驱动，年度耗电 275 862kW•h，通过对于标准煤炭转换系数计算可以知道，仅仅是索道的碳排放就达到 83.06t。

表 3-10　中山陵风景区实际碳排放量统计

碳排放来源	接待规模/能耗量	碳排放系数	年碳排放量/t
小火车	10 469 789.7p•km	0.018 kg/p•km	188.46
索道	275 862kW•h	0.3011kg/kW•h	83.06
住宿及餐饮	307 244v•n	3.26～9.21kg/v•n	2666.78
景区管理	2 265 526.4kW•h	0.3011kg/kW•h	682.15
总计			3620.29

注：kg/p·km 是每人每公里的碳排放单位；kg/kw·h 是每千瓦时电力的碳排放单位；kg/v·n 是每晚每客的碳排放单位。

通过对于中山陵园风景区的实地走访，可以看到景区的森林覆盖率极高，据官方统计数据显示，中山陵园风景区的森林覆盖率达到 86.3%，对于整体的碳排放吸收量较高。同时由于大量的非旅游的企业和单位的存在，对于苏南旅游业碳排放的测度主要是针对于旅游行业，因此对于碳排放的测度会存在一定的实际偏差。对于碳排放量的统计，以往的数据由于缺失无法获取，但是根据中山陵免费以来游客数量的增长所带来景区经营的高峰期可以判断出，近年特别是 2010 年以来，中山陵景区的旅游碳排放量是在一个飞速上升的状态下。由表 3-10 可以看出，整体景区碳排放量中，景区内住宿和餐饮及景区的实际管理活动占据了大量的碳排放量，由于景区内交通的清洁能源使用率较高，景区的交通碳排放量较少，而其他类型的碳排放如景区管理产生的二氧化碳排放则较多。

2）苏州同里景区碳排放分析

同里景区作为中国十大魅力古镇之一，位于苏州吴江市，始建于宋代，至今已有 1000 多年的历史，古镇是江南六大著名水乡之一，是名副其实的水乡古镇。同里古镇面积 33km²，常住人口 1.9 万人，核心游览区面积为 2 km²，景区内自成水网，河流总长度 5.14km，邻水民居 5.46×10⁴m²，占民居总建筑面积的 36.9%，是江苏省最早也是唯一将全镇作为文物保护单位的古镇，更是江苏省首批历史文化名镇，镇里布局因水成街，因水成路，因水成园，巧妙而自然的将景区内的水、路、桥、民居和园林融为一体，构成了同里特有的水乡风貌，景区的退思园也被列为世界文化遗产。由于古镇居民是景区内的常住人口，同里景区可以作为苏南旅游业古镇类旅游景区的主要代表，也可以作为苏州旅游景区的代表之一，2004～2012 年旅游人次逐年上升，2012 年达到 657 万人次。

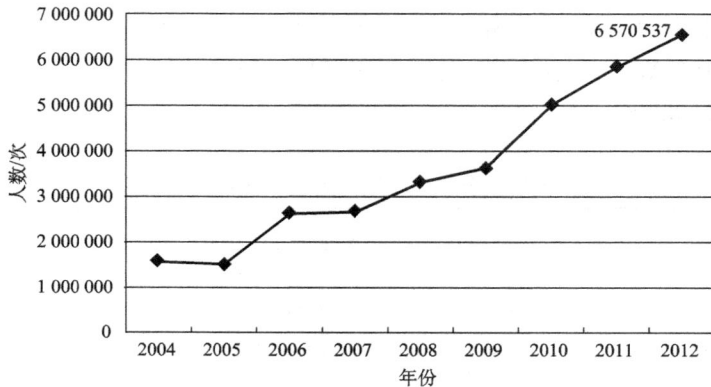

图 3-6   同里古镇旅游人次变化

表 3-11   同里风景区实际碳排放量统计

碳排放来源	接待规模/能耗量	碳排放系数	年碳排放量/t
电动车船	935 237kW · h	0.3011kg/kW · h	281.6
住宿及餐饮	544 520v · n	2.51～9.21kg/v · n	4726.27
商铺及娱乐	3 182 331kW · h	0.3011kg/kW · h	958.2
垃圾处理	818 864.2kW · h	0.3011kg/kW · h	246.56
景区管理	2 597 642kW · h	0.3011kg/kW · h	782.15
电动车船	935 237kW · h	0.3011kg/kW · h	281.6
总计			6994.78

通过对于同里景区的实际走访和调查得知,景区内的住宿主要以民居和客栈为主,据统计,同里的客栈数量为 63 家,加上酒店 47 家,共有住宿服务设施 110多家,共有床位数约 4196 张,通过对于客房数量的统计和实际的客房出租率的计算,估算出同里景区的住宿及餐饮碳排放约为 4726.27t。通过对于景区内电动船的数量调查,景区内共有电瓶车 18 辆,观光游船 7 只,观光手摇木船 40 只,年均行驶距离 62 571km,根据碳排放系数转换,其实际碳排放为 281.6t(表 3-11)。在实地走访和调查中,通过对于景区餐饮垃圾回收人员调查了解得知,对于垃圾回收古镇共有垃圾桶约 500 个,每天古镇会产生近 7 车垃圾,每车重约 1t,年碳排放估算约为 246.56t。因此对于古镇景区的碳排放值估算约为 6994.78t,并以 10%的增长率增长。而且由于古镇的植被覆盖率较低,缺少一定的碳汇来进行相应的碳中和,所以同里景区的碳排放控制水平亟待提升。

3)无锡灵山景区碳排放分析

灵山景区位于无锡市,是集文化与艺术、信仰与科技于一身的当代著名的佛教旅游胜地。由于佛教寓意浓厚，建造富有创意，在近十年的发展中取得了长足的进步，作为 1997 年新建而成的宗教朝拜胜地景区，灵山景区的发展历程很有限，对于旅游碳排放的研究具有一定的代表意义。景区面积约 30 公顷，被称为"太湖明珠"。建设最早、最为知名的是灵山大佛景区，包括梵宫、祥符寺、九龙灌浴等景点，经过十年多的发展，灵山景区已经成为江南佛教文化的代表性景区之一。无锡灵山的旅游人次在 2008 年就达到了 200 万人次（图 3-7），并在持续增长的过程中，旅游人次的增加也带来了能源方面的压力。

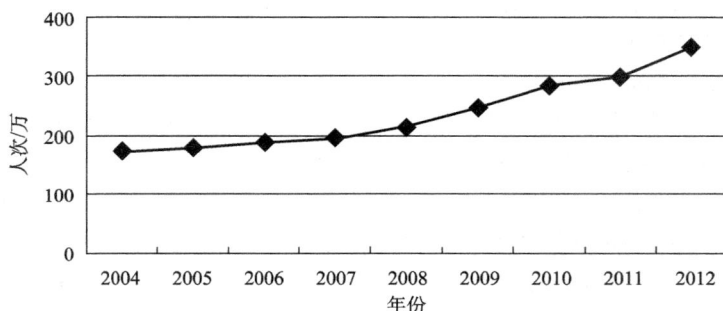

图 3-7　灵山旅游人次变化

2011 年，灵山与中国质量认证中心联合，对于景区碳排放点进行核查，制定改进方法，编撰温室气体排放清单，并取得国内首家旅游景区低碳核查证书。在此基础上，灵山景区管理公司建立起一套能源管理体系，节能降耗，并且在半年时间内水、电、油三大能源消耗同比下降 31%、9.8%、16.1%。景区管理公司建立《绿化用水管理制度》《景观灯光控制管理制度》等能源管理制度，对于景区的油改气工程、智慧景区的建造制定了一定的节能目标。进行一定的低碳布局和低碳化安排。灵山景区的发展历程很有限，但是作为新建景区的代表，并如此重视碳排放的控制，对无锡灵山景区的研究对于苏南旅游业碳排放测度的研究具有一定的代表意义。对于具体的碳排放测度如表 3-12 所示。

表 3-12　灵山风景区实际碳排放量统计

碳排放来源	接待规模/能耗量	碳排放系数	年碳排放量/t
电瓶车	625 373kW·h	0.3011kg/kW·h	188.3
住宿	311 000v·n	3.26~9.21kg/v·n	1866
餐饮	933 244.8kW·h	0.3011kg/kW·h	281
景区管理	2 929 757.6kW·h	0.3011kg/kW·h	882.15
总计			3217.45

无锡灵山景区的实地走访和调查中（表 3-12），景区共有 35 辆电瓶车，年均行驶公里 763875km，其使用能源为清洁能源，另外景区餐饮主要包括梵宫自助餐，其主要的碳排放产生为垃圾制造，可以通过平均每天垃圾处理碳排放计算得知，梵宫自助餐平均每天产生垃圾 1t，根据系数计算，平均每年产生碳排放约为 281t，同时根据灵山景区周边酒店的分布情况，选择在 1km 范围之内的酒店作为旅游住宿碳排放计算的主要来源，因此选取的主要为格力豪泰酒店、元一希尔顿、汉庭酒店以及无锡灵山元一温泉度假酒店作为主要的碳排放来源计算，共计算得出有客房 3500 间左右，年均碳排放计算约为 1866t。通过计算，灵山风景区内碳排放量约为 3217.45t，并以 8%的百分比增长。

4）常州天目湖碳排放分析

天目湖作为省级旅游度假区，位于江苏、安徽、浙江交界处的历史名城常州溧阳市，集森林度假、农业观光、环境保护和湖上娱乐于一体，由于自然风景优美，2004~2012 年游客人次逐渐增加（图 3-8），于 2013 年 8 月纳入国家级生态旅游示范区，同年 10 月获批国家 5A 级景区。天目湖旅游度假区的主要板块为新湖里山、龙兴岛和中国茶岛。天目湖属于天目山余脉，东西窄，南北长的深水湖水库。景区是近 300 平方公里的生态保护区，森林覆盖率 85%以上，同时也有沙河和大溪两座国家级水库[39]。常州天目湖作为国家 5A 级景区，内部基础设施建设较为齐全，景区内包括自然景色和相应的人工建筑，有慈孝文化园、状元文化区、奇石馆、精灵国、彩蝶谷和中国茶岛等景点。景区内部分为旅游中心区、度假休闲区、森林公园区、农业历史文化区、环境保护区和湖上娱乐区 6 个功能区。

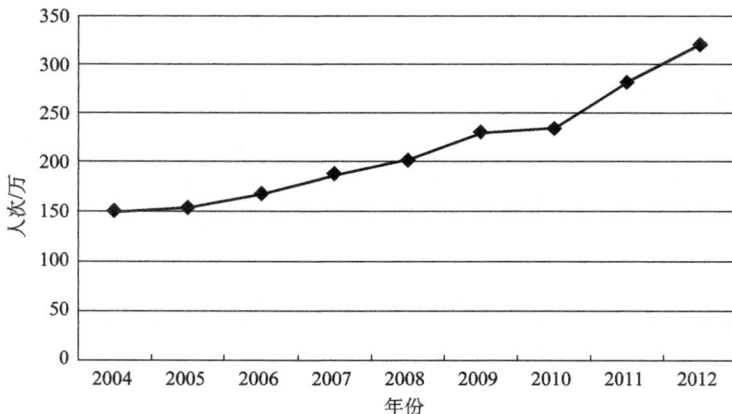

图 3-8　天目湖游客人次统计

李青、张落成等对于天目湖水域保护环境的调查中发现，77.1%的游客表示天目湖的邮轮污染较为严重[40]。天目湖景区内部有水庐宾馆、华天度假村、天目湖山水园酒店和天目湖宾馆四家酒店，共计客房 732 间，约 3000 个餐位，26 个会议室。景区内的游船是经典旅游项目，共计游船 183 只，其中电动船 87 只，汽油和柴油船 96 只，可以同时满足上千人同时使用，另景区内有电瓶车 21 辆，根据燃油系数和煤炭系数的转换，年住宿和餐饮碳排放共计 2461.36t，景区内游船碳排放 1382.06t，景区管理委员会位于景区内部，通过调查得知，景区运营管理及其他活动组织年用电量为 1 597 974kW·h，通过对于能源系数的转换，得知年产生的实际碳排放量为 481.15t，并以 12%的百分比增长（表 3-13）。

表 3-13　天目湖风景区实际碳排放量统计

碳排放来源	接待规模/能耗量	碳排放系数	年碳排放量/t
电瓶车	818 000.7kW·h	0.3011kg/kW·h	246.3
游船	19 743 714.3p·km	0.07kg/p·km	1382.06
住宿及餐饮	283 753v·n	3.26～9.21kg/v·n	2461.36
景区管理	159 7974kW·h	0.3011kg/kW·h	481.15
总计			4570.87

通过对于实际天目湖景区产生的碳排放统计可以看出，在整体天目湖碳排放的整体构成中，景区的游船、住宿和餐饮所产生的二氧化碳排放量最高，同时占据全景区碳排放量最高的份额。对于实际景区的走访和调查得知，景区的森林覆盖率在 85%左右，碳汇的吸收能力相当，基本能够完成景区碳源产生的二氧化碳的吸收。由于调查统计的实际困难，对于天目湖景区的数理统计仅涉及天目湖旅游度假区，并不涉及南山竹海以及其他天目湖附近的景区。在实际的调研和访谈中发现，天目湖的游船主要能源使用为柴油和汽油，其产生的二氧化碳排放相对较多，同时由于景区的度假性质，度假酒店数量较多且入住率较高，产生的二氧化碳排放也相对较高。

在四大典型景区中，同里景区的碳排放量最大，2012 年碳排放总量达 6994.78t；其次是天目湖景区，2012 年碳排放总量达 4570.87t；中山陵景区，2012 年碳排放总量达 3620.29t，碳排放量最少的是灵山景区，2012 年碳排放总量达 3217.45t。根据海南省发展与改革委员会、海南低碳经济政策与产业技术研究院 2014 年 3 月所提供的《呀诺达雨林文化旅游区碳排放量测算报告》，海南南山景区餐饮、住宿、交通、游览、购物、娱乐、管理、维护和建设 9 个方面的碳排放量测算可以得出南山 2013 年的碳排放总量为 8463.15t。与南山景区相比，苏南典型景区的碳排放量偏小，除了气候原因外（南山地处海南三亚，全年温热，空调使用时间长，能源消耗率高），主要是在核算苏南典型景区碳排放量时，由于数据的可获得性问题，未将游览点、购物、娱乐、维护和建设等活动的碳排放量统计在内，导致碳排放量总体上偏小。从每人次平均碳排放量上看，四大景区由大到小的排列顺序为天目湖景区、同里景区、灵山景区、中山陵景区。常州天目湖景区为 1.43kg，居四景区之首，是四景区中每人次平均碳排放量最少的中山陵景区的 3.4 倍。主要原因是天目湖景区是度假旅游区，以外地游客为主体，住景区的客人比例较高，住宿与游船的碳排放量高。而中山陵景区由于地处南京近郊，除了外地游客外，还有大量的本地休闲客人，这些客人只是将中山陵景区作为休闲放松，享受闲暇时间以及自然山水的空间，对中山陵相关旅游接待设施的使用少，因此，使得人均碳排放量变低。作为典型观光旅游地的同里景区和灵山景区，人均平均碳排放量相差无几，都在 1kg 左右（表 3-14）。

表 3-14　2012 年苏南典型景区碳排放量

景区名称	碳排放总量/t	每人次平均碳排放量/kg
南京中山陵景区	3620.29	0.42
苏州同里景区	6994.78	1.06
无锡灵山景区	3217.45	0.92
常州天目湖景区	4570.87	1.43

2. 苏南旅游景区碳排放影响因素分析

鉴于数据可获得性，我们以四个典型景区为例，对苏南旅游产业碳排放及影响因素进行具体分析。

在中山陵园风景区的实地调研中得出，景区的碳排放主要由景区内交通、景区内住宿与餐饮以及管理和垃圾排放四方面的碳排放构成。由于数据的可获得性等因素的影响，文章需要对游客数量，景区内能源使用总量和相关清洁技术使用率的比例进行分析，所以采用 STIRPAT 模型对于旅游景区内碳排放进行模糊计算，因此，主要从人口、能源和技术三个方面来进行核算。

$$\ln I_i = a + b(\ln P_i) + c(\ln A_i) + d(\ln A_i)^2 + f(\ln T_i) + g \ln C_i + e_i$$

其中，I 为碳排放总量（t）；P 为景区游客数量；A 为景区收入；T 为碳排放强度；C 为景区清洁能源使用率。

本书模型考虑到游客人口总量、景区收入、碳排放强度和景区清洁能源使用率对于景区实际碳排放量的影响。因此采用 STIRPAT 模型来对于旅游景区的碳排放影响因素进行分析。如表 3-15 所示，利用搜集到的相关人口数据，景区经济效益数据和相关的数据整合到 STIRPAT 模型进行分析，各个具体 P、A、T、C 指标要素对于总体经济的分析进行讨论，通过 BP 检验以及 Hausman 检验设定模型形式，发现中山陵、天目湖、灵山和同里景区的具体实证数据分布如下表所示。

表 3-15　四大旅游景区碳排放影响因素分解结果一览表

影响因素	中山陵	天目湖	灵山	同里
	$\ln CO_2$	$\ln CO_2$	$\ln CO_2$	$\ln CO_2$
$\ln P$	1.139	1.065	0.479	1.038
$\ln A$	0.059	0.357	1.085	0.080
$\ln T$	1.018	1.226	0.802	0.951
$\ln C$	1.252	1.038	1.028	1.075
e_i	0.9732	0.9527	0.9812	0.8503
Hausman	49.18	87.93	9.53	7.15

表 3-15 显示了景区碳排放总量与游客数量、景区收入、碳排放强度、清洁能源使用率之间的互动关系。首先，从游客数量上看，学术界对于二氧化碳排放的人口弹性大小问题上存在一定的争议，在相关研究中，大多数学者认为不同地区的碳排放对人口的敏感度差别很大，并且通过比较认为人口较多的地方产生的碳排放比人口较少的国家多[41]。本文通过实证研究验证了这一观点，通过表 3-15 的数据分析可见，游客因素对于景区的碳排放具有显著的正向影响。其次，相比较于景区的经济收益而言，景区的二氧化碳排放与经济收益的弹性相关并没有游客数量因素弹性大。并且由于景区性质的差异，不同景区的碳排放量与该景区收益之间的关系差异较大。第三，从景区的碳排放强度看，四大景区碳排放量与碳排放强度的弹性系数都在 1 左右，表明景区碳排放总量对碳排放强度的敏感性强。而对于清洁能源的使用率来说，四大景区的碳排放量与之的弹性系数皆超过 1，显示清洁能源的使用率对景区碳排放具有强烈的影响效应。

3. 苏南旅游景区低碳化影响因素差异特征

1）游客数量分布影响差异

一方面，通过 STIRPAT 模型对于四个景区碳排放影响因素的分析可以看出，旅游业的实际碳排放跟游客数量有很大的关联性。图 3-9 显示了苏南地区四个较为典型的旅游景区：灵山风景区、同里古镇、中山陵景区和天目湖景区的游客数量之间存在显著差异。总体比较来看，中山陵的游客人数相对较高，在 2012 年达到了 896 万人次，创下了历史新高，同里景区则紧随其后，达到了 657 万人次，表明近年来旅游形势良好，各旅游景区人次都呈现逐年增长的良好趋势，而天目湖景区和灵山景区的游客数量也达到了 300 万人次以上。由此可见，苏南地区旅游业发展势头良好，但不同景区之间仍然存在着较大差距。

　　另一方面，通过对具体的景区碳排放和具体的游客数量之间的弹性相关可以看出：游客因素对于景区的碳排放具有显著的正向影响。对于中山陵景区而言，游客因素增长 1 个百分点，碳排放则会增长 1.139 个百分点；对于同里景区而言，游客增长 1%，碳排放则增长 1.038%；天目湖景区的碳排放状况与游客之间的弹性也相对较大，游客增长 1%，则旅游景区的碳排放则会增长 1.065%。而灵山景区由于碳排放主要构成部分为景区的实际经营管理中的排放，游客数量的增长与碳排放虽然存在一定的正向关系，但并没有其他三个景区显著。

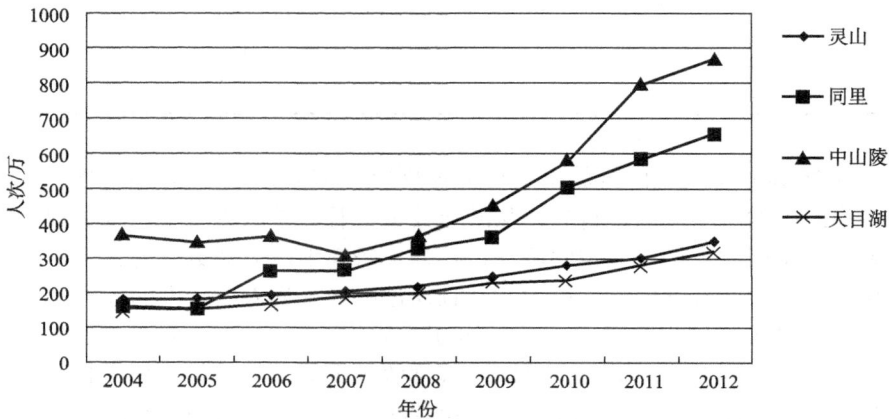

图 3-9　四个景区旅游人次差异性特征

　　2）清洁生产技术使用率影响差异

　　对于清洁生产技术使用率这一影响因素的衡量可以看出，四个地域的景区碳排放对各景区的清洁能源使用率的弹性系数均高于 1，这表明碳排放对于清洁能源使用率的敏感程度很高。旅游景区的清洁技术使用率主要指的是景区交通的清洁能源使用率和景区的节能电器使用率，通过具体实证分析数据探究显示：中山陵通过对景区内交通方式进行改造有效地影响了碳排放，而同里景区通过汽油船到电瓶船的改造过程也能够对景区的二氧化碳排放造成一定的正面影响。

　　实际数据显示：通过对同里景区内电瓶车、电动船的数量调查，景区内共有电瓶车 18 辆，观光游船 7 只，观光手摇木船 40 只，几乎没有以柴油和汽油为动力的游船，因此同里景区的清洁技术使用率较高。对于清洁能源的使用，中山陵景区则较为迟缓，景区内的小火车均为汽油发动，虽然能够保证较高载客率，但是在一定程度上也造成了大量的碳排放；天目湖景区也是如此，对于景区内的游船，虽然有一部分是电动船只，但是也有很大一部分的游船为煤油或者是汽油发动，游船的清洁能源使用率不高，造成了天目湖景区的碳排放与实际的清洁技术使用率的弹性并不是太高。由实际景区的差异可以看出，南京市、苏州市、常州市和无锡市四个城市的景区清洁技术和清洁能源的使用存在着较大的差异性特征。对于碳排放的重视程度也不一致，苏州、无锡的景区更注重清洁能源的使用。如灵山景区在景区内部分散安装了碳排放检测仪器来检测碳排放问题，同时在景区的制度制定过程中强调严格限制二氧化碳的排放问题。

3）苏南各城市经济发展影响差异

苏南作为中国经济的主要增长区域之一，其经济发展给碳排放的控制提供了经济基础，同时由于经济的发展也造成了更大的碳排放。根据前面的研究结论，苏南区域的碳排放明显超过苏北区域的碳排放，占江苏全省的 75%。而实际上苏南各城市的碳排放量也和当地的 GDP 具有一定的弹性正相关关系。由图 3-10 可以看出：四个城市的 GDP 也存在着较大的差异，导致各城市的碳排放量存在明显的差异。相比较于景区的游客数量而言，景区的二氧化碳排放与经济收益的弹性相关并没有游客数量因素相比弹性大。在四个城市的四个景区相比较看来，中山陵由于景区的免费性特征，景区收益所占的比重并不大，因而在景区收入和实际碳排放之间的相关性相对较低，为 0.059；而对于无锡灵山景区和同里景区相比较而言，灵山景区对于经济效益的敏感性相对来说较强，经济收益增长 1%，景区的碳排放则会增长 1.085%，而对于天目湖景区来说，由于景区的收益主要是依赖于门票收入，其景区碳排放与景区收入之间也具有一定的相关性特征。

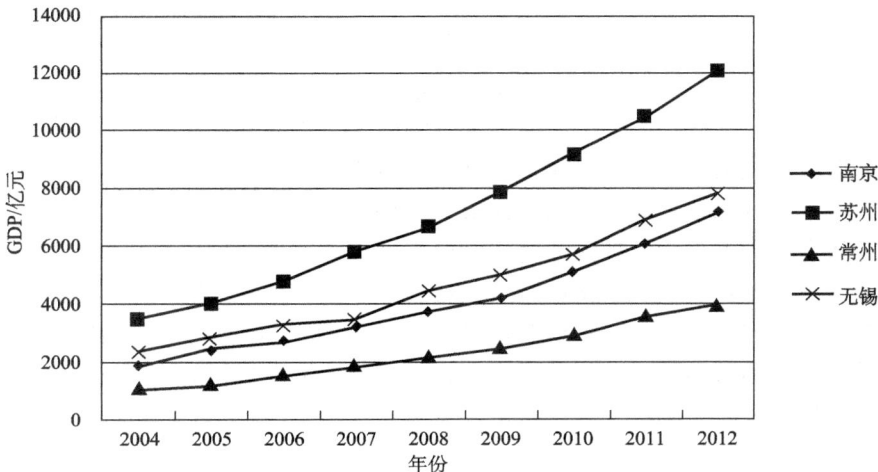

图 3-10　苏南城市 GDP 差异（单位/亿元）

注：数据来源于国家统计局网站

再次，对于景区内的相关碳排放强度而言，通过表 3-15 $\ln T$ 的数据分析可以看出，二氧化碳对碳排放强度的弹性系数都高于 1 或者接近于 1，这表明景区的实际碳排放对于碳排放强度的敏感程度很高。而通过具体的分析可以看出，二氧化碳的排放在天目湖景区中弹性较高，在中山陵景区相对次之，同里景区第三，对于灵山景区来说碳排放强度与实际碳排放之间的关联则相对较少。

3.3　苏南旅游业低碳化潜力分析

3.3.1　苏南旅游产业碳排放情景预测

预测不同情景下苏南旅游业碳排放量，分析苏南旅游业低碳化转型的潜力。在多种因素互相影响下，旅游地碳排放在未来存在着很大的不确定性和变数，很难进行精确预测。而使用情景分析能够摆脱传统分析模式的束缚，有助于使假设条件变得清楚明确，进而更好地把握不同的发展道路以及需要采取的政策措施等，更具可操作性。因此，在动力机制模型的基础上对旅游地碳排放进行情景分析和模拟，有利于宏观把握未来旅游业碳排放的压力，估算旅游地减排潜力，进而未雨绸缪，制定相应政策。

一般而言，区域旅游业的碳排放总量占区域碳排放总量的 3%~6%。2002 年江苏省旅游业碳排放总量占全省碳排放总量的 5.35%；2007 江苏省旅游业碳排放总量占全省碳排放总量的 4.76%，在 3%~6%范围内，这表明本研究所用的旅游业碳排放的测度方法是可靠的。也表明旅游业的碳排放效率在不断提高。由于苏南地区历年旅游业碳排放总量核算的困难性，本研究利用苏南旅游业碳排放占全省碳排放的比例来进行情景预测。

根据秦军和唐慕尧（2014）测算的江苏省碳排放数据[42]，2002 年苏南旅游业碳排放总量占江苏碳排放总量的 3.93%，2007 年苏南旅游业碳排放总量占江苏碳排放总量的 3.52%。随着技术进步以及低碳意识的增强，单位产值的碳排放强度正呈现逐渐下降趋势，旅游业的碳排放效率提高速率比全省总体效率要快。随着低碳经济发展力度加大，苏南旅游碳排放强度将不断降低，碳排放总量增长速度也将放缓。为了预测未来苏南旅游业碳排放量，假设在未来的一段时间内，旅游业碳排放占全省碳排放总量比例维持在 2007 年的水平不变，根据 2000~2011 江苏碳排放总量的数据，可以用数学模型来模拟旅游业碳排放的变化过程。本研究针对不同情景进行预测。

情景一：高碳情景

假设未来一段时间内苏南旅游业碳排放效率相对稳定，苏南旅游业碳排放增长保持现有的模式，由图 3-11 可见，2000~2011 年苏南地区旅游业碳排放总量呈波动型增长,在 2005~2009 年,苏南旅游业碳排放已进入一个增长的拐点,但 2010 年和 2011 年却又呈现出加速增长的态势,用多项式可以很好地模拟增长过程,相 关系数 R^2 达 0.9967。公式如下

$$y = 0.003x^5 - 0.0756x^4 + 0.5445x^3 - 0.4764x^2 - 1.8807x + 22.642$$

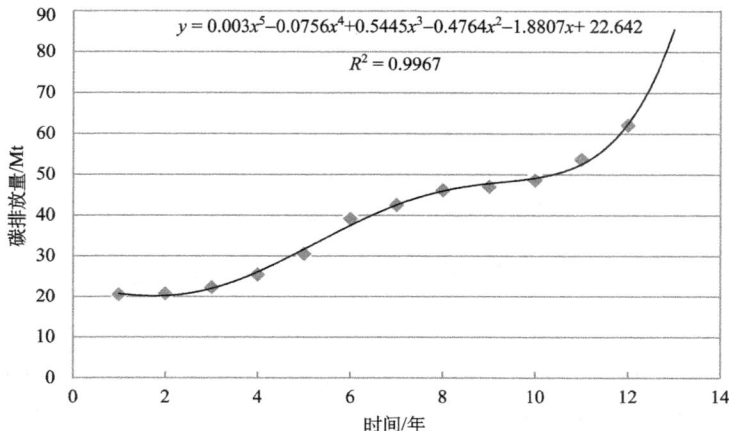

图 3-11　高碳情景下苏南旅游业碳排放总量增长趋势图

在高增长高碳排放的现有模式下,则到 2015 年,苏南旅游业碳排放总量将达 342.4Mt。如果苏南旅游业能实现"十二五"期内能耗降低 20%左右的节能减排指 标, 则 2015 年, 苏南旅游业碳排放总量在 273.9Mt 左右。

情景二: 低碳情景

假设低碳技术的进步、清洁能源大幅度利用以及大量节能减排措施的立即得 到强力执行, 苏南旅游业碳排放效率快速提高, 因出行成本提升以及碳排放额度 限制, 人们旅游的便利性降低, 人们的旅游欲望受到抑制, 旅游需求下降, 旅游 产业规模稳定或总量下降, 苏南旅游业快速进入低碳模式, 则旅游业碳排放总量 增长速度将会迅速减缓。在此假设的低碳情景下, 以 2009 年以来的数据为依据, 应用对数模型来预测未来的情景。

由图 3-12 可见, 自 2009 年, 苏南旅游业碳排放总量缓慢增长。其模拟公 式为

$$y = 19.464\ln(x) + 44.705$$

公式的相关系数 R^2 达 0.8882, 具有较高的拟合度。根据公式, 可以预测, 在 走向低碳的情景下, 碳排放效率提高, 碳排放总量增长迅速趋缓, 到 2015 年苏南 碳排放总量将控制在 82.6Mt 左右。到 2020 年苏南碳排放总量将在 93.07Mt 左右, 控制在 100Mt 之内。

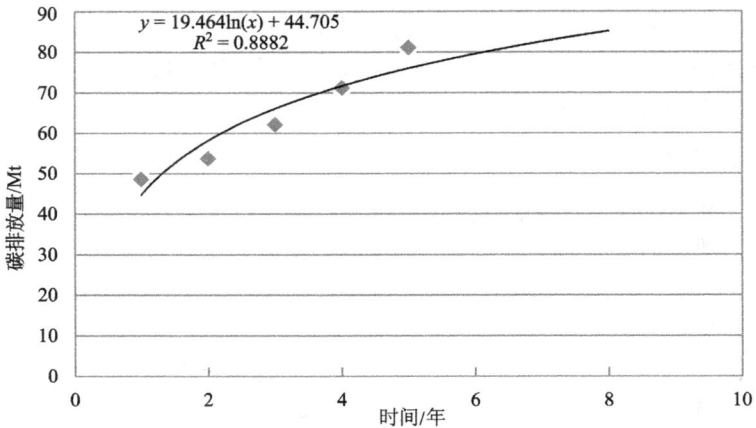

图 3-12　低碳情景下苏南旅游业碳排放总量增长趋势图

情景三：逐步低碳情景

根据 2014 年 11 月 12 日，美中双方共同发布的《气候变化联合声明》，中国承诺碳排放将于 2030 年封顶。在这一时间段内，我国将落实科学发展观、转变发展方式、促进生态文明建设，逐步走低碳发展之路，但由于经济增长与社会发展的需求，虽然碳排放效率不断提高，但碳排放总量仍将有一个较大幅度的增长。则用二次多项式来模拟未来情景。由图 3-13 可见，自 2009 年苏南旅游业碳排放总量逐年增长，但增长速度趋缓。其模拟公式为

$$y=07323x^2+3.8573x+44.715$$

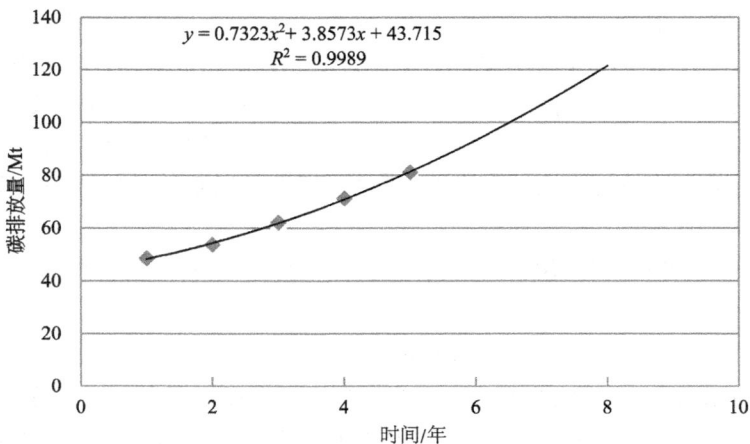

图 3-13　逐步低碳情景下苏南旅游业碳排放总量增长趋势图

公式的相关系数 R^2 达 0.9989，具有高度的拟合度。根据公式，可以预测，在逐步走向低碳的情景下，碳排放效率提高，碳排放总量增长趋缓，到 2015 年，苏南碳排放总量将控制在 106Mt 左右。到 2020 年，苏南碳排放总量约在 195Mt，控制在 200Mt 之内。

从不同情景的预测我们可以看到，在常规高碳发展模式下，苏南旅游业碳排放还会持续增长，对环境造成的压力持续加大，必须实施低碳化转型，并且低碳转型的潜力非常巨大。考虑到旅游产业发展与环境影响之间的平衡，直接低碳情景，虽然旅游业碳排放量立即得到控制，但必然严重影响旅游产业发展与经济增长，极大降低旅游者的体验质量。而逐渐低碳情景，在发展的同时注意节能减排，提高碳效率，实现旅游发展与环境影响之间的平衡，是有效的旅游产业低碳化转型之路。

3.3.2　苏南旅游业低碳化转型潜力分析

1. 苏南旅游业低碳化发展的现状分析

1）旅游业对低碳的重视程度较高

通过苏南各地区旅游景区的走访和调查显示：苏南地区各旅游企业对于旅游业中的低碳化发展重视程度较高，通过对于景区和实际碳排放控制政策的调查，发现在景区内的能源控制和相应的低碳政策方面，各景区都有制定一定的控制措施。虽然并非所有景区都已开发相应的"低碳旅游产品"，但是已经有制定相应的碳管理政策，来促进景区内部和城市范围内二氧化碳的减排。

2006 年，江苏省出台了《推进节约型社会建设的若干政策措施》，将节能降耗纳入"十一五"规划期内年度省政府重点工作任务，并大力推动清洁生产机制（CDM）。苏南各市的旅游景区和旅游行业都针对低碳旅游颁布了一系列措施：南京市针对二氧化碳减排制定了相应的措施，为了打造自然生态智慧新城，在土地出让的条件上，要求新的工程建设必须低碳环保。另外南京市曾于 2014 年举办了国际低碳灯光节，吸引了一定数量的游客参观。无锡灵山在景区内的各项政策的制定过程中都要求要减少二氧化碳的排放，有效控制景区内能源的使用。常州天目湖在打造生态旅游度假村时，也希望能够有效控制景区内的碳排放，通过植树造林和电瓶船的使用来减少碳排放。

对于低碳旅游的重视体现了苏南旅游业节能减排意识的提升。低碳化发展不是必然要降低发展速度，而是通过不断的技术创新实现经济发展的低能耗、低排放、低污染、高效率、高质量、高效益。低碳社会和低碳生活也并不意味着降低居民生活水平，因为实现低碳生活与保持、提高居民生活水平之间并不矛盾。实现低碳生活是为了更好地改善人类的生存环境和条件，是在生活质量不断提高的同时，尽量减少使用消耗能源多的产品，降低碳排放，进而实现人的需求与社会发展相和谐，人类发展与自然界相和谐，架构崭新的未来社会。因此对于低碳旅游的重视也是苏南旅游业碳发展水平的重要体现。

2) 苏南旅游业的碳排放相对较高

尽管旅游与其他产业活动相比资源消耗、污染排放及对自然生态系统的干扰都较少，但这并不表示旅游业是"零碳排放"产业，由于高度的关联性并伴随产业规模迅速扩张，旅游业整体也产生了大量的碳排放，对气候变化和生态环境的影响不可忽视，具有巨大的节能减排空间和潜力。旅游业碳排放主要来源于交通特别是空中飞行、住宿以及主题公园娱乐、滑雪等旅游活动。来自世界旅游组织的资料显示，2005 年，全球旅游业排放的二氧化碳大约占全球二氧化碳总排放量的 5%；2035 年以前，来自旅游业的碳排放量约以 2.5% 的年均速度增长。

苏南作为江苏省经济发展的重点区域，大力实施清洁生产机制，但是在对于旅游行业的碳排放测度中，我们发现，南京、苏州、无锡和常州的旅游业碳排放量较大，并且各城市之间存在一定的差异。例如，在典型景区中，南京市中山陵景区的碳排放为 3620.29t，天目湖景区的碳排放为 4570.87t，灵山景区的碳排放量为 3217.45t，同里景区的碳排放为 6994.78t。相较于苏南制造业或工业增加值的碳排放总额，旅游业整体的碳排放数额总体较低，同时由于苏南旅游业的发展势头良好，旅游经济保持在一个较好的水平上，因此旅游业碳排放量仍将维持高位，并还会继续上升。

3) 苏南旅游业碳排放的影响因素较复杂

通过 STIRPAT 模型对于苏南旅游业碳排放的影响因素的研究总结出了对于苏南旅游景区碳排放的主要影响因素包括游客数量、经济效益、碳排放强度和清洁技术使用率等。总体来看，对于苏南旅游业碳排放的影响因子较多，而且也较为复杂，通过模型分析数据显示，这四个指标对于景区的碳排放的弹性关系都是正相关，但是具体的相关性也较为复杂和多变，对于未来旅游景区碳管理方面的发展要切实结合景区自身因素，注重各项影响因素的控制来有效较少景区的碳排放，从而促进景区节能减排。

另一方面，虽然景区的碳排放的影响因素主要包括游客数量、经济效益、碳排放强度和清洁能源使用率等。但从对于具体指标的分析看，苏南各景区对于各项指标的依赖性和相关性也有所不同。除此之外，碳排放是涉及整个旅游行业能源流转和使用的过程，还有多种因素在碳排放过程中产生不同的作用。

2. 苏南旅游业低碳化发展潜力分析

1) 旅游产品结构调整有很大空间，低碳旅游产品发展有巨大潜力

旅游产品是游客获得体验的重要载体，因此开发低碳旅游产品是发展低碳旅

游的重要支撑。一款受到市场和游客好评的旅游产品能够促进旅游业低碳化的技术和相关设备的发展，同时也能够较多的吸引低碳旅游者，获得游客的低碳认可和支持，从而提高景区的知名度。从调查研究所获得的结论来看，苏南地区旅游业的低碳旅游产品开发较少，较多的是针对生态旅游或者养生旅游开发的产品等，而缺乏具有独特性的低碳旅游产品的设计和推广。目前苏南的低碳旅游产品种类较少，仍然停留在大众较为熟悉的徒步旅行、户外探险等模式上，这些旅游产品具有一定的适用性，对于较为年轻的旅游者有较强的吸引力，而对于年龄较大的旅游者和其他旅游者的吸引力则较弱。

对于低碳旅游产品而言，其实更多的是一个综合性的概念，较多的是注重在旅行过程中节能减排，而重点强调将低碳旅游的概念融入到旅游景区中去，真正意义上做到在旅游吸引物、旅游交通和建设旅游设施等方面做到低碳节能环保。由于苏南旅游者对生态低碳产品需求量旺盛，且苏南地区尚缺乏作出相应推广的低碳旅游产品，因此，在整体低碳旅游方面，苏南旅游仍具有很大的潜在市场，新产品的开发也迫在眉睫。

2）节能减碳政策与旅游部门的监管有待强化

在低碳经济和低碳旅游发展的大背景下，通过实地调研得知对旅游管理部门而言，旅游产业的关注较多集中在对于旅游经济效益的重视上，而对于环境的社会责任感有较大的缺乏，对环境、气候变化尚未担负相应的责任，并没有将减少碳排放纳入到景区的实际执行政策中去，更大层面上讲只是将低碳作为一种宣传策略，以体现景区或旅游管理部门的环境保护意识，但是对于具体的执行效果和实际管理则成效不大。

另外，对于每年旅游行业的主管部门对于各种指标的重视可以看出，旅游管理部门更加注重的是景区的生态效益等各种指标的评比和经济效益的多少，而对于实际的碳排放量，目前仍然缺少相应的统计指标。特别是目前旅游行业常存在的一些问题，如无序开放、破坏性开发和低层次性重复性建设等问题，旅游管理部门都缺乏相应的科学审批和有力的监管来有效的遏制这些不良问题的产生，从而减少行业内二氧化碳的排放。对于一些以低碳为宣传噱头而大肆破坏原有生态环境，造成无谓资源浪费的现象，相关标准和相关制度的缺失对于旅游管理部门的有效监管已经造成了一定的阻碍，同时相应的管理奖励和惩罚机制也存在缺失情况。

3）能源结构调整、清洁技术的利用有很大潜力

在我国能源结构中，煤炭占能源消费总量的 70% 左右，煤炭占比过高、能耗量大，能源结构不够清洁，需要通过发展低碳清洁能源实现能源结构多元化。在发达国家的能源结构中，天然气一般占到 30%，天然气加上石油达 60% 左右，在美国，核电在整个电力当中占 16%。而中国的天然气占比只有 5.4%，核电占比

仅 1.97%。为发展低碳能源，德国更是提出 2050 年能源"688"方案，即到 2050 年，德国可再生能源要占能源体系的 60%，可再生能源发电要占 80%，二氧化碳排放比 1991 年降 80%，通过能源革命重塑德国。这表明，我国能源结构的调整潜力非常巨大，可以首先实现煤炭的高效清洁利用，然后逐步减少化石能源，同时加快水电、核电，光伏、天然气等新能源的发展，最终完成能源结构调整，实现能源低碳化。

低碳技术是低碳经济发展的重要支撑，在发展低碳经济方面，世界各国都认为低碳技术是减少碳排放的关键途径。低碳技术可分为 3 个类型：第一类是减碳技术，是指高能耗、高排放领域的节能减排技术，煤的清洁高效利用、油气资源和煤层气的勘探开发技术等；第二类是无碳技术，比如核能、太阳能、风能、生物质能等可再生能源技术；第三类就是去碳技术，典型的是二氧化碳捕获与埋存 (CCS)。低碳技术在减缓气候变化方面具备重要的潜力，但是在具体的实施过程中却有很大的难题。第一，技术的可获得性，国外对于一些低碳技术的保密性导致了技术共享基础的缺失；第二，新技术运用的成本较高，在没有利益机制驱动的情况下，较少有旅游企业主动更换原有设施来采用新的低碳技术。因此，如果加快本土低碳技术的研发与推广，并辅以相应的财政补助或利益驱动机制，低碳技术的应用潜力就会非常巨大。

3. 苏南旅游业低碳化潜力转化对策

本书通过对于苏南旅游业低碳化转型的潜力分析，总结了苏南旅游业低碳化发展存在的一些问题，如低碳旅游产品的开发较为缺乏，旅游有关部门的监管有待强化，清洁技术的利用则有待提高。根据研究提出的相应问题，笔者提出了减少碳排放的相应的对策，包括推动产业结构优化是产业低碳化转型的重要途径，激发技术创新行为是产业低碳化转型的根本保障，推广示范试点是产业低碳转型的路标指向，三者相互作用，共同推动苏南的旅游业发展趋于更加低碳化。

1）加大对于清洁技术的支持和使用力度

旅游行业要引导企业通过自主创新化危为机，增强优势产业的发展后劲。在低碳技术方面，着眼于全省产业发展前瞻性需求和未来产业发展方向，在风力发电、光伏产品、新材料、电子信息等领域，突破和储备一批产业化前景好的前沿技术和关键技术，推动全省自主创新和高技术产业的发展。使科技成果迅速转化为现实生产力，提高企业核心竞争力。支持促进多方合作，支持和鼓励企业与高等院校、科研院所建立产业技术联盟和低碳技术中心，进行技术开发、装备研制和引进技术集成创新。壮大创新主体，落实优惠政策，调动企业自主创新的积极性，鼓励支持企业提高产品的设计技术、制造和工业技术、试验验证以及系统集成技术，培育企业的核心竞争力。借鉴许多高新区采用的创业服务中心、软件发展中心、大学科技园、民营孵化器快速增长和中小企业公共技术服务与研发平台的经验，推动低碳技术创新。

同时，在创新的基础之上，旅游企业要积极采用这些技术创新，注重企业的社会责任感，有效控制和管理企业的能源使用和技术支撑。做到在低碳技术创新的基础上，运用旅游行业自身的特点，积极有效的利用旅游景区的碳汇来中和碳排放。注重保护景区的生态环境，一方面采用低碳技术减少温室气体的排放，另一方面有效促进游客对于景区的实际认知度和相应的知名度。只有这样，在低碳化发展和旅游企业经济效益这两个方面才能够达到双赢的局面。

2）加强旅游企业特别是旅游景区的碳管理水平

首先，对于旅游景区的碳管理中，在景区的建设规划和运营过程中，要尽量使用循环材料，靠循环再利用的方法来进行材料的循环使用，可以减少生产和运输新材料的数量，从而减少碳排放，如构建相应的生物能源循环利用系统等；其次，是对于景区内各类垃圾进行分类回收处理，部分垃圾可以进行循环利用，以达到减量化、无害化、资源化的目的，构建一种既能够被市场经济包容，又不产生环境负担的生活垃圾循环利用模式；最后，在旅游景区内构建绿色交通系统，尽量减少使用不利于环境保护和生物栖息的交通工具，而使用诸如电动车、自行车等污染较小的交通工具。只有在能源方面真正做到循环利用、节能减排，才能够有效促进旅游景区碳管理水平的提升。

对于旅游企业而言，资金和技术的支持是旅游景区碳管理水平得以有效提升的重要保证。在旅游景区进行碳管理时，创新能源技术、对旅游交通技术进行升级改造、垃圾回收再处理都需要一些清洁技术的使用和能源资金的投入，对于旅游景区而言，环境效益能够与旅游者的满意度直接挂钩，所以注重环境保护，加大资金和技术投入才能够获取良好的景区环境效益。比如路灯或建筑引进太阳能技术，设置太阳能电池用于发电，同时对景区的垃圾进行回收利用，加工成各类生物燃料，资金和技术的投入为旅游景区的碳管理水平提升提供了良好的物质保证，也奠定了良好的基础。

3）促进旅游业能源结构的优化和转型

对于苏南旅游业来说，能源的使用结构仍然具有一定的不合理性。例如天目湖景区的柴油轮船的使用不仅对水体造成一定的污染，也增加了二氧化碳的排放。能源结构是一次能源总量中各种能源的构成及其比例关系。不同的能源形式或单位热值所含碳的数量相差甚远，这一特征为能源结构调整提供了前提条件。化石能源含碳量最高，通过燃烧而释放出来，产生大量 CO_2，但煤炭、石油和天然气三种化石能源的碳密度也存在差异。煤炭的碳含量最高，石油次之，天然气的单位热值碳密集只有煤炭含量的 60%。非化石能源的含碳量一般不高，有的甚至为零。苏南能源结构虽然以煤炭为主，但其核能以及水能、风能、太阳能和生物质能的发展潜力巨大。能源结构调整和发展低碳能源的潜力很大。推动旅游产业内部结构的优化，要求旅游产业要积极采用清洁能源，有效控制旅游景区的能源结构，特别是对于太阳能和风力发电等清洁能源的使用能够有效促进碳减排。

对于旅游业来说，要加强对使用能源较多的旅游交通、旅游住宿和旅游餐饮等方面的二氧化碳排放的控制，同时对景区能源结构进行调整，要有效利用智能电网技术对于旅游产业电力资源使用结构进行优化，促进旅游相关的能源结构的优化，更多地采用清洁能源，并且通过能源使用的优化和提升来更大程度上促进旅游产业的节能减排。特别是对于一些高碳项目和高碳营销，旅游业应该重视这些具体项目的能源使用结构，有效控制旅游行业的碳排放。

4）培育低碳旅游景区示范点

培育低碳旅游示范景区，要求以现有的景区为依托，通过技术改造、产品结构调整等手段来打造低碳型示范景区。并通过景区有效低碳减排措施的实施来进行定期的检验，给苏南旅游行业的低碳化发展提供一定的参考和示范意义。

同时，通过建立示范性低碳景区，对景区实际碳管理状态进行有效评价，通过公开奖励和宣传，提高景区的知名度和认知度，吸引游客开展低碳旅游体验，促使低碳示范景区进入良好的经营状态，从而对其他景区乃至整个旅游行业产生示范和带动效应。建立和培育低碳旅游景区，应当由政府主导并鼓励，积极引导旅游景区采用清洁技术，转变能源结构，践行低碳管理，真正做到对于景区的低碳化审核和低碳化发展。因此，建立低碳旅游景区示范点对于苏南旅游业低碳化发展来说具有一定的示范意义。

参 考 文 献

[1] Kelly J, Williams P W. Modelling tourism destination energy consumption and greenhouse gas emissions: Whistler, British Columbia, Canada. Journal of Sustainable Tourism, 2007, 15(1): 67~90.

[2] Gössling S, Hansson C B, Hörstmeier O, et al. Ecological faotprint analysis as a tool to assess tourism sustaianability. Ecological Economics, 2002, 43(2): 199~211.

[3] 李鹏, 杨桂华, 郑彪, 等. 基于温室气体排放的云南香格里拉旅游线路产品生态效率. 生态学报, 2008, 28(5): 2207~2219.

[4] Becken S, Patterson M. Measuring national carbon dioxide emissions from tourism as a key step towards achieving sustainable tourism. Journal of Sustainable Tourism, 2006, 14(4): 323~338.

[5] Gössling S, Broderick J, Upham P, et al. Voluntary carbon offsetting schemes for aviation: Efficiency, credibility and sustainable tourism. Journal of Sustainable tourism, 2007, 15(3): 223~248.

[6] 宋德勇, 卢忠宝. 中国碳排放影响因素分解及其周期性波动研究. 中国人口. 资源与环境, 2009, 19(3): 18~24.

[7] 谢园方, 赵媛. 旅游业碳排放测度方法研究——基于长三角地区的实证分析. 发挥资源科技优势 保障西部创新发展——中国自然资源学会 2011 年学术年会论文集(下册), 2011.

[8] 石培华, 吴普. 中国旅游业能源消耗与 CO_2 排放量的初步估算. 地理学报, 2011, 66(2).

[9] 陶玉国, 张红霞. 江苏旅游能耗和碳排放估算研究. 南京社会科学, 2011, 8: 151~156.

[10] Liu H, Xi Y, Guo J, et al. Energy embodied in the international trade of china: an energy input-output analysis. Energy Policy, 2010, 38(8): 3957~3964.

[11] Kaya Y. Impact of carbon dioxide emission on GNP growth: interpretation of proposed scenarios. Presentation to the energy and industry subgroup. Response Strategies Working Group, IPCC, 1989.

[12] Becken S, Patterson M. Measuring national carbon dioxide emissions from tourism as a key step towards achieving sustainable tourism. Tourism Management, 2006, 14(4): 323~338.

[13] UNWTO, UNEP & WMO. Climate Change and Tourism: Responding to Global Challenges. Madrid: UNWTO, UNEP & WMO, 2008.

[14] 陆旸. 中国的绿色政策与就业: 存在双重红利吗? 西安: 经济研究, 2011, (7): 42~54.

[15] 刘洪涛. 中国最终需求变动对能源消费的影响效应研究. 西安: 西安交通大学. 2011

[16] Jones C. Scenarios for greenhouse gas emissions reduction from tourism: an extended tourism satellite account approach in a regional setting. Journal of Sustainable Tourism, 2012, 20(1): 1~15.

[17] Munday M, Turner K, Jones C. Accounting for the carbon associated with regional tourism consumption. Tourism Management, 2013, 36(3): 35~44.

[18] Becken S, Patterson M. Measuring national carbon dioxide emissions from tourism as a key step towards achieving sustainable tourism. Tourism Management, 2006, 14(4): 323~338.

[19] Dwyer L, Forsyth P, Spurr R, et al. Estimating the carbon footprint of Australian tourism. Journal of Sustainable Tourism, 2010, 18(3): 355~376.

[20] 林伯强, 姚昕, 刘希颖. 节能和碳排放约束下的中国能源结构战略调整. 中国社会科学, 2010, (1): 58~222.

[21] 潘家华. 人文发展分析的概念构架与经验数据——以对碳排放空间的需求为例. 中国社会科学, 2002, (6): 15~204.

[22] Liu J, Feng T, Yang X. The energy requirements and carbon dioxide emissions of tourism industry of Western China: a case of Chengdu city. Renewable and Sustainable Energy Reviews, 2011, 15(6): 2887~2894.

[23] 李伯华, 刘云鹏, 窦银娣. 旅游风景区旅游交通系统碳足迹评估及影响因素分析——以南岳衡山为例. 资源科学, 2012, 34(5): 956~963.

[24] Baležentis T, Kriščiukaitienė I, Baležentis A, et al. Rural tourism development in Lithuania

(2003–2010)——a quantitative analysis. Tourism Management Perspectives, 2012, 15(6): 1~6.

[25] Becken S. Operators' perceptions of energy use and actual saving opportunities for tourism accommodation. Asia Pacific Journal of Tourism Research, 2014, 18(1-2): 72~91.

[26] 唐承财, 钟林生, 成升魁. 境外服务业能耗与碳排放研究综述. 世界地理研究, 2013, 22(1): 158~165.

[27] 谭锦. 旅游景区低碳评价指标体系研究. 杭州: 浙江工商大学, 2010.

[28] 赵金凌, 高峻. 基于 ANP 法的低碳旅游景区评估模型. 资源科学, 2011, 33(5).

[29] Kuo N W, Chen P H. Quantifying energy use, carbon dioxide emission, and other environmental loads from island tourism based on a life cycle assessment approach. Journal of cleaner production, 2009, 17(15): 1324~1330.

[30] Becken S, Patterson M. Measuring national carbon dioxide emissions from tourism as a key step towards achieving sustainable tourism[J]. Journal of Sustainable Tourism, 2006, 14(4): 323~338.

[31] Fischer M L. Carbon dioxide flux measurement systems (CO2FLX) handbook. 2004.

[32] Böhringer C, Welsch H. Contraction and convergence of carbon emissions: An intertemporal multi-region CGE analysis. Journal of Policy Modeling, 2004, 26(1): 21~39.

[33] York R, Rosa E A, Dietz T. STIRPAT, IPAT and ImPACT: analytic tools for unpacking the driving forces of environmental impacts. Ecological economics, 2003, 46(3): 351~365.

[34] Becerra R, Cannady J P, Walsh R. Reactions of silylene with unreactive molecules. I: Carbon dioxide; Gas-phase kinetic and theoretical studies. The Journal of Physical Chemistry A, 2002, 106(19): 4922~4927.

[35] Shi A. The impact of population pressure on global carbon dioxide emissions, 1975–1996: evidence from pooled cross-country data. Ecological Economics, 2003, 44(1): 29~42.

[36] York R, Rosa E A, Dietz T. STIRPAT, IPAT and ImPACT: analytic tools for unpacking the driving forces of environmental impacts. Ecological economics, 2003, 46(3): 351~365.

[37] Fan Y, Liu L C, Wu G, et al. Changes in carbon intensity in China: empirical findings from 1980–2003[J]. Ecological Economics, 2007, 62(3): 683~691.

[38] 谢园方. 旅游业碳排放测度与碳减排机制研究. 南京: 南京师范大学, 2012.

[39] 河道局. 溧阳市天目湖旅游度假水利风景区. 江苏水利, 2013 (4): 49~49.

[40] 李青, 张落成, 武清华. 太湖上游水源保护区生态补偿支付意愿问卷调查——以天目湖流域为例. 湖泊科学, 2011, 23(1): 143~149.

[41] 朱勤, 彭希哲, 陆志明, 等. 人口与消费对碳排放影响的分析模型与实证. 中国人口资源与环境, 2010 (2): 98~102.

[42] 秦军, 唐慕尧. 基于 Kaya 恒等式的江苏省碳排放影响因素研究. 生态经济, 2014, 30(11): 53~56.

第4章　苏南旅游业低碳化转型的条件分析

4.1　苏南旅游业低碳化转型的客观条件分析

4.1.1　区域经济发展水平支撑

1. 低碳化是区域经济与旅游业的转型方向

近年来，随着资源环境与经济发展的矛盾日益加剧，全球气候变化问题已经得到国内外社会的广泛关注。由此，"低碳革命"在世界范围内迅速开展起来，尤其是 2003 年英国政府在《我们能源之未来:创建低碳经济》中首次提出"低碳经济"的概念，不仅阐述了面对全球气候变暖对人类的生存挑战，也标志着低碳经济的时代即将到来。联合国政府间气候变化专门委员会（IPCC）第四次评估报告指出，近 50 年平均线性增暖速率（每 10 年 0.13℃）几乎是近 100 年增暖速度的两倍，相对于 1850～1899 年，2001～2005 年总的温度增加了 0.76℃；在 1961～2003 年期间，全球平均海平面上升的平均速率为 1.8mm/a，在 1993～2003 年期间，该速率增加到约为 3.1mm/a，整个 20 世纪的海平面上升估计为 0.17m[1]。所以地球气候系统正在经历着一场以"变暖"为主要特征的全球气候变化。报告还指出，近 50 年全球气候变暖的主要原因可能是由于人类活动所造成的，尤其是各国为发展经济燃烧化石燃料所释放的大量温室气体所引起的。所以低碳经济的发展不仅需要转换经济生产方式，最大限度地减少高碳能源的消耗，更需要从根本上改变经济发展的模式。

低碳旅游是低碳经济在旅游行业中的应用，这一概念最早是在 2009 年 5 月的世界经济论坛"走向低碳的旅行及旅游业"的报告中被正式提出的。世界旅游组织的资料表明，2005 年旅游业（包括与旅游业相关的运输业）的碳排放量占世界总量的 5%，其中纯旅游业仅占 3%，并以 2.5%的年平均速度继续增长。到 2035 年，旅游交通及住宿业的碳排放量将分别达到 2436Mt 和 728Mt[2]。虽然相比于其他行业，旅游业的碳排放量不多，但像住宿业、交通运输业、景区活动等都会以不同形式排放二氧化碳，这种旅游经济的发展方式已经威胁到了旅游业的可持续发展，旅游所带来的环境问题也日益突出。所以改变旅游业的发展模式，通过旅游产业向低碳化转型来降低旅游所带来的负面环境影响，同时采取碳补偿等措施来尽可能地消除影响，这也是发展低碳旅游的目的所在。

2. 旅游推动区域低碳经济发展

旅游业是人类社会经济发展到一定历史阶段的产物，但同时随着旅游行业的不断发展，反过来又对社会经济产生了巨大的影响。现在旅游业已经成为国民经济新的增长点，起到调整区域经济结构、扩大就业、实现经济可持续发展的功能。按照国家旅游局的规划，到 2020 年我国旅游总收入将达到 46443 亿元人民币，相当于 GDP 的 7%，旅游业将成为我国国民经济的支柱产业，其在国民经济和社会发展中的作用也越来越突出[3]。根据江苏省 2006～2012 年统计年鉴数据（表 4-1），可以看出江苏省自 2005～2011 年这几年间旅游经济一直处于快速增长阶段，至 2011 年旅游外汇收入已达到 56.53 亿美元，国内旅游收入为 5161.47 亿元，旅游总收入在全省 GDP 中的比重超过了 11%。

同时，由于区位和经济基础的影响，江苏省的经济发展呈现出显著的区域差异性，以苏南地区经济发展占据重要地位。苏南地区在 2005～2011 年除了地区生产总值和区域旅游收入呈现出逐年增长的趋势，区域旅游总收入占区域 GDP 的比重也是逐年增加的（图 4-1），同时区域 GDP 占全省 GDP 的比重维持在 60% 以上，区域旅游总收入占全省旅游总收入的比重也维持在 70% 以上（图 4-2）。其中 2011 年苏南区域的 GDP 总量占全省 GDP 的比重为 60.34%，区域旅游收入总额占区域 GDP 的 13.34%，区域旅游总收入占全省旅游总收入的 71.52%。这在一定程度上显示出苏南地区旅游业发展的经济实力较强，这对于整个江苏省经济发展都起到了一定的推动作用，也为苏南地区旅游低碳化转型提供了良好的经济基础。

表 4-1　江苏省 2005～2011 年 GDP 与旅游收入表

	2005 年	2006 年	2007 年	2008 年	2009 年	2010 年	2011 年
江苏省 GDP/亿元	18 305.66	21 645.08	25 741.15	30 312.61	34 457.30	41 425.48	49 110.27
江苏省旅游外汇收入/亿美元	22.60	27.87	34.69	38.80	40.16	47.83	56.53
江苏省国内旅游收入/亿元	1625.62	2012.15	2508.30	2933.21	3449.50	4287.86	5161.47
苏南地区 GDP/亿元	11 417.34	13 485.61	15 931.09	18 506.16	21 154.19	25 185.39	29 635.09
苏南地区国内旅游收入/亿元	1206.45	1490.05	1850.38	2182.78	2584.74	3080.43	3680.37
苏南地区旅游外汇收入/亿美元	18.01	21.74	26.50	28.99	29.31	35.29	42.11

来源：江苏省统计年鉴 2006~2012 年.

图 4-1　苏南地区 2005～2011 年旅游总收入占 GDP 的比重

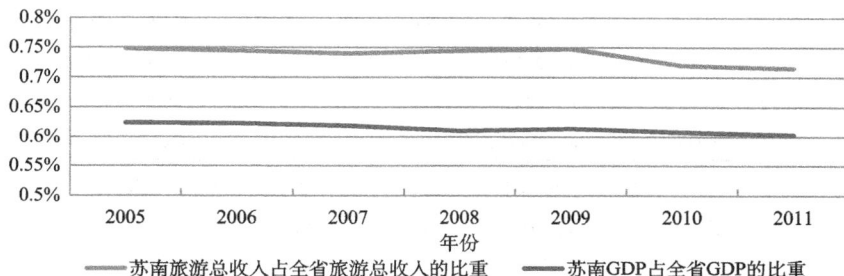

图 4-2　苏南地区 2005～2011 年旅游总收入及 GDP 占全省的比重

江苏省作为我国经济发展最快的省份之一，随着人口的增长，对燃料能源消耗的依赖性也逐渐增强，其二氧化碳排放量也是呈现逐年增加的态势。中国能源报告（2008）数据显示，2005 年江苏省二氧化碳排放量紧随山东省、河北省和广东省之后，居全国第四位[4]。根据江苏省统计年鉴 2001～2008 年和中国能源年鉴 2001～2008 年，我们可以得到最近几年江苏省一次化石能源碳排放的相关数据（表 4-2），碳排放量从 2000 年的 $5.555\,03\times10^8$ t 增加到 2007 年的 $1.295\,441\times10^8$ t，而人均碳排放量也从 2000 年的 0.7581 t/人增加到 2007 年的 1.6991 t/人，其经济发展的"高碳"特征已经十分明显。

依据区域经济发展理论，地区经济发展水平越快，对于能源的需求量就越大，以及对资源的利用率也越高，这也体现出苏南地区是江苏省碳排放的主要区域。由于经济增长方式没有根本转型，1990～2006 年，苏南地区碳排放在省内占绝大部分，其比重大于或等于 60%（1996 年除外）[5]。而在低碳经济的大背景下，旅游业作为一种服务行业，占用资源少，对环境污染低，同时提供的旅游产品是以旅游资源和文化为主，是适应气候变化、节能减排的优势行业，也是低污染、低耗能的产业。据石培华、吴普有关研究显示，旅游业单位增加值能耗为 0.202，仅为工业的 1/11，是全国单位 GDP 能耗的 1/6。所以对于苏南地区，应加大力度促进旅游的低碳化转型来减少温室气体的排放，不仅能够通过发展旅游经济来促进区域低碳经济的发展，还能带动其他相关服务行业的低碳发展从而调整区域经济结构。

表 4-2　江苏省 2000~2007 年一次化石能源消费及碳排放情况表

年份	总量（标煤）	煤炭		石油		天然气		人口	碳排放	人均排
	10^4 t	10^4 t	%	10^4 t	%	10^8 m^3	%	10^4	10^4 t	t/人
2000	7868.2	8243.97	0.7484	1383.59	0.2512	0.24	3.70E−4	7327.24	5555.03	0.7581
2001	8236.2	8901.06	0.7720	1312.76	0.2277	0.23	3.39E−4	7354.92	5846.93	0.7950
2002	9227.8	10 056.44	0.7784	1422.52	0.2202	1.01	1.33E−3	7380.97	6559.45	0.8887
2003	10 688.2	11 542.66	0.7714	1705.02	0.2279	0.62	7.04E−4	7405.82	7586.10	1.0243
2004	12 888.9	14 260.59	0.7903	1865.04	0.2067	3.14	2.96E−3	7432.5	9184.23	1.2357
2005	15 160.2	16 490.6	0.7770	2250.86	0.2121	13.62	0.0109	7474.5	10 752.58	1.4386
2006	16 335.5	17 750.78	0.7761	2293.19	0.2005	31.3	0.0233	7549.5	11 555.97	1.5307
2007	18 319.3	20 000.28	0.7798	2444.2	0.1906	44.58	0.0295	7624.5	12 954.41	1.6991

数据来源：江苏省统计年鉴 2001～2008 年和中国能源年鉴 2001～2008 年。其他各类能源是折合成标准煤计算碳排放的，其中 1t 原煤=0.7143t 标煤，1t 原油=1.4286t 标煤，10^8 m^3 天然气=1.2143×10^5t 标煤。

3. 区域经济支撑旅游的低碳化发展

一方面，在区域财力增强的基础上，城市环境也会逐步改善；同时能够促进区域基础设施的完善，特别是对于交通运输条件的改善，不仅能够提升交通的便利性，更能通过建设低碳旅游道路，发展低碳旅游交通设施等，以减少交通工具的碳排放，促进旅游的低碳化发展。在旅游过程中，无论我们选取何种交通方式、选择何种方式入住酒店都会向大气排放一定量的温室气体，这对于环境都会造成一定的污染。据统计，人们从事旅游行为一次，每人最少制造 23kg 的二氧化碳，其主要来源于交通运输、旅游住宿、旅游活动三方面（不包括旅游基础设施建设过程中的温室气体排放）[6]。美国审计总署公布的一份报告证实了汽车和飞机的二氧化碳排放是导致空气污染和全球变暖的重要因素，喷气飞机载客飞行 100km 会排放 23kg 二氧化碳，汽车每行驶 100km 排放的二氧化碳也有近 18kg，火车行驶 100km 的二氧化碳排放量不到 5kg[7]。所以旅游行业虽然被称为"无烟工业"，但其本身对全球温室气体仍然担负着 5% 的责任，特别是与其相关的交通运输行业、住宿业等更需要节能减排，向低碳化发展。

另一方面，随着区域经济的增长，人们的收入水平不断提高，特别是可自由支配的收入的增加，这样人们在满足了自身基本生理需求以后就会产生更高层次的消费需求。例如像旅游、休闲、娱乐等。根据苏南地区 2005～2011 年城镇及农村居民人均收入图中可以看出（图 4-3），苏南地区的居民人均收入逐年增加，其中

2011 年苏南地区城镇居民的人均可支配收入已达到 31762 元,是 2005 年的 2.11 倍,扣除价格因素,比 2010 年增长了 14.3%;而 2011 年农村居民人均纯收入为 15213 元,是 2005 年的 2.07 倍,扣除价格因素,比 2010 年增加了 17.2%。同时,苏南地区国内旅游接待人数自 2005~2011 年也是逐年增加的(图 4-4),同时占江苏省国内旅游接待人数的比重维持在 65% 以上,其中 2011 年苏南地区国内旅游接待人数为 2.7 亿人次,比 2010 年增长 13.8%;国内旅游收入为 3680.37 亿元,比 2010 年增长了 19.5%。由此,可以看出苏南地区居民随着经济收入的增加,对于旅游的消费也随之明显增加,这将有利于区域旅游经济发展。此外,人们在满足自己旅游需求的同时,会更加关注到环境的问题,更愿意选择绿色环保消费方式,优先选择低碳旅游产品来代替普通旅游产品,从而促使旅游业逐步向低碳方向转型。

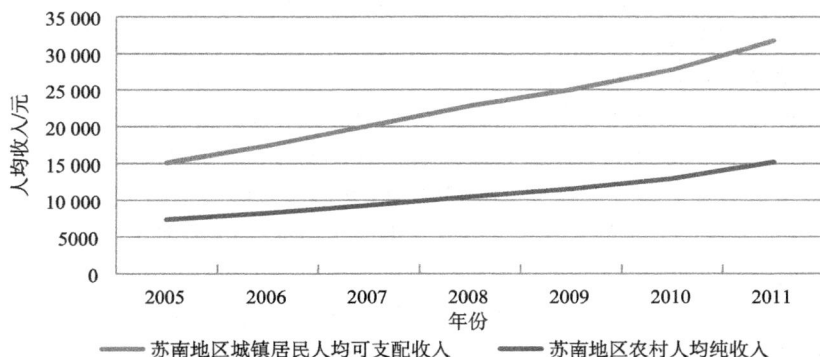

图 4-3　苏南地区 2005~2011 年城镇及农村居民人均收入

来源:江苏省统计年鉴 2006~2012 年。

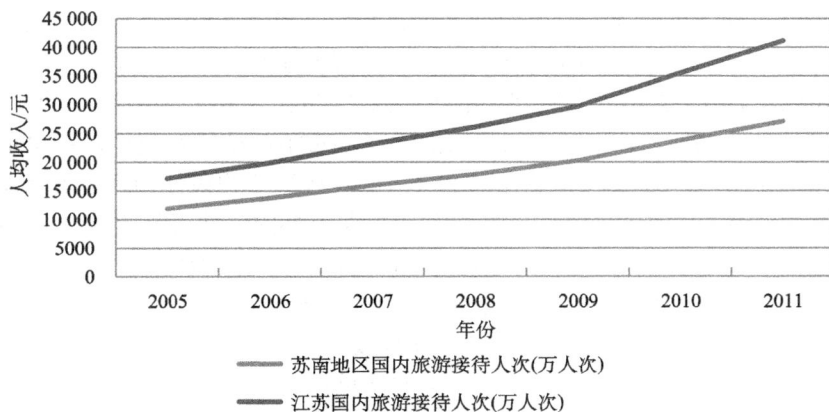

图 4-4　江苏省及苏南地区 2005~2011 年国内旅游接待人次

来源:江苏省统计年鉴 2006~2012 年。

4.1.2　低碳政策的推行

1）国际上的低碳政策

在国外，从最早的"低碳经济"一词出现在英国能源白皮书中，其目标是到2050年将二氧化碳的排放量相对于1990年削减掉60%。而在这之前，1992年有154个国家和地区的代表签订了第一份关于气候变化的国际性条约《联合国气候变化框架条约》；1997年的日本第三方缔约方会议上又签订了《京都议定书》；2007年美国参议院又首次提出《低碳经济法案》，表明低碳经济即将成为国家未来的发展道路；2007年12月联合国气候变化大会制定的"巴厘岛路线图"，明确要求发达国家在2020年前将温室气体减排25%～40%，这对于低碳经济的发展起到了里程碑的作用；2008年，日本G8峰会上各国达成了要将全球温室气体在2050年前减少50%的目标；2009年6月美国众议院又通过了《2009年美国清洁能源与安全法案》，目的是利用发展清洁能源减少对石油能源的燃烧，从而降低温室气体的排放；2009年9月联合国历史上规模最大的气候变化峰会在纽约联合国总部举行，有192个会员国派代表出席，其中有90多位国家元首或政府首脑。通过这些可以看出，目前世界各国对于全球的气候问题和能源问题都给予了高度的重视，并且积极通过发展"低碳经济"来改善气候及能源现状。

2）我国的低碳政策

对于中国，现在的气候、环境、资源等问题亟须改善，国家和各级政府通过颁布各种政策来推动节能减排。据国际能源署统计，2005年全球二氧化碳排放总量约为 2.7136×10^8 t，99.7%来自化石燃料，而我国占据了其中的18.8%[8]。2009年，世界资源研究所(The World Resources Insitute, WRI)发布了世界186个国家的碳排量排名，其中排名前五的中国、美国、欧盟、俄罗斯和印度占了总排放量的61%（表4-3），而中国作为全球第一大二氧化碳排放国，正面临着巨大的减排压力。我国政府在1992年就率先制定了《中国21世纪议程——中国21世纪人口、环境与发展白皮书》，确立了中国未来的发展要实施可持续发展战略；2006年首次在国家"十一五"发展规划中提出了"节能减排"的约束性指标，要求单位国民生产总值能耗在2010年降低20%左右，减少10%的主要污染物排放；2007年6月，我国正式发布了《中国应对气候变化国家方案》，希望通过采取一系列政策和措施来缓解气候变化，并提出到2010年我国单位国内生产总值能源消耗将比2005年降低20%左右，相应减缓二氧化碳排放，并力争使可再生能源开发利用总量（包括大水电）在一次能源供应结构中的比重提高到10%左右等指标；2007年12月国务院发表的《中国能源状况与政策》白皮书，提出利用发展可再生能源来减少对煤炭的燃烧，降低温室气体的排放；2008年初，世界自然基金会在中国大陆以上海和保定两市为试点推出"低碳城市"发展示范项目，希望上海和保定这两个试点城市在建筑节能、可再生资源和节能产品制造与应用等方面总结出可行模式，并向全国推广；2009 年 3 月颁布的《2009 中国可持续发展战略报告》中明确提出了中国要在 2020 年将单位 GDP 的二氧化碳排放降低 50%左右；2010 年10 月通过的《中共中央关于制定国民经济和社会发展第十二个五年规划的建议》更是要求全民必须树立低碳理念，推进节能减排，增强经济和社会的可持续发展能力等，这些都显示出我国正在积极地调整经济结构，逐步向低碳经济发展方向转型。

　　而旅游业，作为一种低碳绿色行业，对于国家低碳经济的发展起到了至关重要的作用。所以针对旅游业的低碳化转型也被提出了一系列的政策。2009 年世界经济论坛中首次提出要在未来 15～20 年内，将世界旅游业的碳排放的年增长总量控制在 2.7%以内；2009 年 12 月我国国务院通过的《国务院关于加快发展旅游业的意见》，是我国第一次正式在官方文件中提出低碳旅游的概念，并明确提出支持宾馆饭店、景区景点、乡村旅游经营户和其他旅游管理单位运用节能节水减排技术，减少温室气体排放，积极发展循环经济，五年内将星级饭店、A 级景区用水用电量降低 20%；2010 年 6 月国家旅游局制定了《关于进一步推进旅游行业节能减排工作的指导意见》，要求各区域明确旅游行业节能减排的工作重点领域，积极推进旅游行业的节能减排工作。而苏南地区作为我国经济发展较快的区域之一，随着国家对于低碳旅游各项政策的加快实施，以及江苏省建设"低碳省"战略目标的提出，苏南地区对于旅游业的低碳化转型的要求也更为迫切。

表 4-3　世界各国碳排量排名

国家	排放量/Mt	占全球百分比/%	人均量/t
中国	7219.2	19.12	5.5
美国	6963.8	18.44	23.5
欧盟	5047.7	13.37	10.3
俄罗斯	1960.0	5.19	13.7
印度	1825.9	4.91	1.7

来源：世界资源研究所（WRI）2009 年气候分析工具。

4.1.3　低碳技术的进步

　　对于旅游业的低碳化转型，其中重要的一项措施就是利用低碳技术来促进旅游业的低碳化转型。低碳技术是各种"节能、减排"技术和对大气中温室气体中的"碳中和"技术的统称，其包含了煤的清洁与高效利用、可再生能源及新能源利用、二氧化碳的捕集或埋存等各项技术，涉及电力、交通、建筑、冶金、化工、石化、汽车等不同部门[9]。对于现在的低碳技术主要分为三类：第一类是利用节能减排技术对现有能源技术进行改造，主要针对高碳、高耗能行业；第二类是利用可再生能源及新能源技术，主要利用太阳能、风能、水能、核能等；第三类就是对二氧化碳排放源采用二氧化碳捕获与埋存等去碳技术。

1）交通运输方面

交通运输业作为现在能源消耗的主导行业，其低碳减排工作是旅游业低碳化转型不可缺少的重要一环。对于交通运输业的低碳化发展，不仅需要提高人们的低碳交通意识，优化交通运输结构；以及实施智能交通系统提高交通效率，降低无效碳排放量，还有最重要的就是对交通运输工具的低碳技术开发。重视新能源车辆的开发使用，像利用纯电动汽车、混合动力汽车、氢能及燃料电池技术、高效公共交通系统等新技术[10]，减少地面交通的能源消耗与尾气排放量，促进低碳交通工具的开发利用。像在旅游景区内交通工具更多地采用电动游览车，增加使用畜力车、人力车，自助式游览车等少污染或无污染的交通工具以保护生态环境，这样不仅增加了旅游活动，丰富娱乐情趣，延长旅游时间，更重要的是减少碳排放[11]。目前苏南各大城市都陆续配备了纯电动公共汽车，并采取"公交优先"的战略，鼓励乘坐公交车，给低碳交通带来方便。

2）低碳建筑物方面

根据美国环保署 2008 年报告，在温室气体排放中，建筑业占 38%以上；在城市这个比例更高，大约 60%的碳排放源于建筑，所以现在低碳建筑已经成为建筑行业关注的热点[12]。在目前各方研究的基础上，低碳建筑技术主要包括建筑物本体低碳技术、建筑系统低碳技术以及低碳环境低碳技术三个方面。

对于建筑物本体的低碳技术，包括门窗节能技术，使用中空玻璃、镀膜玻璃以及智能玻璃等方面；屋顶节能技术主要是通过利用智能技术、生态技术像太阳能集热屋顶和可控制的通风屋顶等，同时实施低碳装修，利用工业化集成装修技术等方面；对于建筑系统低碳技术，通过利用太阳能、风能、地热能、生物能等清洁能源来实现建筑物的能源供给，同时实施集中供热供暖系统，达到高效节能、灵活方便的优势；对于建筑的通风系统，主要利用自然风模拟技术、独立除湿技术以及通风控制技术，实施智能化照明控制技术和智能化设备监控技术来控制运行设备的正常运转；对于建筑环境绿化技术，可以实施屋顶绿化系统、垂直绿化系统、坡地绿化系统，实现建筑区域的绿化建设，同时利用智能程控微喷灌技术、绿化景观用水控制技术等控制建筑绿化景观的低碳化。

对于建筑物的各种低碳技术的开发与运用，在旅游业中主要适用于旅游景区建筑以及旅游酒店的建造。建造旅游低碳建筑和低碳酒店，其中一些比较可行的低碳技术包括使用循环污水处理装置，建设生态厕所，使用生态垃圾桶[9]等；通过利用可更新能源技术、智能控制技术、低压节电模式等专业措施，来建设低碳节能能源供应系统，还有对酒店的淋浴喷头使用红外线远程控制，以及酒店的包装材料和购物袋采用可降解的材料等。这些低碳技术都能够降低旅游行业的碳排放总量，促进旅游业的低碳化转型。

4.1.4　区域旅游资源环境的优化

江苏省地处我国东南沿海，居长江、淮河下游，拥有国家历史文化名城 8 座，国家级风景名胜区 5 处，国家级森林公园 16 处，国家自然保护区 2 处，国家级地质公园 2 处等，其旅游业在经济社会的大环境下正处于稳健快速发展的阶段，"梦江苏—情与水的中国文化之乡"的旅游目的地形象已经基本确立并日益鲜明。苏南地区位于长江以南，其不仅经济十分发达，整体旅游资源也是非常丰富，自然景观与人文景观交相辉映，不仅有小桥流水人家的美丽古镇、朴素典雅的古典园林、碧波荡漾的太湖风光，还有宏伟壮观的帝王陵寝以及辉煌壮丽的都城遗址等。

苏南地区的每一座城市都有自己代表性的旅游资源。南京是中国著名的四大古都之一，东线钟山风景区有中山陵、明孝陵等 50 多个旅游景点，南线秦淮风光带分布着中华门城堡、瞻园、雨花台等景点，西线的清凉山、石头城、莫愁湖等则形成了独具山水风光特色的优美景观，北线有生态环境优良的珍珠泉旅游度假区，加上城中景区的玄武湖构成了山城环抱的美丽景观。镇江以寺院山林为胜，金山秀丽，焦山雄秀，北固险峻，南郊清幽，拥有"天下第一江山"和"城市山林"的美誉。常州以中华恐龙园而广为人知，除了人造主题公园以外，还拥有我国保存最为完整的淹城遗址以及有"东南第一丛林"之称的天宁寺，具有独特的文化魅力。苏州作为我国历史文化名城之一，素有"人间天堂"之美誉，千年古镇、水乡古镇、古典园林以及太湖风光都是苏州旅游的特色资源。无锡北靠长江、南依太湖，独占太湖最美一角，拥有"太湖明珠"之美冠，太湖美景鼋头渚、灵山胜境、寄畅园、三国城、水浒城等景区美不胜收。

苏南地区以山水资源为依托，在融入了历史文化积淀深厚的人文旅游资源后，形成了苏南独具特色的旅游资源景观。苏南地区在优化旅游环境方面投入了大量的工作，促进了旅游景区的开发、建设、管理、保护等方面的发展，使旅游环境质量大幅提高。但是，苏南旅游业在迅速发展的同时，我们同样也看到一些因素对于旅游资源环境产生的不利影响。特别是现代化工企业的大量兴起，其排放的废气、废物、废水等给旅游资源环境带来了极大的破坏，例如，无锡"太湖蓝藻"事件就是一个鲜明的案例，夏日爆发的蓝藻，使水质污秽不堪，发出阵阵恶臭，使原来湖光山色的太湖美景失去了往日的风采，太湖风景区的旅游发展也受到了较大的影响。但近些年来，随着环境整治和生态涵养力度的加大，环境越来越得到改善。

此外，苏南地区由于旅游资源独具魅力，每年都会吸引来自国内外的大量游客前来观光游览，特别是在节假日期间大量游客涌入景区造成旅游景区的环境承载量超过了上限，景区内的各种设施面临着瘫痪的局面，因此景区资源环境也遭到严重的人为破坏。还有部分旅游者缺乏环境保护的意识，在景区内随意丢弃垃圾、践踏草坪、吐痰等现象随处可见，给景区的资源环境带来了一定程度的污染。所以，无论是从工业企业的发展角度还是从旅游者自身的行为来看，其对苏南地区的旅游资源环境都造成了一定程度的破坏，这就需要我们对于苏南地区旅游资源环境进行改善，积极营造低碳旅游吸引物，充分开发具有高碳汇体资源的旅游吸引物，在促进旅游经济发展的同时更要保护好旅游资源本身，实现苏南旅游业的可持续发展。同时，苏南地区旅游业的低碳化转型，不仅能提高居民的低碳环保意识，引导其保护旅游资源环境，更能促进旅游资源的可持续发展。

4.2　相关利益主体对旅游业低碳化转型的意向分析

低碳旅游的实施涉及政府、旅游者、社区居民、投资者等多个利益群体[13]，其中政府作为旅游产业低碳化转型发展战略与道路选择的决策者与主导者，旅游企业与投资者作为旅游业低碳化转型战略的执行者与实施者，居民及旅游者是旅游业低碳化转型的参与者及消费者，这些利益主体对旅游业低碳化转型的价值取向、认知、态度与行为对旅游业低碳化转型具有重要影响。

4.2.1　政府行为主体的价值取向

价值取向体现了行为主体的价值立场和态度，在具体的价值活动中表现为主体的基本价值倾向性，对主体的行为起着决定、调节和导向作用[14]。在旅游业低碳化转型过程中，价值取向支配着政府的价值选择，影响着政府对旅游业低碳化转型的态度，并引导政府的行为符合一定的目标。

在政府这一利益主体方面，包括中央政府和地方政府两部分。中央政府是国家最高行政机关，它对整个国家社会、经济等具体事务实行间接管理，主要通过制定与经济、环境、资源等相关的政策法规标准，并由地方政府加以贯彻执行。同时，中央政府还可以对地方政府贯彻执行政策结果加以评定，并运用奖惩手段影响地方政府的利益。而地方政府作为中央政府垂直管理的行政区域和经济领域，主要负责一个地方的经济发展与社会稳定。中央政府与地方政府之间是全局与部分、宏观调控与具体管理之间的关系。

中央政府代表全局性、根本性、全国性、长远性的利益。应对气候变化、转变经济增长方式，扭转不断恶化的资源、环境形势，承担国际减排责任，实现可持续发展，造福子孙后代，符合中央政府的价值取向，是中央政府的必然选择。

在应对气候变化、推行低碳经济发展方面，中央政府先后出台了若干规划、政策、法规，体现了中央政府的意志和决心。例如，我国中央政府先后批准了《联合国气候变化框架公约》和《京都议定书》，并发布了《中国应对气候变化国家方案》，成立了国家应对气候变化领导小组；并针对低碳减排也做出到 2020 年我国单位国内生产总值二氧化碳排放比 2005 年下降 40%～45%，并将减少碳排放纳入国民经济和社会发展中长期规划的承诺。另外，通过制定应对气候变化的相关法律法规、完善税收制度、积极发展新能源和可再生能源、大力植树造林增加碳汇等方式来推进国民经济向低碳化方向转型。作为中央政府直属的旅游行政管理机关—国家旅游局对全国旅游产业的节能减排、低碳旅游发展进行战略部署。2009 年，国务院《关于加快发展旅游业的意见》明确提出："推进节能环保。实施旅游节能节水减排工程。支持宾馆饭店、景区景点、乡村旅游经营户和其他旅游经营单位积极利用新能源新材料，广泛运用节能节水减排技术，实行合同能源管理，实施高效照明改造，减少温室气体排放，积极发展循环经济，创建绿色环保企业。五年内将星级饭店、A 级景区用水用电量降低 20%。合理确定景区游客容量，严格执行旅游项目环境影响评价制度，加强水资源保护和水土保持。倡导低碳旅游方式。"2010 年国家旅游局印发《关于进一步推进旅游行业节能减排工作的指导意见》，对全国旅游行业节能减排进行具体指导。全国性的行业协会也积极推动低碳旅游景区的建设，如中华环保联合会和中国旅游协会旅游景区分会推出《全国低碳旅游实验区》评分标准，联合进行低碳景区创建活动，2012 年 9 月在全国低碳旅游发展大会上，有 19 家景区被评为首批"全国低碳旅游示范区"，有效推动了低碳理念的普及以及低碳旅游景区的建设工作。

　　从地方政府的价值取向上看，地方政府一方面要服从中央政府的管理，保证上级政府作出的决策能够得到贯彻执行；另一方面，地方政府会最大限度争取和维护本地方的经济增长。在低碳经济背景下，地方政府要贯彻执行中央政府的节能减排政策，同时又要保护地方的经济发展，寻找两者之间的协调发展。在节能减排与经济增长能够协同时地方政府倾向于支持和鼓励低碳经济的发展，但当节能减排危害到地方经济增长时，地方政府也常常会产生消极对待、搭便车的心理与行为。从江苏省及苏南地区看，省政府和苏南各城市政府都对低碳转型采取了旗帜鲜明的支持态度。江苏省积极行动，编制低碳发展规划，制定符合江苏实际的低碳发展标准和低碳经济路线图，增强江苏省在低碳经济发展领域的话语权，并将低碳经济的统计和考核纳入"十二五"国民经济规划中的引导目标，鼓励地市级制定低碳发展规划，支持重点行业部门制定专项规划。为促进绿色低碳发展，江苏还在全国首发《低碳发展报告 2012》，并制定《江苏省 2014～2015 年节能减排低碳发展行动实施方案》等来推动经济低碳转型。苏南各市也都积极促进低碳产业发展，争取低碳话语权。例如，无锡跻身中国十大低碳城市之列，成立了低碳城市发展研究中心，量身定制了低碳发展路线图，并获邀成为中德低碳未来城市（LCFC）合作伙伴。

4.2.2　旅游企业的认知与态度

1）旅游企业的价值取向

旅游企业作为低碳化转型的关键利益主体，是低碳旅游发展中最活跃也是最核心的部分。作为旅游企业，通过经营管理活动为旅游者提供相应的旅游产品，并获取经济利益，其价值取向是自身利润的最大化。尽管企业在经营管理过程中，为了追求效益的最大化，尽可能压缩成本，常常会忽略自身的社会与环境责任，但在生态文明成为国家战略，节能减排、保护环境成为全民共识的形势下，旅游企业也积极投入到低碳建设中，并取得良好的效果。总体上来说，除了采购新能源、更新设施设备、采用新型低碳技术等可能会给旅游企业带来成本上升的压力外，实行节能减排对饭店、景区等这样的旅游企业不管是长期上还是近期上都是有益的，因为可以减少电、水、燃气的使用，降低企业的运营成本，提高企业管理的效率，实现企业由粗放管理向精细化管理的转型，这也是旅游企业积极参与低碳旅游建设的重要原因。苏南地区旅游企业在低碳化建设方面尤为突出，在全国首批低碳旅游示范区中，苏南地区就有江苏水乡周庄景区、江苏南京夫子庙秦淮风光带、江苏常州春秋淹城景区、江苏无锡太湖鼋头渚风景区这 4 家景区入选，占全国入选景区总数的 21%。

2）旅游从业人员对低碳旅游的认知、态度与行为特征

旅游企业的经营行为需要旅游企业的从业人员去贯彻执行，旅游从业者对气候变化的适应能力取决于其对气候变化的知识和态度，并将影响他们应对气候变化的策略计划与实际行动[15]。吴卫曾经对大连市旅游从业人员的低碳旅游态度与行为认知进行了调查研究[16]，为了准确把握苏南地区旅游从业人员对低碳旅游的认知与态度，我们在 2012 年 7～8 月和 2012 年 10 月两个时段在南京、苏州、无锡、常州的一些重要旅游景区、旅游饭店、旅行社对工作人员进行了访谈和问卷调查，共发出问卷 240 份，剔除无效样本，共得有效样本 217 份，有效问卷率为90.4%。

问卷设计包括四大内容：①旅游从业人员的性别、年龄、文化程度、收入、所在单位、从事岗位等社会属性；②旅游从业人员对气候变化及低碳旅游的认知；③旅游从业人员对低碳旅游以及企业向低碳化转型的态度；④旅游从业人员参与低碳旅游的行为。除社会属性外，旅游从业人员的认知、态度、行为调查均采用 5 级李克特量表（Likert scale）进行设计。要求被调查者用 1（非常反对）~5（非常赞同）的 5 个级别来表明自己的感知和态度。1 表示非常反对，2 表示反对，3 表示中立无意见或无法判断，4 表示同意，5 表示非常同意。

表 4-4 反映了样本的社会属性。从性别上看，女性远远高于男性，反映了旅游行业从业人员性别的客观情况；从年龄上看，26～35 岁最多，达总样本的 46.1%，表明旅游行业从业人员年轻人占据的比例较大；从受教育程度看，大专学历最多占总样本的 38.0%，其次是高中/中专学历，与旅游行业的实际情况符合；在职位上，样本中旅游行业一线从业人员占 46.6%，数量最多；从月收入上看，大部分受调查样本的月收入在 2000～3999 元这个区间，这个区间也是旅游行业一线从业人员的收入区间，这与我们的访谈情况基本吻合。

表 4-4　调查样本的人口学统计特征

项目	类别	比例/%
性别	男	38.2
	女	61.8
年龄	18～25 岁	12.0
	26～35 岁	46.1
	36～45 岁	30.9
	46～59 岁	11.0
教育程度	初中及以下	2.7
	高中/中专	30.4
	大专	38.0
	本科	24.1
	研究生及以上	4.8
职位	一线从业人员	46.6
	基层管理人员	27.1
	中层管理人员	18.2
	高层管理人员	8.1
月收入	2000～3999 元	46.7
	4000～5999 元	31.6
	6000～9999 元	12.9
	10 000 元及以上	8.8

旅游从业人员对低碳旅游的认知、态度与行为调查共 15 个题项，分别包括对低碳旅游的正面认知（A1～A4）、对低碳旅游的负面认知（A5～A8）、对低碳旅游的态度（B1～B4）、低碳参与行为（C1～C3），内容覆盖旅游从业人员对低碳旅游本身、所在企业实施低碳转型的认知和态度，以及是否参与低碳旅游实

际行动的调查（表4-5）。

表4-5　旅游从业人员对低碳旅游的认知、态度与行为调查

调研题项	均值	标准差	赞成	中立	反对
A1 我认为低碳旅游可以保护环境，减缓气候变化	4.24	0.623	√		
A2 我认为低碳旅游可以获得不同体验，有益身体健康	3.88	0.717	√		
A3 我认为低碳旅游有利于养成绿色环保的生活方式	3.57	0.731	√		
A4 我认为低碳旅游是旅游业的发展趋势	3.96	0.543	√		
A5 我认为低碳旅游会费时费力，影响旅游舒适度	3.45	0.724		√	
A6 我认为低碳旅游会增加企业支出	2.80	1.532		√	
A7 我认为低碳旅游影响游客体验，降低游客满意度	2.89	1.112		√	
A8 我认为低碳旅游实施起来很困难	2.01	0.345			√
B1 我支持政府制定政策或法规推动低碳旅游发展	4.67	0.456	√		
B2 我支持本企业节能减排，实施低碳转型	4.25	0.476	√		
B3 我支持通过多种方式和途径减少游客的个人碳排放	3.59	0.687	√		
B4 我支持对游客收取碳抵消费用	2.85	0.857		√	
C1 我会积极宣传低碳旅游	4.34	0.502	√		
C2 我会采取实际行动推进本企业的节能减排	4.50	0.492	√		
C3 您会向他人推荐低碳旅游行为方式	4.02	0.683	√		

在认知和态度评价上，一般而言，李克特量表 1~5 等级评分平均值在 1~2.4 之间表示反对；2.5~3.4 之间表示中立；3.5~5 之间表示赞同。根据该标准和各题项的实际得分来判断苏南地区旅游从业人员的认知、态度和行为。从对低碳旅游的正面认知看，苏南地区旅游从业者对各题项都表示赞同，其中最认可的题项是低碳旅游可以保护环境、减缓气候变化（A1），得分均值达 4.24 分；大家都认为低碳旅游可以获得不同的旅游体验，有益身体健康，是旅游业的发展趋势（A2、A3 题项）；只有低碳旅游有利于养成绿色环保的生活方式得分略低，为 3.57 分。在低碳旅游负面影响认知上，被调查者得分在 3 分左右，大都处于中立的状态，表明被调查对低碳旅游的负面认知并不深刻或不认可这些负面影响，且被调查者对低碳旅游负面影响的认知差异较大。例如，在对低碳旅游会增加企业支出的认知上，得分为 2.80 分，标准差达到 1.532，表明一些被调查者认可低碳旅游会增加企业支出，但另外一些被调查者并不认可低碳旅游会增加企业开支。进一步通过访谈得知，一些企业，如酒店通过鼓励客人参与绿色酒店建设，减少了一次性客用品的投入、减少了能源使用量和污水排放量，并没有增加支出，反而降低了成本，而有些酒店为了节能减排，更换了空调系统和照明灯具，能耗是降下来了，

但短期内成本压力较大。正是由于企业的做法不同导致员工对低碳旅游负面影响上认知的差异。在态度方面，被调查者都支持政府制定政策或法规推动低碳旅游发展，支持自己所在的企业节能减排，实施低碳转型，支持通过多种方式和途径减少游客的个人碳排放，但对游客收取碳抵消费用持中立态度，原因是担心引起游客的不满，而导致销量下降。在行为方面，苏南地区广大旅游从业人员都愿意以实际行动来支持低碳旅游发展，积极宣传低碳旅游、采取实际行动推进所在企业的节能减排，并向他人推荐低碳旅游行为方式。

4.3　公众对旅游低碳化转型的感知–态度–行为分析

公众作为低碳旅游的重要利益相关者之一，其对于低碳旅游的认知程度、态度倾向，尤其是低碳旅游行为特征，直接影响着旅游业低碳化发展的进程。公众的消费模式和消费行为不仅影响能源消费，还将通过终端消费内容的变化，间接影响整个产业结构，对能源消费结构和数量产生重大影响。Sustrans 认为，在短期内要迅速减少二氧化碳的排放量，个人行为的改变至关重要，因为相对其他措施而言，个人行为的改变实施更快，且是没有争议的方式[17]。因此，公众的支持与参与是旅游业低碳化转型的动力与重要条件。

对气候变化及环境恶化感同身受，使公众的环境危机意识和环境保护意识大大增强。发展低碳旅游可以使公众受益，但在整治环境、改变原有消费模式的时候也需要支付一定的成本，并影响到旅游的体验。所以，公众对减少旅游消费的碳排放的意愿与其低碳意识有着密切的关系。一般来说，公众的低碳意识存在低碳意识阶梯。James 指出，航空旅行者的低碳意识阶梯为"否认气候变化—对气候变化无意识—接受但不改变行为—碳觉醒下开展航空旅行—碳中性"[18]。姚治国认为，低碳意识可以分为 5 个阶段[19]：

（1）碳觉醒阶段（carbon awareness）:这是低碳意识的起始阶段，通过宣传和对有关知识的了解，认识到人类行为与气候变化之间的因果关系，旅游消费也存在同样的碳排放问题。

（2）碳罪感阶段（guilty sentiment）：公众意识到自己的旅游决策也存在负面影响，并且这种负面影响由整个区域来承担，公众的环境伦理意识对碳排放转移产生负罪感。

（3）碳良知阶段（carbon conscience）：公众不仅对旅游活动的环境影响有了深刻的认识，进一步认识到需要采取积极的行动，才能改变环境恶化的趋势。

（4）碳抵消阶段（carbon offsetting）：当公众与管理部门对碳觉醒、碳罪感、碳良知等观念取得共识，集体性反思要求对碳排放进行生态补偿，以抵销碳排放产生的罪恶感，以获得心理上的解脱，具体方式有碳交易、碳汇、碳税、碳补偿等手段。

（5）低碳旅游行为阶段（low carbon tourism behavior）：思想变成行动，行为则转化为习惯，习惯则成为文化，低碳旅游的意识和行为成为一种风气，影响和改变了区域旅游增长的模式，低碳旅游成为时尚，旅游者自觉用实际行动参与到旅游节能减排之中，大大提高了旅游者低碳意识的实践效果，政府在这个过程中发挥积极作用，制定低碳旅游规范和标准，宣传低碳价值和意义，引导旅游者从事低碳旅游行为，将全社会的力量整合起来，践行旅游产业低碳化路径模式。

为了了解公众对低碳旅游的认知、态度及行为特征以及三者之间的因果关系，对苏南地区民众进行了问卷调查，并通过结构方程模型对认知、态度及行为之间的结构关系进行分析。

4.3.1　研究设计与数据来源

了解民意是构建低碳旅游发展模式，制定低碳旅游发展政策的前提和基础之一。目前国内外对于居民的低碳旅游认知、态度与行为已有了初步研究，在前人研究的基础上，为了分析旅游业低碳化转型的主观条件，探寻旅游业低碳化转型的社会动力，本研究针对苏南民众做了一次关于气候变化与低碳旅游认知、态度和行为的的调查。项目组于 2012 年 10 月～2013 年 8 月在南京、苏州、无锡、常州、镇江深入社区、城市广场和旅游景区对居民和游客进行低碳旅游社会调查。本次调研总共回收问卷 580 份，剔除回答不全、填写不完整及其他无效样本，共得有效样本 503 份，有效问卷率为 86.7%。

本次调查问卷包括五大内容：①被调查者的性别、年龄、文化程度、收入等基本信息，用来分析被调查者的人口统计学特征及社会属性。②公众对气候变化、低碳旅游的认知与感知调查；③公众对低碳旅游的态度调查；④公众对低碳旅游的行为偏好与低碳旅游行为调查。为了便于进行定量评价和结构方程分析，公众的感知、态度与行为调查部分采用 5 级李克特量表（Likert scale）进行设计。要求被调查者用 1（非常反对）~5（非常赞同）的 5 个级别来表明自己的感知和态度。1 表示非常反对，2 表示反对，3 表示中立无意见或无法判断，4 表示同意，5 表示非常同意。

表 4-6 反映的是样本的人口学特征情况。从排除缺省值的结果可以看出，在年龄方面，21～20 岁的比例最高，达到 63.1%，其次是 31~40 岁，这可能由于中青年调查者更愿意参与到调查中；性别比例方面，男女比例相当，女性稍高；文化程度方面，本科所占比例最高，达到 41.5%，其次是大专，比例为 36.2%；职业方面，学生比例较高，其次为其他职业和教师与专业技术人员；月收入方面，1000 元及以下所占的比重较高，达到 23.1%，这是因为在被调查者中，学生比例较高，其次是月收入在 2000～2999 元之间。

表 4-6　有效样本的人口学特征情况表

项目	类别	频数	比例/%
年龄	20 岁及以下	11	8.5
	21~20 岁	82	63.1
	31~40 岁	22	16.9
	41~50 岁	10	7.7
	51~60 岁	3	2.3
	61 岁以上	2	1.5
性别	男	62	47.7
	女	68	52.3
文化程度	小学	1	0.8
	初中	5	3.8
	高中/中专	13	10.0
	大专	47	36.2
	本科	54	41.5
	研究生及以上	10	7.7
职业	企事业单位	15	11.5
	工人	8	6.2
	公务员	3	2.3
	商贸人员	11	8.5
	教师与专业技术人员	17	13.1
	学生	32	24.6
	服务人员	6	4.6
	私营业主	5	3.8
	离退休人员	2	1.5
	其他职业	31	23.8
月收入	1000 元及以下	30	23.1
	1000~1999 元	13	10.0
	2000~2999 元	23	17.7
	3000~3999 元	20	15.4
	4000~4999 元	17	13.1
	5000~5999 元	10	7.7
	6000~6999 元	4	3.1
	7000~9999 元	5	3.8
	10 000~19 999 元	7	5.4
	20 000~29 999 元	1	0.8

4.3.2　问卷信度分析

利用 SPSS20.0 对样本进行探索性因子分析，首先要能够满足样本数量的要求。在本研究中公众对于低碳旅游感知的题项为 10 个，而每个题项至少对应于 5 个样本，所以至少需要 50 个样本，而实际上拥有 503 个样本，满足了因子分析的这一要求。在做因子分析之前，要对样本进行信度与效度检验，对所有感知指标进行可靠性度量（表 4-7）。目前大多采用 Cronbach's α 系数计算信度，Cronbach's α 系数越接近 1，信度就越好。一般而言，Cronbach's α 值≥0.70，认为其内部一致性较好，属于高信度；0.35≤Cronbach's α<0.70 时，其信度一般；低于 0.35 则不可取。分析得到 Cronbach's α 信度值为 0.841，说明研究数据具有较高的内在一致性。同时，对数据进行 KMO 抽样适当性检验和 Bartlett 球形检验两种最常用的效度检验方法，从而确定是否适合进行因素分析。SPSS 分析检验的结果显示（表 4-8），KMO 检验值为 0.766，大于 0.7 的推荐标准，说明因素分析的适合度比较好，适合进行因素分析；Bartlett 球形检验近似卡方值为 581.980，检验统计量概率 P 接近于 0，小于显著性的 0.05，拒绝了球体检验的零假设，说明相关系数矩阵有显著差异，该组数据不适合进行因素分析[20]。

利用 SPSS 软件对于低碳感知指标进行降维的因子分析（表 4-9），并将方差做最大正交旋转处理，保留所有特征值大于 1 的公因子，同时，按照 Straub 的方法，因子载荷截取点为 0.5，对于发现在任何上因子上都低于 0.5 或者多个因子上的载荷大于 0.4 的题项进行删除[21]，以此为依据没有发现需要删除的题项，故保留了所有的题项。所以，从 10 个题型中提取出了 4 个公因子，得出了各公因子所对应的特征值、贡献率、累计贡献率等（表 4-9）。

通过 Kaiser 标准化的最大方差正交旋转，提取的 4 个公因子累计解释了79.716%，已经超过了 60%方差贡献率的最低标准，说明提取的 4 个公因子是可以接受的[14]。从表 4-9 中可以看出，第一公因子 F1 为参与感知，与问卷中三个题项高度相关，分别为"B3 关注过低碳旅游"，"B4 通过相关渠道了解过低碳旅游"，"B5 有参与低碳旅游的亲朋好友"，其旋转后方差贡献率高达 23.400，是各因子中所含信息量比重最高的因子；第二公因子 F2 为发展感知，包括有三个题项，分别为"B8 低碳旅游不影响正常旅游活动"，"B9 低碳旅游是可行的"和"B10 发展低碳旅游十分紧迫"，旋转后方差贡献率为 22.974，仅次于第一公因子 F1，说明该因子所含的信息量也较多；第三公因子 F3 为影响感知，包括题项"B6 能缓解气候变化对旅游业的消极影响"和"B7 更注重保护环境"，其旋转后方差贡献率为 16.703；第四公因子 F4 为气候感知，与问卷中"B1 感知到气候变化"和"B2 气候变化与温室气体排放有关"高度相关，其旋转后方差贡献率为 16.639。

表 4-7 可靠性统计量

Cronbach's α	Cronbach's α 标准化信度值	题项数量
0.841	0.842	10

表 4-8 KMO 和 Bartlett 的检验

KMO 检验值		0.766
Bartlett's 球形检验值	近似卡方值	581.980
	自由度	45
	显著性	0.000

表 4-9 低碳旅游感知因子分析结构

感知维度	题项	因子载荷	特征值	旋转后方差解释率/%
F1 参与感知	B3 关注过低碳旅游	0.870	2.340	23.400
	B4 通过相关渠道了解过低碳旅游	0.883		
	B5 有参与低碳旅游的亲朋好友	0.781		
F2 发展感知	B8 低碳旅游不影响正常旅游活动	0.858	2.297	22.974
	B9 低碳旅游是可行的	0.855		
	B10 发展低碳旅游十分紧迫	0.791		
F3 影响感知	B6 能缓解气候变化对旅游业的消极影响	0.867	1.670	16.703
	B7 更注重保护环境	0.883		
F4 气候感知	B1 明显感知到气候变化	0.887	1.664	16.639
	B2 了解气候变化与温室气体排放有关	0.859		

4.3.3 结果分析

1. 公众对于低碳旅游感知较强

表 4-10 中提供了公众对低碳旅游感知 4 个维度的平均值，可以看出公众对于低碳旅游的参与感知、发展感知、影响感知、气候感知的均值分别是 3.49、3.68、3.81、3.92。一般来说，根据李克特量表等级评分平均值在 1~2.5 之间表示反对，

2.5～3.4 之间表示中立,3.4～5 之间表示赞成[22]的标准,可以明显看出,公众能够较为强烈地感知到气候的变化,同时也较强地感知到低碳旅游的参与、影响、发展的内容。从表 4-10 还可以看出,低碳旅游的参与感知、发展感知、影响感知以及气候感知各维度都具有相对较低的标准差,说明公众对于低碳旅游的认知具有较为一致的看法。

1) 低碳旅游的参与感知

公众只有积极参与到低碳旅游中去,旅游业的低碳化转型才会有可能。从表 4-10 中可以看出,公众对于低碳旅游的参与感知出现了一定程度的偏差,其中对两个题项表示了赞成,另外一个题项持中立或者微弱偏向赞成的态度。调查中,公众对"关注过低碳旅游"持"赞成"、"非常赞成"的高达 40%、19.2%,持"反对"、"强烈反对"的仅为 2.3%、3.1%;对"通过相关渠道了解过低碳旅游"持"赞成"、"非常赞成"为 50.8%、13.8%,持"反对"、"强烈反对"也仅为 1.5%、4.6%,这反映出现在公众对于低碳旅游的关注程度和了解程度还是较高的,愿意积极地去认知低碳旅游。同时,公众对于题项"有参与低碳旅游的亲朋好友"的感知仅为 3.05,说明公众对此题项总体上持中立态度,其中持"中立"的有 49.2%,持"赞成"、"非常赞成"为 26.2%、2.3%。由此体现出公众虽然对于低碳旅游有了一定的关注和了解,但真正参与到低碳旅游的程度还不是很高。

2) 低碳旅游的发展感知

公众对于低碳旅游的发展感知给予了较高的认可,对于题项"低碳旅游不影响正常旅游活动"、"低碳旅游是可行的"以及"发展低碳旅游十分紧迫"的感知均值都比较高,分别为 3.59、3.62、3.84,赞成率分别为 56.9%、60.0%、65.3%,且三个题项的标准差相对较小,说明公众对低碳旅游的发展感知有较为一致的看法,同时体现出公众对于发展低碳旅游的感知较强,尤其是对发展低碳旅游紧迫性的感知程度最强。因此可以认为低碳旅游在当前强调"低碳经济"的社会大背景下,其发展是具有迫切需求的,并且对于公众正常的旅游活动不会产生太大的影响,是具有可行性的以及发展前景的旅游行为方式。

3) 低碳旅游的影响感知

在本次抽样调查中,公众对于低碳旅游所带来的正面影响给与了高度评价,该维度的感知均值为 3.81,反映出本次调查公众能够明显感知到低碳旅游对于旅游业以及环境所带来的好处。其中对于题项"低碳旅游能缓解气候变化对旅游业的消极影响",公众持"赞成"、"非常赞成"的有 41.5%、18.5%,持"反对"、"非常反对"的有 1.5%、10.8%,持赞成态度的公众明显高于持反对态度的公众,说明公众明显感知到低碳旅游方式对于旅游业发展的积极影响,能够缓解气候变化所带来的不利影响;对于题项"低碳旅游更注重保护环境",其拥有较高的感知均值(3.96),赞成率为 73.1%,反对率仅为 4.6%,这体现出公众较为认可低碳旅游相对于其他旅游方式更强调环保意识，具有一定的环保功能。

4) 低碳旅游的气候感知

气候环境的变化是推动发展低碳旅游的前提条件，所以低碳旅游的气候感知主要表现在公众能否感知到气候变化以及是否认知到气候变化与温室气体排放有关这两个方面。首先，公众对于题项"能感知到气候变化"的感知均值是所有题项中最高的，达到了 3.97，且标准差相对较小，说明公众对此感知差异相对较小；其中持赞成率的比例也是所有题项中最高的，高达 77.0%，说明公众能够普遍地在工作和生活中感知到气候的变化。其次，公众对于题项"气候变化与温室气体排放有关"的感知均值为 3.87，对此有 74.6% 的公众持赞成态度，6.9% 的公众持反对态度，赞成率明显高于反对率，体现出公众在对于气候变化与温室气体排放有关具有较高的认知程度。

表 4-10　公众低碳旅游感知分析

题项	均值	标准值
参与感知	3.49	
关注过低碳旅游	3.71	0.893
通过相关渠道了解过低碳旅游	3.71	0.821
有参与低碳旅游的亲朋好友	3.05	0.819
发展感知	3.68	
不影响正常旅游活动	3.59	0.895
低碳旅游是可行的	3.62	0.866
发展低碳旅游十分紧迫	3.84	0.870
影响感知	3.81	
能缓解气候变化对旅游业的消极影响	3.65	0.955
更注重保护环境	3.96	0.857
气候感知	3.92	
能感知到气候变化	3.97	0.853
气候变化与温室气体排放有关	3.87	0.857

2. 公众对于低碳旅游发展普遍持赞成态度

关于公众对于旅游业的低碳化转型的态度主要是通过支持、选择、推广三项测量指标来进行统计的，通过调研可以看出公众普遍地表达了对于发展低碳旅游的赞成态度（表 4-11）。数据分析结果显示，公众表达出对于旅游业低碳化转型强烈的支持态度，其均值为 4.12，赞成率高达 80.0%，而反对率的仅为 3.1%，说明公众随着对于低碳旅游的关注度和认知度的加深，其对于旅游业的低碳化转型持着积极赞成的态度，希望通过旅游业的低碳化转型来缓解现有的气候环境压力等。其次，对于"有选择低碳旅游行为方式的意愿"题项，其均值是三个测量指标中最低的，为3.65，其赞成率为59.3%，反对率为6.9%，赞成率仍远高于反对率，这表明公众是赞成选择低碳旅游行为方式，同时反映出公众愿意用实际行动去支持旅游业的低碳化转型。最后，对于题项"愿意协助推广低碳旅游"，公众也是持较高的赞成态度的，其均值为3.76，赞成率和反对率分别为59.2%和5.4%，体现出低碳旅游的发展和推广是受到公众支持的，这将有利于低碳旅游的进一步发展和深入。

通过支持、选择、推广三个测量指标直接地反映出了公众对于低碳旅游发展的态度，可以看出公众普遍地支持旅游业的低碳化转型、愿意选择和推广低碳旅游行为，也间接地反映出旅游业的低碳化转型是具有一定的民意基础的，这对于低碳旅游的发展起到了积极促进和推广的作用。

表 4-11　公众对于低碳旅游发展的态度

题项	均值	标准差	赞成率/%	反对率/%
支持旅游业低碳化转型	4.12	0.794	80.0	3.1
有选择低碳旅游行为方式的意愿	3.65	0.794	59.3	6.9
愿意协助推广低碳旅游	3.76	0.861	59.2	5.4

注：赞成率是"赞成"、"非常赞成"的比例之和；反对率是"反对"、"非常反对"的比例之和。

3. 公众的旅游行为有向低碳化发展的趋势

对于公众的实际低碳旅游行为主要是从旅游的六大要素即食、住、行、游、购、娱六个方面来进行测量统计的，从实际的调研结果（表 4-12）中可以看出，公众的实际低碳旅游行为的均值在3.13～4.00之间，总体上是倾向于中立偏赞成态度（8个题项中有7个题项是中立偏赞成态度，一个题项是赞成态度）。因此可以认为，公众对于旅游行为方式的选择是有向低碳化发展的倾向，但是仍然需要进行一定的宣传和加强，以此来促进公众加大对于低碳旅游行为方式的选择。

题项"经常选择低碳旅游行为方式"和"引导其他人一起进行低碳旅游行为"的得分均值均为3.32，是处于中立偏向赞成的态度，赞成率分别为43.1%和41.5%，与中立态度的比率（41.5%、43.1%）相当，但是远高于反对率（15.4%、15.4%）；同时与低碳旅游态度题项中"有选择低碳旅游行为方式的意愿"、"愿意协助推广低碳旅游"进行比较，可以发现公众对于低碳旅游行为的选择和推广意愿的均值均高于实际对低碳旅游的选择和推广的均值，因此可以反映出公众具有较高的选择低碳旅游行为的意愿，但是在实际旅游行为中可能受到某些因素的制约，实际的实施结果还有待提高。

对于旅游要素"食"方面的低碳旅游行为"不使用一次性餐具"，其得分均值是所有题项中最低的，仅为 3.13，中立态度的比率为 40.0%，要高于赞成率（36.1%）和反对率（23.9%），可见公众对于旅行期间不使用一次性餐具是不太赞成的，更多的公众是持中立的态度；对于旅游要素"住"方面的低碳旅游行为"选择绿色环保酒店入住"，其得分均值为 3.17，中立态度的比率为 42.3%，也高于赞成率（36.9%）和反对率（20.8%）；对于"行"方面的"选择低碳环保的出行方式"的得分均值为 3.38，其中持"赞成"和"非常赞成"的有 32.3% 和 10.0%，持"反对"和"非常反对"的有 2.3% 和 10.0%，赞成率明显高于反对率，但是低于持中立态度的比率；对于旅游要素中的"游"方面的"不在旅游景区内留下垃圾"的行为，是所有题项中得分均值最高的，高达 4.00，同时标准差也是最低的，说明公众对此低碳旅游行为的差异相对较小，同时持赞成率的有 78.5%，持反对率的仅有 3.1%，赞成率远高于反对率，反映了公众对这一低碳旅游行为的支持度很高，且在实际旅行中的实践性也较强；"不使用购物塑料袋"反映的是旅游要素中的"购"方面的低碳行为，其得分均值为 3.32，其赞成率为 45.4%，要高于持中立态度的比例（36.9%）和反对率（17.6%），体现出公众对这一低碳旅游行为表现出中立较偏向于赞成的态度；对于"娱"方面的"选择环保娱乐项目"的低碳旅游行为，其得分均值为 3.34，公众持中立的态度的有 43.1%，赞成率和反对率分别为 44.9% 和 13.1%。

表 4-12　公众实际低碳旅游行为

题项	均值	标准差
经常选择低碳旅游行为方式	3.32	0.890
不使用一次性餐具	3.13	0.991
选择绿色环保酒店入住	3.17	0.873
选择低碳环保的出行方式	3.38	0.883
不在旅游景区留下垃圾	4.00	0.778
不使用购物塑料袋	3.32	0.940
选择环保娱乐项目	3.34	0.911
引导其他人一起进行低碳旅游行为	3.32	0.837

4.3.4　苏南旅游者低碳旅游行为形成机制

1. 低碳旅游感知维度的验证性因素分析

在验证性分析之前，已经采用 SPSS20.0 对低碳旅游感知维度进行了探索性因素分析。分析结果表明，Cronbach's α 信度值为 0.841（表 4-5），表明调查数据的信度是可靠的；同时，KMO 值达到 0.766，Bartlett 球形度检验 P 值接近于 0，达到了显著水平，说明样本数据适合进行因子分析。通过 Kaiser 标准化的最大方差正交旋转，所有关于低碳旅游感知的 10 个测量指标共汇聚成 4 个特征值大于 1 的有效因子，由方差贡献率来看，前 4 个成分因子累计解释了 79.716% 的信息，已经超过了 60% 方差贡献率的最低标准，说明所提取的四个因子是可以接受的。

首先，采用 AMOS20.0 进行验证性因素分析，根据探索性因素分析的结果，建立一阶验证测量模型，来检验模型与样本数据的适配度，主要考虑模型的绝对适配度指标（CMIN、CMIN/DF、GFI、RMSEA、AGFI 等）、增值适配度指标（NFI、TLI 等）以及简约适配度指标（PGFI、PNFI 等）。通常情况下，CMIN/DF 小于 2.0，GFI、AGFI、NFI、TLI 等大于 0.9，PGFI、PNGI 等大于 0.5，RMSEA 小于 0.08，就可以说明模型达到良好适配标准。分析结果表明，模型的卡方值=20.581，显著性概率值 P=0.806>0.05，接受虚无假设，卡方自由度比值为 0.762，GFI=0.971，AGFI=0.941，NFI=0.966，PNFI=0.579，RMSEA<0.001，说明该模型的适配度良好。

其次，在得到良好的测量模型后，本研究还检验了测量模型的各维度信度、效度，来验证模型的适用性。从分析结果可以看出（表 4-13），对低碳旅游感知的各个维度的 Cronbach's α 信度值在 0.761~0.857 之间，表明模型的数据信度较好；同时，四个一阶潜在变量的平均变异量抽取值（AVE 值）均在 0.608~0.679 之间，均大于 0.5，组合信度在 0.755~0.863 之间，均大于 0.6 的建议临界值标准，表示模型的内在质量理想，其收敛效度良好。

表 4-13 模型的信度效度检验

潜在变量	Cronbach's α 信度值	组合信度	平均变异量抽取值（AVE 值）
F_1	0.857	0.863	0.679
F_2	0.851	0.852	0.658
F_3	0.761	0.755	0.608
F_4	0.797	0.802	0.671

鉴于低碳旅游认知、低碳旅游态度及低碳旅游行为之间关系的复杂性，将三者有机结合，系统性分析公众低碳旅游行为产生的内在机理，本研究尝试运用结构方程模型构建公众对于低碳旅游的认知、态度及行为的结构方程模型，以此来探讨三者之间的逻辑关系。以苏南公众低碳调研数据为数据源，运用 AMOS20.0 相关软件对模型进行假设检验和分析，定量分析公众低碳旅游行为的影响因素与形成机理，进而有针对性地提出促进公众践行低碳旅游行为的相关建议，为区域旅游业低碳化发展提供决策参考。首先通过两两验证，验证低碳旅游感知与态度

之间、低碳旅游态度与行为之间的关系；然后验证感知、态度与行为三者之间的
关系。通过三者的关系分析公众低碳旅游行为形成机理。

2. 低碳旅游感知与态度关系假设模型的 SEM 验证及分析

1）假设模型的验证

结构方程模型（structural equation modeling，SEM）是当代行为与社会领域
量化研究的重要统计方法，它融合了传统多变量统计分析中的"因素分析"与"线
性模型回归分析"的统计技术，对于各种因果模型可以进行模型辨识、估计与验
证。AMOS 作为 SEM 分析软件的一种，又称为协方差结构分析、潜在变量分析、
验证性因子分析，它的理论模型主要有两套，第一套是结构模型（亦称结构方程
模型）是用来界定潜在自变量与潜在依变量之间的线性关系；第二套模型是测量
模型，它界定了潜在变量与观察变量之间的线性关系[23]。由于 AMOS 集成了多种
分析方法，实际上运用于 SEM 分析，可以使研究者有效辨识潜在变量间的因果
关系，近年来被广泛应用到各个研究领域[24]。

为了研究公众的低碳旅游的感知对低碳旅游态度的影响关系，本研究利用
AMOS20.0 软件建立了公众低碳旅游感知与态度关系的 SEM 模型（图 4-5）来进
行验证研究。在态度量表中，支持、选择、宣传三项测量指标数据的 Cronbach's α
信度值为 0.885，KMO=0.748，并且 Bartlett 球形度检验 P 值接近于 0，达到了显
著水平，说明态度量表整体数据的信度、效度都是良好的。模型中将低碳旅游感
知的各个测量维度作为外因潜在变量，将低碳旅游态度作为内因潜在变量，以及
将关于感知和态度量表中的各个测量指标作为内因观察变量，通过对样本数据进
行模型拟合检验，计算出模型的适配指数（表 4-15）、各路径系数的估计值
（图 4-5）和 P 值显著性。

通过对模型修正后，得到低碳旅游感知与态度关系的 SEM 模型图（图 4-5）。
分析结果显示，所有潜在变量与指标变量间的因子负载值都介于 0.70～0.92 之间，
测量指标因子负载平方值（R^2）在 0.488～0.841 之间（表 4-14），绝大部分大于
0.5，因此模型的基本适配度良好。

关于模型的绝对适配度方面（表 4-15），卡方值 CMIN=55.362，模型的自由
度为 53，显著性概率值 P=0.386＞0.05，未达显著水平，接受虚无假设；卡方自
由度比值 1.045＜2.000，表示模型的适配度良好；RMR 值等于 0.028＜0.05,GFI
值等于 0.942＞0.900,AGFI 值等于 0.901＞0.900，　RMSEA 值等于 0.019＜0.05，
均达到可以适配的标准。

对于模型的增值适配度指标（表 4-15），NFI 值等于 0.943＞0.900，RFI 值等于
0.917＞0.900，IFI 值等于 0.997＞0.900，TLI 值等于 0.996＞0.900，CFI 值等于
0.997＞0.900,均符合模型适配标准，表示假设理论模型与观察数据的整体适配度较好。

　　对于模型的简约适配度指数（表 4-15），PGFI=0.549，PNFI=0.641，PCFI=0.678，均大于模型可接受的要求值 0.500，且 AIC=131.362＜182.000（饱和模型）＜1005.064（独立模型），CAIC=278.328＜533.946＜1055.342，说明假设的理论模型是可以接受的。

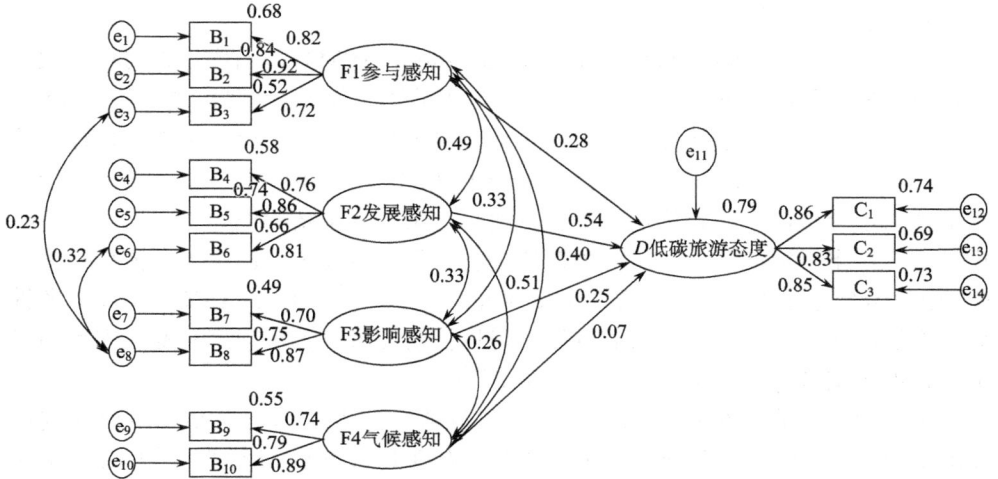

图 4-5　低碳旅游感知与态度关系的 SEM 模型

注：F_1~F_4：低碳旅游感知维度；B_i：感知维度的测量指标；e_i：误差变量；D：低碳旅游态度潜变量；C_1-C_3：低碳旅游态度的测量指标。

表 4-14　测量指标因子负载平方值（R^2）

测量指标因子	因子负载平方值
D 低碳旅游态度	0.792
C_3	0.729
C_2	0.690
C_1	0.744
B_9	0.555
B_{10}	0.791
B_7	0.488
B_8	0.750
B_4	0.583
B_5	0.742
B_6	0.656
B_1	0.678
B_2	0.841
B_3	0.521

对于模型的内在结构适配检验方面（表 4-16），观察变量的信度系数（表 4-14）大部分达到 0.5，全部超过 0.3；所有潜在变量的 Cronbach's α 信度均在 0.761~0.885，均达到最佳组合信度指标；组合信度均在 0.76 以上，已达到良好的水平；所有潜在变量平均变异量抽取值均大于 0.7，因此可以说明设定模型的内在适配性良好。

综合上述各项适配度指标，可以看出假设模型的适配状况比较理想，达到了可以接受的水平，从而保证了研究结果的有效和可信。

表 4-15　低碳旅游感知与态度关系的整体模型适配度检验表

整体适配度	适配指标	适配标准	模型适配指标结果	模型适配判断
绝对拟合度	CMIN	越小越好，显著性概率值 P >0.05（未达到显著水平）	55.362 P=0.386>0.05	是
	CMIN/DF	<2.00	1.045	是
	AGFI	>0.90	0.901	是
	GFI	>0.90	0.942	是
	RMSEA	<0.08（若<0.05 优良；<0.08 良好）	0.019	是
增值适配度	RMR	<0.05	0.028	是
	NFI	>0.90	0.943	是
	RFI	>0.90	0.917	是
	IFI	>0.90	0.997	是
	TLI（NNFI）	>0.90	0.996	是
	CFI	>0.90	0.997	是
简约适配度指数	PGFI	>0.05	0.549	是
	PNFI	>0.05	0.641	是
	PCFI	>0.05	0.678	是
	AIC	理论模型值小于独立模型值，且同时小于饱和模型值	131.362<1005.064 131.362<182.000	是
	CAIC	理论模型值小于独立模型值，且同时小于饱和模型值	278.328<1055.342 278.328<533.946	是

表 4-16　低碳旅游感知与态度模型的信度效度检验

潜在变量	Cronbach's α 信度值	组合信度	平均变异量抽取值（AVE 值）
F_1	0.857	0.864	0.680
F_2	0.851	0.853	0.660
F_3	0.761	0.763	0.619
F_4	0.797	0.803	0.673
D	0.885	0.886	0.722

2）假设模型的验证结果分析

通过模型估算结果表明（图 4-5），可以得到低碳旅游感知测量维度的各测量指标的标准化路径系数在 0.70~0.92 之间，态度测量指标的标准化系数在 0.83~0.86 之间，t 值检验结果均具有显著性。路径系数分析结果显示（表 4-17），低碳旅游感知维度中，F_1 参与感知、F_2 发展感知、F_3 影响感知、F_4 气候感知对于低碳旅游态度 D 的标准化路径系数分别为 0.281、0.543、0.254、0.067，P 值检验中，$F_1 \rightarrow D$、$F_2 \rightarrow D$、$F_3 \rightarrow D$ 的临界比值（C.R.）分别为 3.477、5.746、3.116（绝对值），都大于 1.96，其中 H1 和 H2 在 0.001 的水平上达到显著水平，H3 在 0.01 水平上达到了显著性水平，所以可以得到 H1、H2、H3 假设得到了验证；而 $F_4 \rightarrow D$ 的临界比值为 0.841（绝对值）小于 1.96，且 P 值为 0.401，所以 H4 假设未通过显著性检验。因此，通过上面的数据分析，可以表明公众对于低碳旅游感知和态度之间的直接关系是显著存在的。

表 4-17　假设模型的评价指标及检验结果

假设	H1	H2	H3	H4
变量关系	$F_1 \rightarrow D$	$F_2 \rightarrow D$	$F_3 \rightarrow D$	$F_4 \rightarrow D$
标准化路径系数	0.281	0.543	0.254	0.067
临界值（C.R.）	3.477	5.746	3.116	0.841
P 值	***	***	0.002	0.401
结果	通过	通过	通过	拒绝

3. 低碳旅游态度与行为关系的 SEM 验证及分析

1）假设模型的验证

采用 AMOS20.0 建立低碳旅游态度对实际低碳旅游行为的 SEM 模型（图 4-6）。在实际行为量表中，8 项测量指标数据的 Cronbach's α 信度值为 0.916，KMO=0.927，并且 Bartlett 球形度检验 P 值接近于 0，达到了显著水平，说明实际低碳旅游行为量表的整体数据信度、效度都是良好的。在假设模型中，将态度量表中的支持、选择、推广三项测量指标和行为量表中的各个测量指标作为内因观察变量，将低碳旅游态度作为外因潜在变量，将低碳旅游行为作为内因潜在变量，通过对样本数据进行模型适配检验，计算出模型的适配指数、路径系数、分析 P 值显著性。

通过对模型进行相关修正后，得到了低碳旅游态度与行为的 SEM 模型（图 4-6）。分析结果显示模型估计的所有误差变异都达到显著水平（表 4-18）；潜在变量与测量指标间的因子负载值介于 0.68~0.90 之间（图 4-6）；测量指标因子负载平方值（R^2）介于 0.465~0.812 之间（表 4-19），绝大部分数值都是大于 0.5，说明模型的基本适配度良好。

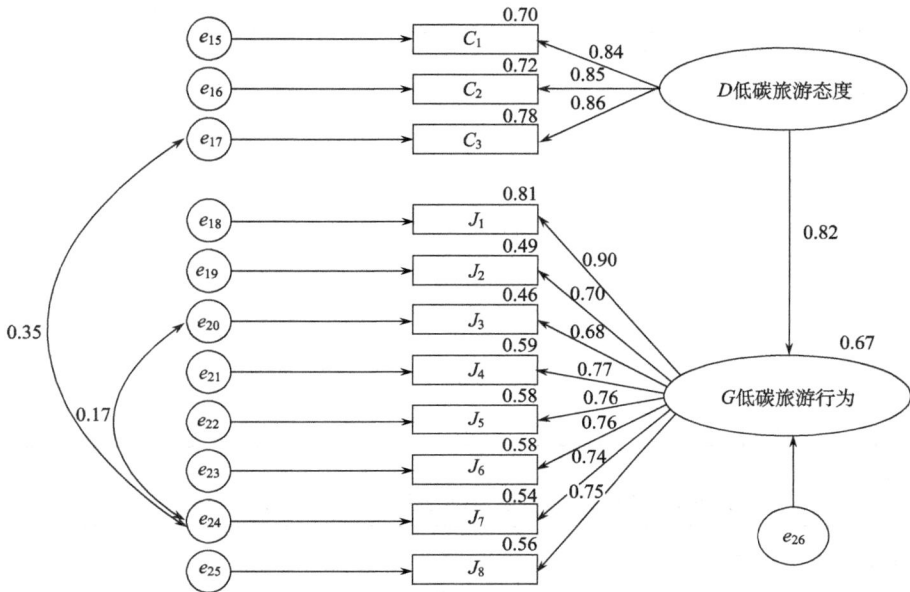

图 4-6　低碳旅游态度与行为关系的 SEM 模型

D：低碳旅游态度潜变量；$C_1 \sim C_3$：低碳旅游态度测量指标；G：低碳旅游行为潜变量；

$J_1 \sim J_8$：低碳旅游行为测量指标；e_i：指标误差变量。

表 4-18　态度与行为关系模型中的误差变量表

误差项	误差值	标准误差	临界比值	P 值
D 低碳旅游态度	0.529	0.090	5.884	***
e_{26}	0.131	0.032	4.100	***
e_{17}	0.193	0.035	5.503	***
e_{16}	0.178	0.031	5.833	***
e_{15}	0.187	0.031	5.989	***
e_{25}	0.303	0.042	7.298	***
e_{24}	0.383	0.052	7.330	***
e_{23}	0.369	0.051	7.250	***
e_{22}	0.253	0.035	7.255	***
e_{21}	0.314	0.044	7.201	***
e_{20}	0.404	0.054	7.493	***
e_{19}	0.496	0.066	7.487	***
e_{18}	0.147	0.026	5.558	***

表 4-19　测量指标因子负载平方值（R^2）

测量指标因子	因子负载平方值
G 低碳旅游行为	0.665
J_1	0.812
J_2	0.491
J_3	0.465
J_4	0.594
J_5	0.578
J_6	0.580
J_7	0.541
J_8	0.564
C_1	0.701
C_2	0.715
C_3	0.732

表 4-20　低碳旅游态度与行为模型的整体适配度指数

整体适配度	适配指标	适配标准	模型适配指标结果	模型适配判断
绝对拟合度	CMIN	越小越好，显著性概率值 $P>0.05$（未达到显著水平）	48.454 P=0.197>0.05	是
	CMIN/DF	<2.00	1.182	是
	AGFI	>0.90	0.900	是
	GFI	>0.90	0.938	是
	RMSEA	<0.08（若<0.05优良；　<0.08良好）	0.038	是
	RMR	<0.05	0.025	是
增值适配度	NFI	>0.90	0.950	是
	RFI	>0.90	0.933	是
	IFI	>0.90	0.992	是
	TLI（NNFI）	>0.90	0.989	是
	CFI	>0.90	0.992	是
简约适配度	PGFI	>0.05	0.583	是
	PNFI	>0.05	0.708	是
	PCFI	>0.05	0.739	是
	AIC	理论模型值小于独立模型值，且同时小于饱和模型值	98.454<990.468 98.454<132.000	是
	CAIC	理论模型值小于独立模型值，且同时小于饱和模型值	195.142<1033.011 195.142<387.257	是

在对假设模型进行适配度分析时，本研究采用绝对适配指数、增值适配指数、简约适配指数等三类适配指标，包括了 CMIN、CMIN/DF、GFI、RMSEA、AGFI、RMR；NFI、RFI、IFI、TLI、CFI；PGFI、PNFI、PCFI、AIC、CAIC，并确定了相应的适配标准。分析结果显示（表 4-20）：模型的绝对适配指数 CMIN、GFI、RMSEA、AGFI、RMR 分别为 48.454、0.938、0.038、0.900、0.025，且 $P=0.197>0.05$，未达显著水平，接受虚无假设；增值适配指数 NFI、RFI、IFI、TLI、CFI 分别为 0.950、0.933、0.992、0.989、0.992，均大于 0.9 的标准；简约适配指标 PGFI、PNFI、PCFI 分别为 0.583、0.708、0.739，均大于 0.5 的标准；AIC 和 CAIC 值小于独立模型值，且同时也小于饱和模型值，所以模型的整体适配度良好。

在内部结构适配检验方面，观察变量的信度系数大部分达到 0.5，全部超过 0.3；潜在变量"D 低碳旅游态度"的 Cronbach's α 信度值为 0.885>0.70，组合信度为 0.886>0.60，平均变异量抽取值为 0.722>0.50；潜在变量"G 低碳旅游行为"的 Cronbach's α 信度值为 0.916>0.70，组合信度为 0.916>0.60，平均变异量抽取值为 0.578>0.50，且所有参数统计量的估计值均达到显著水平，因此模型的内在适配指标良好。综合各项适配度指标，模型适配状况比较理想，达到了可以接受的水平。

2）假设模型的验证结果分析

在低碳旅游态度与行为的假设模型中，通过模型估算结果表明（图 4-6），可以得到低碳旅游态度的各测量指标的标准化路径系数在 0.84～0.86 之间，行为测量指标的标准化系数在 0.68～0.90 之间，t 值检验结果均具有显著性。一阶潜变量低碳旅游态度 D 对低碳旅游行为 G 的标准化系数为 0.816，P 值检验中，$D \rightarrow G$ 的临界比值为 8.164（绝对值），在 0.001 的水平上达到了显著性水平，说明假设的变量关系 $D \rightarrow G$ 通过了显著性检验。因此，通过上面的数据分析，可以表明公众对于低碳旅游态度和行为之间存在着高度的正相关性。

4. 低碳感知、态度与行为 SEM 关系验证及分析

1）理论基础与模型假设

认知，也称认识，是指人认识外界事物的过程或者说是对作用于人的感觉器官的外界事物进行信息加工的过程[25]；态度是人对于某事物的评价和行为倾向，包括认知、情感和行为倾向三个部分。心理学上认为，认知是态度的基础，影响态度的形成[26]。认知和行为是相伴而生的，认知可以改变行为[27]。组织行为学则认为态度可以支配和决定人的行为，对人的行为具有指导性和动力性的作用[28]。另外，Ajzen 经典计划行为理论认为，个体具有的某种特定行为意向决定于对该行为的态度、感知外部规范的压力和对行为的感知控制[29]。所以，认知、态度和行为三者之间是相互联系、相互作用的。同样，对于旅游者来说，在做出旅游决策前，首先要从社会环境中接受各种旅游信息，然后信息通过认知、情感和意向

等心理因素的反应，共同形成针对旅游的态度，进而形成某种旅游行为的偏爱和意图，以促进最终旅游行为的发生[30]。

　　本研究在回顾了低碳旅游认知、低碳旅游态度和低碳旅游行为的相关文献基础之上，构建了公众对于低碳旅游的认知、态度和行为的结构方程模型（图4-7），其中低碳旅游认知是外生潜在变量，低碳旅游态度和低碳旅游行为是内生潜在变量，这三个潜在变量之间存在三种假设路径，各假设路径说明变量之间存在正向因果关系（以"+"号表示）。根据上述心理学与行为学相关理论，本研究提出了三个假设：H_1：公众的低碳旅游认知对于低碳旅游态度具有正向影响；H_2：公众的低碳旅游态度对低碳旅游行为具有正向影响；H_3：公众的低碳旅游认知对低碳旅游行为具有正向影响。

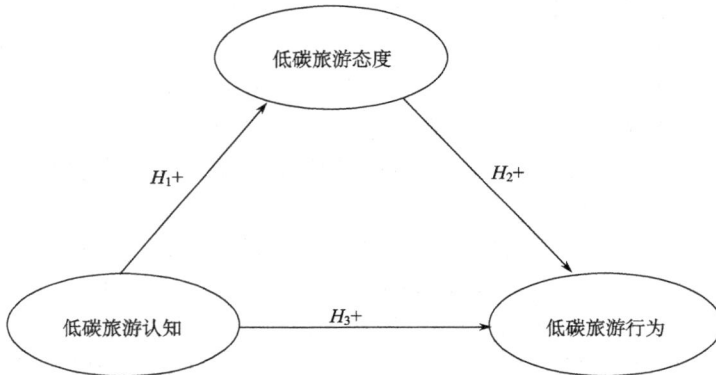

图4-7　认知-态度-行为结构方程模型路径图

2）模型的测量指标体系

　　低碳旅游认知、低碳旅游态度与低碳旅游行为是作为结构方程模型中的三个潜在变量，因此不能直接对其进行测量，必须要设计相应的观察变量。为提高测量的信度和效度，结构模型的观察变量的选择主要依据现有的研究成果，并考虑其系统性和内在的逻辑合理性。Hamilton 等认为旅游业发展对气候变化极其敏感[31]；第一届气候变化与旅游国际大会认为由于使用化石燃料和排放温室气体，旅游业也是气候变化的主要因素之一[32]；马勇认为通过教育使公众了解低碳旅游、参与到低碳旅游中来，才能普及低碳旅游理念[13]；艾静超在调查沈阳市公众低碳旅游认知水平时主要采用以下指标："了解低碳旅游的程度"，"了解二氧化碳对自然环境及人类社会的影响"，"是否听说过哥本哈根全球气候峰会"以及"获取低碳旅游信息的途径"[33]；吴卫把"认为低碳旅游能很好地保护环境"作为调查大连旅游从业人员的低碳旅游认知水平的指标之一[16]；郭蓉等认为不降低游客的旅游质量是低碳旅游发展的前提[34]；马驰认为发展低碳旅游是非常紧迫的[35]。

综合上述文献资料，结合我国低碳旅游发展的实际情况，将认知潜在变量的观察变量设定为 9 个（表 4-9，B_1~B_9），主要是从对气候的认知，低碳旅游的参与、影响及发展的认知来设定。

在低碳旅游态度方面，沈月在研究国内游客低碳旅游态度时，主要的调查指标有"对于推广低碳旅游的态度"、"对于低碳旅游必要性的态度"、"对入住酒店的各项低碳行为的态度"[25]；吴卫在调查低碳旅游态度的指标中包括了"我愿意向其他人介绍或宣传低碳旅游"、"我愿意参加低碳旅游活动"等[16]；刘亚萍在研究调查对象对于低碳旅游的态度所采用的指标有："对发展低碳旅游的态度"、"是否愿意践行低碳旅游"等[36]。结合上述文献，关于低碳旅游态度潜在变量的指标选取，主要集中于三个方面（表 4-9，C_1~C_3）："支持旅游业低碳化转型"、"愿意践行低碳旅游"、"愿意推广低碳旅游"。

低碳旅游行为潜变量的观察指标选取力求能够切合实际，具有一定的科学性。刘啸认为旅游过程中应通过食、住、行、游、购、娱的每一个环节来体现节约能源，降低污染的理念[37]；艾静超在实际研究沈阳市旅游者低碳旅游行为时，主要以调查旅游者在食、住、行、游、购、娱等环节的行为表现[33]；Gössling 等认为肉类的生产和消费会比其他食物释放更多的温室气体，应选择当季果蔬来减少碳排放[38]；　Lin 在对台湾五个公园数据分析结果发现自驾车的碳排放危害程度要大于其他公共交通工具[39]；Susanne 等认为旅游选择不同的出游方式、不同的住宿设施甚至是饮食方式等都影响旅游过程的能源消耗和气候变化[40]；董怡菲认为低碳旅游者在不降低游览质量的前提下要做到选择低碳体验活动、低碳出行方式、入住绿色酒店、食用绿色食品、自带垃圾袋、不使用一次性餐具等[41]；郑岩把游客在旅游购物时是否使用购物袋作为调查游客低碳旅游消费行为的指标之一[42]。所以，在综合上述文献的基础之上，本文的低碳旅游行为潜变量的观察指标的选择也主要是从旅游的六大要素"食、住、行、游、购、娱"来选定（表 4-21，J_1~J_8）。

表 4-21　模型的测量指标体系

潜在变量	观察变量	
低碳旅游认知	B_1 明显感知到气候变化	B_2 了解气候变化与温室气体排放有关
	B_3 通过相关渠道了解过低碳旅游	B_4 有参与低碳旅游的亲朋好友
	B_5 低碳旅游能缓解气候变化对旅游业的消极影响	B_6 低碳旅游更注重保护环境
	B_7 低碳旅游不影响正常的旅游活动和旅游质量	B_8 低碳旅游是可行的
	B_9 发展低碳旅游十分紧迫	

续表

潜在变量		观察变量
低碳旅游态度	C_1 支持旅游业低碳化转型	C_2 有践行低碳旅游行为方式的意愿
	C_3 愿意协助推广低碳旅游	
低碳旅游行为	J_1 经常选择低碳旅游行为方式	J_2 不使用一次性餐具，选择当地素食
	J_3 选择绿色环保酒店入住，不使用酒店提供的一次性洗漱用品	J_4 选择低碳环保的出行方式，尽量选择公共交通
	J_5 不在旅游景区留下垃圾	J_6 不使用购物塑料袋
	J_7 选择环保娱乐项目，不参加高耗能、高碳排放的娱乐项目	J_8 引导其他人一起进行低碳旅游行为

3）假设模型的适配检验

（1）信度和效度分析

信度是指测量结果的稳定性，如果多次测量结果都很接近，说明测量的信度是很高的。本研究利用 SPSS20.0 统计分析软件对样本进行可靠性度量，主要判别指标是根据内在信度系数克朗巴哈 α 系数。一般来说，Cronbach's α 值≥0.70，认为其内部一致性较好，属于高信度[22]。SPSS 分析结果显示（表 4-22），模型中三个潜在变量"低碳旅游认知"、"低碳旅游态度"、"低碳旅游行为"的 Cronbach's α 依次为 0.898、0.860、0.887，说明模型的数据信度较好；效度检验方面，所有潜在变量与观察变量间的因子负载值都介于 0.63～0.90 之间（图 4-8），均大于 0.5，三个潜变量的平均变异数抽取量 AVE 值在 0.502～0.684 之间（均大于 0.5），组合信度在 0.867～0.901 之间（均大于 0.6），所以该模型具有较好的内部一致性，观察变量都能够被潜在变量较好地解释，模型的收敛效度和辨别效度得到有效检验。

表 4-22　模型的信度效度检验

潜变量	Cronbach's α 信度	组合信度	AVE 值
低碳旅游认知	0.898	0.901	0.502
低碳旅游态度	0.860	0.867	0.684
低碳旅游行为	0.887	0.893	0.512

（2）模型的拟合指标分析

用 AMOS20.0 对结构方程模型进行拟合检验（表 4-23），主要采用了绝对拟合指数（CMIN、GFI、RMSEA 等）、增值拟合指数（NFI、IFI 等）和简约拟合指数（PGFI，PNFI 等）三类拟合指标。结果表明，模型 CMIN=150.907，GFI=0.911，RMSEA=0.000，NFI=0.916，PGFI=0.725，PNFI=0.806，说明模型拟合较好。

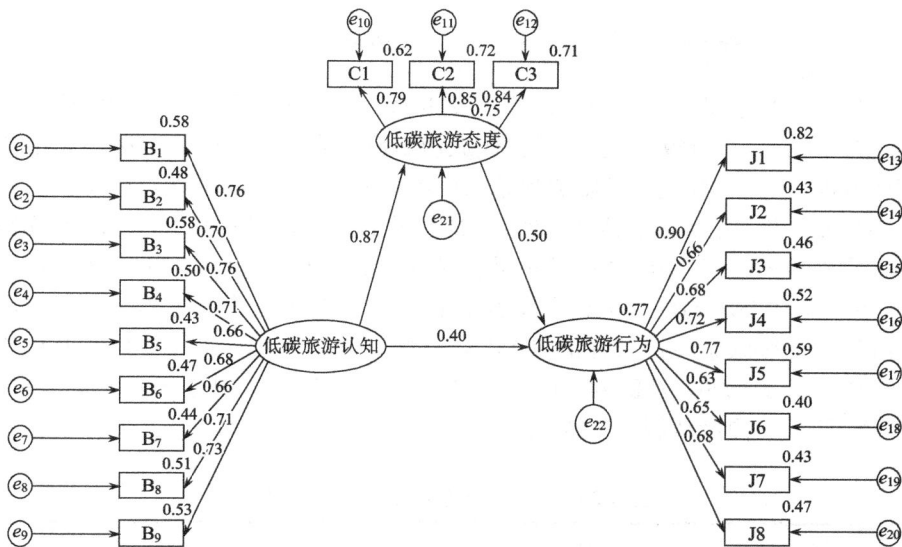

图 4-8　低碳旅游认知、态度与行为的 SEM 模型

根据结构方程模型路径图的计算结果表明，所有潜在变量与观察变量之间的关系均通过 t 值检验，并在 $P<0.001$ 的水平上达到显著，说明各变量之间具有很好的收敛效度；同时所有观察变量的项目信度全部超过 0.3，组合信度均大于 0.6，Cronbach's α 信度均大于 0.7，AVE 均大于 0.5，说明该模型内在适配指标良好。

表 4-23　模型拟合指标结果

整体模型拟合度	适配指标	适配标准	检验结果数据
绝对	CMIN	越小越好，$P>0.05$	150.907，$P=0.809$
拟合度	AGFI	>0.90	0.888
	GFI	>0.90	0.911
	RMSEA	<0.08	0.000
	RMR	<0.05	0.031
增值	NFI	>0.90	0.916
拟合度	IFI	>0.90	1.010
	TLI	>0.90	1.011
	CFI	>0.90	1.000
简约	PGFI	>0.50	0.725
拟合度	PNFI	>0.50	0.806
	AIC	理论模型值小于独立模型值，且	236.907<1847.154
		同时小于饱和模型值	236.907<420.000
	CAIC	理论模型值小于独立模型值，且	409.364<1927.366
		同时小于饱和模型值	409.364<1262.233

4）结果分析

（1）模型假设检验

模型的运行结果通过了相关检验（表 4-24），表明模型的三条初始假设全部得到支持：第一，低碳旅游认知对低碳旅游态度具有正向影响，其标准化路径系数高达 0.868，P 值检验中其临界比值（C.R.）为 8.360（绝对值），大于 1.96，在 0.001 的水平上达到显著水平，所以 H1 假设得到了验证；第二，低碳旅游态度对低碳旅游行为具有正向影响，其标准化路径系数为 0.503，C.R.= 3.386（绝对值），大于 1.96，在 0.001 的水平上达到显著水平，所以 H2 假设得到了验证；第三，低碳旅游认知对低碳旅游行为有正向影响，其标准化路径系数为 0.404，C.R.=2.758（绝对值）大于 1.96，P 值为 0.006，所以 H3 在 0.01 显著性水平上通过了检验。因此，模型预先的全部假设都成立。

表 4-24　模型的评价指标及检验结果

假设	H1	H2	H3
变量关系	低碳旅游认知→低碳旅游态度	低碳旅游态度→低碳旅游行为	低碳旅游认知→低碳旅游行为
标准化路径系数	0.868	0.503	0.404
临界值（C.R.）	8.360	3.386	2.758
P 值	***	***	0.006
结果	通过	通过	通过

（2）公众低碳旅游行为形成机理总体分析

根据模型的检验结果可以看出，低碳旅游行为受到低碳旅游态度和低碳旅游认知的双重影响。其中，低碳旅游态度对低碳旅游行为的影响路径系数为 0.503，低碳旅游认知对低碳旅游行为的直接影响路径系数为 0.404。这表明，低碳旅游认知和态度都对低碳旅游行为产生了显著的正相关性，但公众的低碳旅游认知对低碳旅游行为形成的直接效应要小于通过中介变量低碳旅游态度对低碳旅游行为形成的间接效应。这验证了心理学和组织行为学的理论：认知可以改变行为，但态度可以支配和决定人的行为，对人的行为具有指导性和动力性的影响。所以为了促进公众低碳旅游行为的产生，除了加强宣传，让公众对低碳旅游有良好的认知之外，关键是需要进一步促成公众对低碳旅游产生积极的态度，尤其是通过提高公众践行低碳旅游行为方式的意愿以及协助推广低碳旅游的意愿等途径。

（3）模型构成要素结构分析

根据低碳旅游认知、态度与行为的 SEM 模型结果可以看出，低碳旅游认知潜变量可以解释的观察指标得分最高的是"B_1 明显感知到气候变化"和"B_3 通过相关渠道了解过低碳旅游"，其直接效果值为 0.761 和 0.762，预测力达到 0.579 和 0.581，说明 B_1 和 B_3 两个观察变量对于低碳旅游认知潜变量产生了主导影响。而观察指标 B_2、B_4、B_8、B_9 的直接效果值则分别为 0.696、0.711、0.711、0.726，其预测力大多在 0.5 以上（除 B_2 为 0.484），因此这四个指标对于低碳旅游认知潜变量起到了次要作用。而上述这些指标则主要是体现公众对于低碳旅游的气候认知、参与认知以及发展认知，所以要想提高公众对低碳旅游认知的程度，着重在于要通过各种渠道加强低碳旅游的宣传，提高公众对于低碳旅游的气候、参与及发展的认知。另外，对于低碳旅游影响认知方面的观察指标 B_5、B_6、B_7 得分则相对较低，说明公众对于低碳旅游影响的认知程度对于低碳旅游认知潜变量的形成作用不明显。

公众的低碳旅游态度潜变量的观察指标选取有三个，包括"C_1 支持旅游业低碳化转型"、"C_2 愿意践行低碳旅游"、"C_3 愿意推广低碳旅游"，其直接效果值分别为 0.786、0.847、0.841，预测力高达 0.678、0.718、0.707。其中 C_2 和 C_3 观察指标的得分较高，由此表明，公众的低碳旅游践行意愿和协助推广意愿对于其低碳旅游态度的形成具有核心作用，而观察指标 C_1 则具有重要作用。

公众的低碳旅游行为包括食、住、行、游、购、娱各方面，行为潜变量中可解释的观察变量得分较高的是"J_5 不在旅游景区留下垃圾"和"J_4 选择低碳环保的出行方式，尽量选择公共交通"，直接效果值分别为 0.766、0.723，预测力分别为 0.588、0.523。所以在旅游过程中，"行"和"游"两方面的行为在公众低碳旅游行为中居关键地位。而对于"食"方面的行为 J_2 和"住"方面的行为 J_3 的直接效果值分别为 0.656、0.678，在公众低碳旅游行为中居次要地位；对于 J_6 和 J_7 的得分则相对较低，因此"购"和"娱"两方面的行为的影响力则较低。此外，根据行为潜变量中可解释的观察变量"J_1 经常选择低碳旅游行为方式"的直接效果值为 0.905，说明公众是否经常选择低碳旅游行为方式对于行为潜变量的形成具有重要影响作用。所以，为了提高公众的低碳旅游行为水平，关键是要让公众根据实际情况经常选择低碳旅游行为方式，特别是在游览过程中做到保护环境，不在旅游景区留下垃圾，以及改变原有的出行方式，选择低碳环保的交通工具。

5. 结论

本研究通过问卷调查与访谈获得苏南地区公众对低碳旅游的感知、态度与行为数据，通过结构方程模型（SEM）建立公众低碳旅游感知与态度、态度与行为、感知-态度-行为两者之间以及三者之间的结构方程模型，通过模型分析感知、态度与行为三者之间的因果关系，剖析公众低碳旅游态度以及低碳旅游行为的形成机理。

从低碳旅游感知与态度的结构方程模型检验结果可以看出，公众对于低碳旅游的态度受感知程度的影响显著，其中参与感知、发展感知、影响感知对公众低碳旅游的态度有正向的显著性影响，同时就路径系数的大小来看，公众感知程度与态度意向的影响主要来源于发展感知，其次是参与感知和影响感知，而气候感知与公众对于低碳旅游态度之间的正向关系在研究中没有得到验证。从公众低碳旅游态度与行为的结构方程模型检验结果可以看出，公众的低碳旅游态度与行为之间的正相关关系得到了验证，说明公众对于低碳旅游的态度直接影响着公众的实际低碳旅游行为。

由此本研究可以得出，公众对于低碳旅游的认知、态度、行为之间存在着明显的正相关关系。公众对于低碳旅游的参与感知、发展感知、影响感知的认知程度越高，其对于低碳旅游的态度，包括支持、选择、推广三项指标的赞成度也就越明显；同时，公众对于低碳旅游的态度越积极，其实施低碳旅游行为的可能性就越高。所以，我们要想加强旅游的低碳化转型，首先就是要提高公众对于低碳旅游的认知程度，其认知程度越高，公众对于旅游低碳化转型的态度就越支持，那么低碳旅游的各项行为措施就越容易实施。

通过研究表明，公众的低碳旅游认知和态度都对低碳旅游行为产生了重要的正向影响，但态度对行为的影响要大于认知对行为的影响，所以通过积极提高公众对于低碳旅游的态度来加强其低碳旅游行为的实施程度。同时，对公众的低碳旅游认知水平的形成起到关键影响作用的是"明显感知到气候变化"和"通过相关渠道了解过低碳旅游"这两个因素；公众的低碳旅游践行意愿和协助推广意愿对于其低碳旅游态度的形成具有主导作用；而公众的"行"和"游"两方面的行为在公众的低碳旅游行为中居关键地位。因此我们要着重通过各种渠道加强低碳旅游的宣传，提高公众对于低碳旅游的气候、参与与发展的认知，同时提高公众的践行和推广意愿，特别强调低碳旅游行为方式在"行"和"游"两方面的环保作用，从而促使公众形成良好的低碳旅游认知、树立积极的低碳旅游态度和提高低碳旅游行为水平。

参 考 文 献

[1] 国家气候中心. 全球气候变化的最新科学事实和研究进展——IPCC 第一工作第四次评估报告初步解读. 环境保护, 2007(11): 27~30.

[2] 李玲. 让旅游"低碳"起来. 中国旅游报, 2011, (13).

[3] 马驰, 丁俊慧. 基于低碳经济的旅游业发展对策研究. 现代经济(现代物业下半月刊), 2009, 8(7): 17~18.

[4] 魏一鸣, 刘兰翠, 范英, 等. 中国能源报告(2008): 碳排放研究. 北京: 科学出版社, 2008.

[5] 中国民主同盟江苏省委员会. 关于加强我省低碳经济发展的建议. 2009.

[6] 蔡萌, 汪宇明. 低碳经济、低碳旅游与旅游发展新方式. 中国城市研究, 2009, 4(2): 40-46.

[7] IEA. World energy outlook. 2006.

[8] 王娟. 低碳化: 旅游业发展必须面对课题. 中国旅游报, 2009, (11).

[9] 蔡萌, 汪宇明. 低碳旅游: 一种新的旅游发展方式. 旅游学刊, 2010, 25(1): 13~17.

[10] 赵志凌, 黄贤金, 赵荣钦. 江苏低碳经济发展策略. 唯实, 2011(1): 66~68.

[11] 董鑫, 苏欣慰, 何巧华等. 新形势下发展低碳旅游的探索. 未来与发展, 2010(9): 17~19.

[12] 叶水泉. 低碳建筑技术思考与实践. 制冷空调与电力机械, 2010(4): 1~5.

[13] 马勇, 刘军. 国内外低碳旅游发展模式研究. 湖北大学学报(哲学社会科学版), 2012, 39(1): 106~110.

[14] 付丽苹. 我国发展低碳经济的行为主体激励机制研究. 长沙: 中南大学, 2012.

[15] Dewar K. Everyone talks about the weather. Hall C M, Higham J. Tourism, recreation and climate change. Clevedon: Channel View Publication, 2005. 233~246.

[16] 吴卫. 大连旅游从业人员低碳旅游态度与行为认知研究. 财经问题研究, 2011, 12: 138-142.

[17] Sustrans. Low Carbon Travel Information Sheet.http:// www. sustrans. org. uk, 2007.

[18] Higham J E S, Cohen S A. Canary in the coalmine: Norwegian attitudes towards climate change and extreme long-haul air travel to Aotearoa/NewZealand. Tourism Management, 2011, (32): 98~105.

[19] 姚治国. 低碳旅游生态效率研究. 天津: 天津大学, 2013.

[20] 贾艳丽, 杜强. SPSS 统计分析标准教程. 北京: 人民邮电出版社, 2010. 68~169.

[21] Straub D. Validating Instruments in MIS. MIS Quarterly, 1989, 13(2): 223~235.

[22] 卢松, 杨兴柱, 唐文跃. 城市居民对大型主题公园旅游影响的感知与态度——以芜湖市方特欢乐世界为例. 旅游学刊, 2011, 26(8): 45~52.

[23] 荣泰生. AMOS 与研究方法. 重庆: 重庆大学出版社, 2009: 13.

[24] 吴明隆. 结构方程模型——AMOS 的操作与运用. 重庆: 重庆人民出版社, 2009: 68~270.

[25] 沈月. 国内游客低碳旅游认知度与消费调查研究. 现代经济信息, 2013(13): 357~358.

[26] 张树夫. 旅游心理[M]. 北京: 中国林业出版社, 2000: 117~136.

[27] 吴春梅, 张伟. 居民低碳认知态度与行为的实证研究. 技术经济与管理研究, 2013(7): 123~128.

[28] 朱定国, 康善招, 姚小远. 组织行为学. 上海: 华东理工大学出版社, 2007: 71.

[29] Ajzen I. The theory of planned behavior. Organizational Behavior and Human Decision Processes, 1991, 50(2): 179~211.

[30] 孙晓, 赵华兰. 旅游行为的心理学相关研究. 绥化学院学报, 2010, 30(2): 75~77.

[31] Hamilton J M, Maddison D J, Tol R S J. Effects of climate change on international tourism. Climate Research, 2005, 29(3): 245~254.

[32] WTO. Climate Change and Tourism. Proceedings of the 1st International conference on Climate Change and Tourism. Djerba, Tunisia, 9~11 April 2003.

[33] 艾静超. 沈阳市居民低碳旅游认知水平调查研究. 现代商业, 2013(36): 274.

[34] 郭蓉, 吴长年, 何芸. 从生态旅游到低碳旅游——从理念到实践. 环境保护科学, 2011, 37(2): 48~50.

[35] 马驰, 丁俊慧. 基于低碳经济的旅游业发展对策研究. 现代经济(现代物业中旬刊), 2009, 8(7): 17~19.

[36] 刘亚萍, 刘庆. 低碳旅游认知和意愿与行为差异分析——基于南宁市两组不同人群的实证分析. 人文地理, 2013(4): 132~139.

[37] 刘啸. 论低碳经济与低碳旅游. 中国集体经济, 2009(13): 154~155.

[38] Stefan Gössling, Brian Garrod, Carlo Aall, et al. Food management in tourism: reducing tourism's carbon 'foodprint'. Tourism Management, 2011, 3(32): 534~543.

[39] Lin T P. Carbon dioxide emissions from transport in Taiwan's national parks. Tourism Management, 2010, 31: 285~290.

[40] Becken S, Simmons D G, Frampton C. Energy use associated with different travel choices. Tourism Management, 2003, 24(3): 267~277.

[41] 董怡菲, 杨晓霞. 国内外低碳旅游研究综述. 西南农业大学学报(社会科学版), 2011, 9(12): 5~11.

[42] 郑岩, 黄素华. 国内游客低碳旅游感知与消费调查研究. 经济研究导刊, 2011(3): 163~164.

第5章 苏南旅游业低碳化转型的系统模式

5.1 苏南旅游业低碳化转型系统模型

5.1.1 旅游业转型发展的内涵

转型发展问题的一个重要背景是 20 世纪 90 年代以来，苏联、东欧等剧变后的社会转型实践。西方学者把这次社会变迁叫做社会转型，并把涉及的国家统称为转型国家。20 世纪末以来，国际学术界所谓的转型研究主要就是对上述国家这次深刻社会变迁的研究。在社会转型的过程中，各个领域和部门都会发生相应的反应和变化，旅游领域也不例外[1]。在西方旅游学术界，旅游业转型研究的重点在旅游衰退地的复兴以及苏联、中东欧等地剧变后的旅游业转型方面，重点研究旅游业和旅游者对社会制度、经济发展模式转型的响应。例如 Williams、Baláž 对捷克和斯洛伐克旅游业转型的研究、Chapman、Speake 对马耳他 Bugibba 旅游复兴的研究等[2~3]。中国旅游业的转型，一般认为有两次：第一次是改革开放初期由事业性质向产业性质的转型，又称为转轨；第二次则是进入 21 世纪以来，中国旅游业发生的转型。本文主要研究在气候变化背景下，人类为了全球与区域的可持续发展，抵制与减少碳排放（碳源），增加碳吸收（碳汇），实现从高碳发展向低碳发展转变的过程。

"型"原本指某物内部构成要素以及该物同周围他物的各种交换关系，因其有着特定而有效的组合方式，而使该物具有了相对稳定的存在方式。这里的"型"指的是事物的结构，"转"强调的是方向性变化，因此，"转型"就是事物的结构发生方向性的变化。在社会学领域，并非所有社会结构的变动都是社会转型。如果"型"只有量上的增减，而没有方向上或根本性的结构转变；或只有某一方面结构的变动，而不是全面结构的转向，都不是真正意义上的"社会转型"。从这个意义上来说，低碳旅游业转型是旅游领域以低碳为导向的方向性、全局性、根本性的结构变化。转型升级是旅游产业发展到一定阶段的必然趋势，也是旅游产业实现持续发展的必然选择[4]。我国旅游产业经过改革开放后 30 年的发展，已经形成巨大的产业规模，中国成为世界上的旅游大国，进入新的发展阶段。2008 年，在全国旅游工作会议上国家旅游局局长邵琪伟，提出"转型升级"的要求，即要转变旅游产业的发展方式、发展模式、发展形态，实现旅游产业由粗放型向集约型发展转变，由注重规模扩张向扩大规模和提升效益并重转变，由注重经济功能向发挥综合功能转变。旅游业的持续快速发展，也形成了巨大的碳排放量，因此，旅游业的低碳化转型也是在节能减排背景下发展低碳经济的必然需求。

在研究转型发展问题时，人们常将"转型"与"升级"相提并论，但两者有着不同的内涵：事物的形态、结构甚至性质在内外因素的作用下，发生了变化，称为"转型"；而事物的形态、结构、性质没有发生变化，但功能、作用、能级等方面得到提升和强化，称为"升级"。例如，旅游市场由观光市场转向度假市场，是结构性变化，属于旅游市场的转型，不能认为度假旅游是高于观光旅游的形式，而称之为旅游市场的升级。但转型与升级的关系密切，相互作用、相互影响，殊途同归，最终的目的都是促进旅游产业持续健康的发展。

5.1.2 旅游产业低碳化转型的过程与内容

旅游业的低碳化转型是指依托于整个经济社会低碳化发展，以满足多元化、多层次、复合型的低碳旅游需求为出发点，以提高旅游产业素质与服务质量、优化旅游产业结构为落脚点，通过旅游企业经营方式的创新、新型低碳旅游产品的创造、政府部门对低碳旅游发展方式的引导及对低碳旅游经济运行的监管，实现低碳旅游产业素质和旅游服务质量的明显提升，旅游产业结构的明显优化、旅游产业运营效率和效益的明显提高，低碳旅游占据旅游产业主体，低碳旅游成为游客自觉选择，旅游产业的经济、社会、文化、生态效益得到全面体现的过程。

1. 旅游产业低碳化转型的动因与动力

旅游产业低碳化转型有外因也有内因。宏观环境变化是外因，旅游业自身发展需求是内因。第一，外因是在气候变化背景下全球经济走上低碳化之路，中国作为世界上最大的碳排放国家，面临着巨大的经济社会发展与缩减碳排放的矛盾与压力，每个行业每个人都有节能减排的义务与责任。苏南旅游业必须为中国的减排做贡献，并利用其作为消费产业、终端产业的传导机制带动其他产业走低碳之路。外部产生了旅游产业低碳化转型的需求拉力，微观层面的旅游企业经营范围、经营内容、竞争方式随即发生结构性变动，并导致中观层面的产业组织、产业形态、产业运行方式发生变动，最终反映在宏观层面上，旅游空间布局、发展模式、管理体制、功能定位发生转型，这是推动旅游产业低碳化转型的外部因素。第二，从产业自身发展周期来看，苏南旅游业发达，居民出游率高，旅游业已走过规模扩张之路，应该向着高质量、高效率、高效益之路转型。旅游市场对低碳生态型旅游产品、环境友好型旅游产品的需求产生了产业低碳转型的内在推力，产业的组织形式和运行方式必然要随之出现结构性转型。第三，政府高度重视旅游产业的低碳转型发展，出台若干鼓励政策，形成政策驱动力和保障力；低碳科技技术的发展、低碳经济模式的兴起、低碳文化的流行都客观上推进了旅游产业的低碳化转型，形成重要的支撑力（图 5-1）。

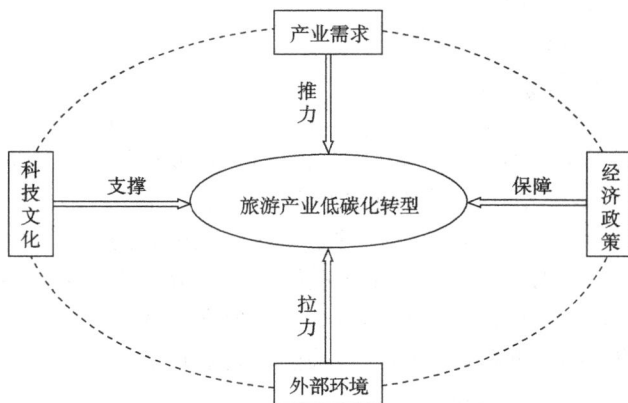

图 5-1 旅游产业低碳化转型的动力机制

2. 旅游产业低碳化转型的内容

1）旅游市场转型

旅游市场需求的变化是旅游产业调整的前奏和动因，旅游市场的转型是旅游产业低碳化转型发展的风向标。旅游市场的转型要适应旅游需求的变化，力求进行准确的定位，适时调整和提升市场营销策略，同时兼顾国内和国际两个市场，构建结构合理、开发有序的低碳旅游客源市场体系[4]。

从对苏南居民的调查可以看出，居民对低碳旅游表现出明显的兴趣与参与热情。低碳旅游市场潜力巨大，只要我们采取恰当的营销策略，就可以启动市场，实现传统旅游市场向低碳旅游市场转型。从国际旅游市场看，国际旅游者成熟度比国内要高，体现出更强的社会责任感和低碳环保意识，所以国际低碳旅游市场的空间也非常广阔。

2）旅游产品转型

旅游产品直接面对旅游市场，是旅游产业低碳化转型的核心要素，也是旅游产业能否实现低碳化转型的钥匙。旅游产品低碳化转型是要根据游客的低碳旅游需求进行设计与创意。确保在低碳环境的前提下，保证游客具备良好的旅游体验，并且能有效控制成本，不会过多增加游客的财务负担。要充分利用先进的低碳科技成果以及文化创意产品来创造游客喜闻乐见的低碳旅游产品、多样化的低碳旅游产品体系。

3）旅游企业运营管理转型

旅游企业低碳化运营管理转型是旅游产业低碳化转型在微观层面的反映。为了适应低碳旅游的需求，旅游企业的运营管理要以提高管理效率和顾客满意度为目标努力实现节能减排，创新经营管理模式。充分利用网络技术、电子商务手段，实现管理从传统向信息化、低碳化的转型。

4）旅游产业结构与功能转型

旅游产业要从小旅游走向大旅游，从传统的六要素全面扩张，通过产业融合，延伸到各个相关行业，推动旅游增长方式逐渐从粗放型规模扩张向低碳集约型效益提升，从过分追求经济效益到普遍强调综合效益转型。

低碳旅游使旅游产业在功能上也发生变化，从单纯的经济功能向综合性的社会功能转变。旅游成为国民生活中不可或缺的一部分，嵌入社会生活，成为经济发展外溢的"福利"。低碳旅游将环境与生态放在首要的位置，使得旅游业深深地打上了环保的烙印，低碳旅游的社会功能、公益功能、教育功能、文化功能不断上升，并最终占据主导地位。

5）政府职能与旅游管理体制转型

长期以来，"政府主导"是中国旅游业发展的基本模式，在培育产业，加速旅游开发与发展方面功勋卓著。然而，低碳旅游是旅游产业发展到一定规模后，为实现生态环境目标而产生的新型旅游产品，在低碳旅游发展中要注意发挥政府引导的正效应，但要避免"政府主导"带来的资源配置效率低、企业发育水平低、产业效益水平低等弊端。因此，要注意让市场发挥资源配置的决定性作用，政府职能要从"先驱者"、"主导者"向"协调者"、"监管者"转型。

5.1.3　低碳旅游系统构成

1）旅游系统

系统指的是由若干要素按一定结构形式构成的具有某种功能的有机整体。旅游系统是系统理论在旅游领域的运用。旅游具有复杂性与综合性特点，与许多行业和部门都有着密切的联系，应用系统的理念可以较好地理解旅游现象及其运行规律。早在 20 世纪 20 年代，国外学者就提出了区域旅游系统（regional tourism system，RTS）的概念。此后，不少学者对旅游系统进行了定义。归纳来言，旅游系统是由在一定的环境中由旅游主体、旅游客体和旅游媒体等若干要素按一定结构形式构成的具有特定功能的有机整体。将旅游系统落实在空间上，Leiper 提出了空间旅游系统，主要包括：旅游者、旅游业、客源地、旅游通道和目的地 5 个要素[5]。从地理学的角度来看，旅游系统主要由旅游客源地、旅游目的地和旅游通道组成，如图 5-2 所示。从旅游功能角度看，旅游系统的结构主要包括客源市场系统、出行系统、目的地系统与支持系统[6]。

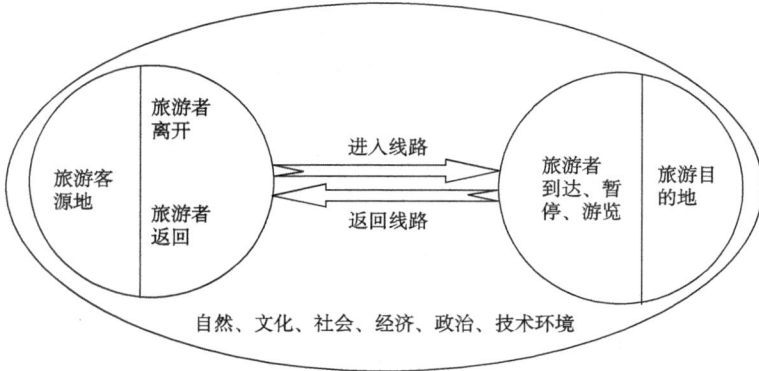

图 5-2　旅游系统（Leiper,1979,1990）

2）低碳旅游系统

　　旅游系统理论是旅游业低碳化转型系统模式构建的理论基础。基于旅游系统理论，如何实现旅游系统的低碳化运行，是旅游业低碳化转型发展的本质[7]。即在旅游产业低碳化转型过程中，基于旅游系统的供给子系统（旅游目的地资源与产品）、需求子系统（旅游市场与游客）、中介子系统（旅游媒介与运输企业）、支持子系统（旅游基础设施与政策）等旅游系统要素，围绕旅游运营中形成的客流、信息流、物质流、资金流、能量流等旅游流，通过技术创新、管理方式变革、生产与消费模式转变等手段，实现旅游系统的低碳化转型，从而降低碳排放，减缓旅游业对环境及全球气候变化的影响，获取经济、社会与环境综合效益。

　　旅游产业低碳化转型发展系统由多个子系统构成，其中动力系统是由需求系统（低碳旅游消费）的牵动和供给系统（低碳旅游产品）的吸引所构成，并由中介系统进行低碳消费宣传与引导、低碳支持系统作为发展条件，多个因素相互联系的互动型动力系统（图 5-3）。需求系统包括旅游者的环保需求、对生态旅游产品的偏好、低碳理念与意识、低碳出游行为、自身的经济承受能力和闲暇时间等因素，对低碳旅游产生消费牵动力；供给系统包括低碳旅游资源与景观、低碳旅游设施、低碳旅游活动、低碳旅游产品、低碳旅游服务、低碳旅游管理、低碳旅游商品等，形成低碳旅游的产品吸引力；中介系统包括低碳旅游形象树立与识别、低碳口碑效应、公共关系与宣传广告推介、低碳交通与低碳中介的组织、低碳营销等，对低碳旅游形成消费引导；支持系统包括社会低碳基础设施建设、低碳环境、低碳文化氛围、低碳通勤、低碳政策、低碳人才与低碳科技等，为低碳旅游提供发展的基础。在需求系统与支持系统、中介系统地互动中，需求系统推动中介系统的服务，促进支持系统的发展，中介系统激发需求系统的旅游动机，支持系统对需求系统提供辅助决策作用。在供给系统与支持系统、中介系统的互动中，供给系统促进支持系统的结构优化，充实中介系统的服务内涵；支持系统则为供给系统提供了良好的发展条件，中介系统则为供给系统吸引来游客与消费。

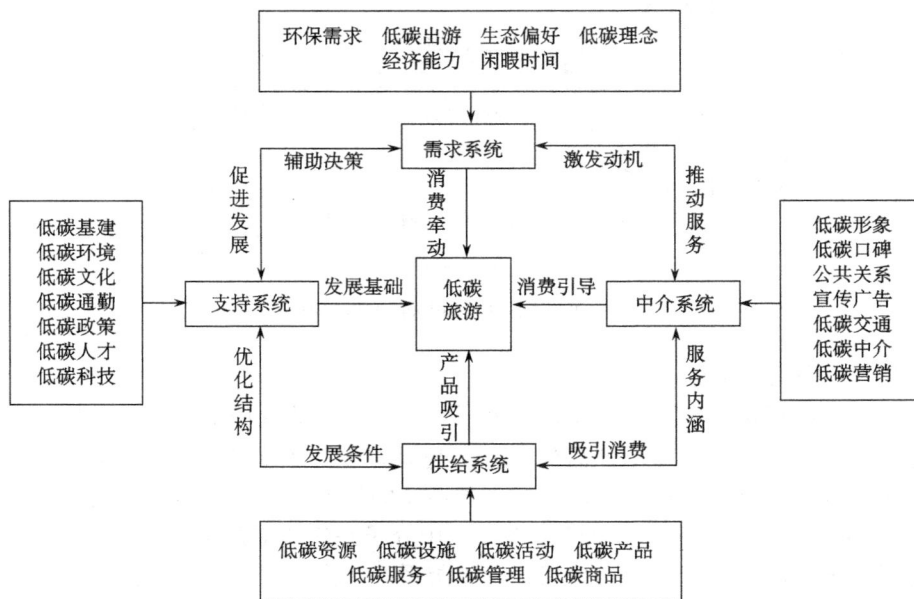

图 5-3　旅游产业低碳化转型发展的系统模型

3）低碳旅游系统的核心要素

在旅游产业低碳化转型系统中，处于核心要素地位的主要是供给系统——低碳旅游目的地、需求系统——低碳旅游消费方式以及中介系统——低碳旅游交通方式。

低碳旅游目的地主要是为旅游者提供全方位的低碳旅游服务与体验，包括观光浏览、休闲娱乐、食宿购物或相关服务的旅游目的地。低碳旅游目的地的内涵主要包括低碳旅游吸引物、低碳旅游设施、低碳旅游体验氛围与环境、碳抵消与碳汇服务等核心要素。低碳旅游吸引物既包括湿地、森林等自然景观，也包括人工的低碳旅游吸引物与景观，如低碳建筑、环保设施、低碳产业示范园，还包括康体休闲、文化创意等多种低碳旅游活动。低碳旅游体验环境是基于自然碳汇机理所营造的一种和谐、自然、高品质的旅游体验环境，通过碳汇机制实现碳中和或碳平衡，使旅游目的地不仅实现"零排放"，还能进一步成为区域的碳汇。

交通是旅游碳排放的主体，实现低碳旅游交通是实现低碳转型的核心要素，包括航空旅游交通模式与地面交通模式。减少长途航空旅行、使用低碳绿色能源的交通工具、多使用自行车与徒步旅行，既是一种良好的旅行体验又是减少交通碳排放的重要手段。

低碳旅游消费方式是游客在旅游过程中，尽可能减少碳排放，并消费低碳旅游产品、购买低碳旅游服务的一种行为。这是一种高端旅游消费方式，要求旅游者具有较高的素质、环境责任感，并有低碳消费的意愿。

5.2　苏南旅游业低碳化转型的系统模式

5.2.1　多视角的低碳旅游发展模式

1）基于生态效率的低碳旅游发展模式

低碳旅游发展模式一直是许多学者关注的热点。姚治国认为基于低碳旅游节能减排对旅游消费的约束性作用，旅游经济成为低碳经济的前提是旅游能耗与碳排放处于合理化水平。根据碳足迹、旅游经济收益与旅游生态效率之间的关系，将低碳旅游发展模式分为三种类型，即低碳陷阱模式、增长过剩模式、脱钩发展模式[8]。

低碳陷阱模式展现了激进碳减排对旅游经济增长带来的消极影响情景，指的是非理性的节能减排约束可能使得 CO_2 强制性减排指标过高，或通过经济杠杆（例如碳税）使得旅游能耗的价格过高，对旅游消费和经济效益增长存在潜在的制约作用，产生经济上的"锁定效应"，使旅游发展背上沉重的包袱，难以实现旅游发展的帕累托最优状态。这种情形下，旅游碳排放和能源消耗的减速快于旅游消费的增速，旅游经济增长乏力，旅游产业发展步入"低碳陷阱"模式。而增长过剩模式则展示了减排指标过低，旅游增长过热，旅游业对气候变化起到的作用加剧的情景。而最理想的模式是脱钩发展模式，即旅游发展的 CO_2 指标适中，旅游经济增长与旅游节能减排均衡发展，在旅游经济效益获得最大化的同时，旅游环境的负面影响最小，旅游生态效率值最佳，单位经济产出的碳排放强度位于理想区间，促进旅游产业的可持续发展。

2）基于社会发展阶段的低碳旅游模式

由于区域社会发展阶段不同，社会的资源、产品、技术、资金状况都存在差异，在发展低碳旅游时，面对这种差异要因地制宜地选择适合的模式。在以农林牧业为主导型产业的欠发达区域，农业绿色植物，特别是森林是非常理想的碳汇资源，既可以吸收旅游业排放的碳，又可以通过"碳汇"交易产生直接的经济效益，为旅游等产业的发展注入经济活力。因此，在这些区域可以实施碳汇主导型低碳旅游发展模式。在快速工业化和城市化的区域，重化工、钢铁等高耗能、高碳排放产业集中，城市不断扩张，人口持续集聚，区域经济高速发展，资金密集、技术不断创新，经济充满了活力。在这样的区域要发展低碳旅游，核心是低碳理念的培育，低碳生活习惯的形成，让人们在享受高质量生活的同时实现低碳社会环境的创造与共享。在技术与资金支持下，实施技术创新主导型低碳旅游发展模式。在现代服务业主导的发达地区，一般已步入后工业社会，高碳产业向其他区域转移，服务业为主体，具有较高的社会发展形态和产业经济活动能级[9]。在此发展阶段的区域，具有低碳技术研发的技术积累优势、人才集聚优势和资金投入优势，在低碳技术创新领域具有领先地位，掌握低碳话语权，并能率先实施最新的低碳规范与标准、传播低碳文化，低碳可以渗透到社会生活的方方面面，因此可以实施综合集成型低碳旅游发展模式。

3）基于主导力量的低碳旅游发展模式

马勇、陈小连根据低碳旅游主导力量的差异，总结了国内外的低碳旅游发展的三种模式[10]。第一种是"市场主导型"低碳旅游发展模式，包括"技术依托的低碳社区建设模式"、"产业转型的低碳旅游发展模式"以及"旅游者驱动的低碳旅游发展模式"。市场主导型模式主要依托市场的力量来推动，与市场的关联程度高。技术依托型模式主要依托先进的技术进行低碳社区建设，例如英国的贝丁顿零碳社区；产业转型模式是原有产业失去价值与作用，在转型过程中与先进的技术相结合，形成了低碳旅游产品，例如昔日烟囱林立、环境污染严重的德国鲁尔工业区目前已成为低碳德国、创新德国的代言地；旅游者驱动型模式主要是由于旅游者具有强烈的生态意识，引导和推动当地居民保护资源，实施低碳旅游，主要存在于生态环境良好的生态与探险旅游区。第二种是"政府导向型"的旅游发展模式，包括政府主导的低碳旅游景区建设模式、政府主导的低碳旅游示范区（实验区）建设模式。政府有着推动低碳旅游发展，实施节能减排，促进产业转型升级、提高产业竞争力的使命感和责任感，又具备法规、信息、资金与人才方面的优势。在新的产业萌动中，政府的意愿往往起到主导作用，当前国内低碳旅游的发展主要是政府力量的推动。第三种是"社区模式"，社区居民是低碳旅游发展的主力军，社区居民通过身体力行共同参与到低碳旅游发展中来，包括如"台湾坪林"类似的社区模式和低碳旅游城市建构模式。

4）低碳旅游盈利模式

马勇等对低碳旅游的盈利模式进行了思考，总结提出了经营增长盈利模式、价值提升盈利模式、政策支撑盈利模式、概念体验盈利模式和碳交易盈利模式五大盈利模式[10]。经营增长盈利模式是指旅游企业通过发展低碳旅游来降低运营费用或增加营业收入来提高利润；价值提升盈利模式指的是低碳旅游带来企业内在价值的提升，实现了品牌和无形资产的增值，带来产品或服务更大的溢价；政策支撑盈利模式指的是政府为推进低碳旅游而出台的奖励扶持政策、税收、技术和资金方面的扶持与补贴；概念体验盈利模式指的是通过低碳这一时尚概念向目标市场传播旅游产品或服务所包含的功能取向、价值理念、文化内涵等，使门票、餐饮、商品、客房带来更高收益或额外增加的收益；碳交易盈利模式指的是旅游业的碳排放量远低于工业，可利用本身这一优势来参与碳交易市场，出售碳排放额度或碳汇，从而获得盈利。

5.2.2　苏南旅游业低碳化转型发展模式的影响因素

低碳旅游发展模式的选择受主客观因素的影响，既有对原有发展路径的依赖，也有基于未来发展趋势的创新选择。主观因素包括政府的意志、投资者的意愿、旅游者的意识；客观因素则与低碳旅游资源的先天禀赋、社会发展程度和科技发展水平相关。

1）政府的意志

全球气候变化及碳减排的压力使各级政府都认识到要积极参与碳减排工作，发展低碳经济，占领未来经济发展的高地。从苏南各级政府看，苏南经济发达、社会发展水平较高，但碳排放量大、环境污染也相当严重，因此各级政府都积极推进节能减排工作，大力发展低碳经济。旅游业也不例外，政府出台相应的鼓励政策号召旅游业及旅游者实行低碳出游，降低旅游企业及旅游活动的碳排放量。

2）投资者的意愿

投资者意愿投入到低碳旅游建设，是低碳旅游能够成型的重要因素。与传统旅游发展方式相比，低碳旅游需要采用先进的低碳科技或低碳设施与产品，对企业管理人员进行相关的培训，强化企业的精细化管理，这需要比以往更多的资金、时间与精力的投入。要在实现环境保护、降低及至消除碳排放，又不能大幅度提高旅游产品成本的前提下，取得良好的经济效益。

3）旅游者的意识

旅游者的低碳意识与低碳旅游产品需求改变了以往的消费模式，促进了旅游地发展模式的革新。在一些欠发达地区，旅游者的低碳意识直接驱动了当地低碳旅游的发展。在发达地区，旅游者的低碳意识是当地旅游业向低碳方向转型的重要动力。

4）低碳旅游资源禀赋

森林、湿地等低碳自然旅游资源富集的旅游地，由于碳排放量少、碳汇量多，开发低碳旅游产品，组织低碳旅游活动具有先天优势，因此，很容易接受低碳旅游理念，大力发展低碳旅游，率先成为低碳旅游示范区或低碳旅游实验区，如江苏大丰麋鹿自然保护区、安徽黄山景区等。另外，在低碳科技发达的城市出于壮大低碳科技实力，宣传与营销低碳旅游产品的需求，人们也乐意选择低碳旅游发展模式。

5）社会发展程度

人类发展过程中，在取得辉煌成就的同时也在不断制造问题。从工业社会到后工业社会，人们认识到发展中出现的问题，如环境问题、气候变化问题已经到了不解决将危及整个人类生存的时候。于是人类开始调整发展方式，走可持续发展之路。所以，低碳经济、低碳旅游是人类社会发展到特定阶段的必然结果。社会发展能为低碳旅游提供低碳教育、低碳公共服务、低碳科技与人才，才能使低碳旅游真正实现。

6）科技发展水平

科技与人才是低碳旅游发展的重要因素。节能减排需要太阳能、风能、水能、潮汐能等新兴能源作为替代能源，这需要人类大力研发大规模、低成本的绿色能源转化技术。对现有的设施设备进行改造，提升能源效率也是现阶段向低碳旅游发展的有效途径。这些都需要科技发展与人才进行支撑。低碳交通工具、低碳旅游设施的研发等都需要科技发展作为支撑。

5.2.3　苏南旅游业低碳化转型发展的系统模式构建

本研究根据低碳化旅游转型的系统模型，从环境—产业、产品供给—消费行为等角度提出苏南旅游业低碳化转型的系统模式，包括低碳供给模式、低碳需求模式、低碳中介模式和低碳支持模式。

1. 低碳旅游供给模式

旅游供给是指在一定时期内以一定价格向旅游市场提供的旅游产品的数量，具体包括旅游目的地向旅游者提供的旅游资源、旅游设施和旅游服务等。

低碳旅游供给模式则是指从旅游供给的角度出发，即从旅游地、旅游产品的角度出发，采用低碳的开发和建设模式向旅游市场提供低碳型的旅游产品。根据旅游供给内容的不同，低碳旅游供给模式可以分为低碳旅游资源模式、低碳旅游设施模式、低碳旅游产品开发模式、低碳旅游景区模式、低碳旅游示范区与"碳中性"旅游模式等。

1）低碳旅游资源模式

（1）概念及内容

低碳旅游资源供给模式也可以称为低碳旅游吸引物模式。旅游资源也即旅游体系中的旅游吸引物，而旅游吸引物是指自然界和人类社会中，对游客产生吸引力的各种事物和因素。低碳旅游资源模式中的低碳旅游吸引物从两个角度理解，一是在对旅游资源开发的过程中采用低碳的方式，尽量减少在开发时、建设过程中以及开发后的维修保养上的碳排放量；二是在选择开发的旅游资源时选择那些具有吸引力又易于开发、不需要投入大量人力、物力、财力的旅游资源或是在新建人文娱乐等旅游资源时，采用低碳的原料、低碳的方法以及低碳的管理模式。

（2）分类及旅游资源低碳化措施

旅游资源根据其内容及特点的不同可以分为人文旅游资源和自然旅游资源。旅游资源的低碳化可以从人文旅游资源和自然旅游资源两个角度进行。人文旅游资源一般是指由人类创造的反应各个时期、各民族的政治、经济、文化和社会风俗民情，并具有旅游功能的事物和因素。自然旅游资源则是亿万年间因自然地理环境演变而形成的，具有旅游功能的事物和因素。自然资源的演化不以人类的意志为转移，旅游资源的低碳化主要体现在人文旅游资源方面。

从人文旅游资源的角度看，成为低碳旅游资源，主要是利用高新技术实现低排放或零排放的人工构筑物或综合体。发展比较典型的地方有德州的皇明太阳谷、太阳能光电雕塑园、上海的 URBN 碳中性酒店等。

从自然旅游资源的角度看，低碳的旅游资源就是指那些景观本身就结构功能完整，不需要做大的修改就可以作为旅游景点。也就是在将一个景点开发为旅游景点的过程中需要付出的人力、物力、财力少，碳排放量也少。这类资源多是依赖自然形成的景观，如五指山景观、瀑布景观、悬崖景观、黄山落日景观等，这类景观在后期开发过程中需要改造和投入的人力、物力和财力更少，但同样对游客具有非常强的吸引力，甚至部分游客专门欣赏这份自然美。与人文旅游资源不同的是，自然旅游资源开发完成以后在维修和管理方面需要的投入也很少。

2）低碳旅游设施模式

（1）概念及内涵

旅游设施是指旅游目的地旅游行业人员向游客提供服务时依托的各项物质设施和设备。它包括交通运输设施、食宿接待设施、游览娱乐设施和旅游购物设施等。低碳旅游设施模式是指在旅游设施的选购、使用、管理中融入低碳的理念，使得各项旅游设施的碳排放达到尽可能的少。这就要求旅游的各项设施都实现低碳化。

（2）旅游设施低碳化

旅游设施低碳化包括低碳旅游交通、低碳食宿接待设施、低碳游览与低碳娱乐设施、低碳购物设施等方面。

低碳交通是指在交通出行的各个环节全面关注温室气体的排放问题，通过对运输结构和运输效率的优化，最大程度的减少碳排放总量，低碳交通表现为低能耗、高便捷性、高灵活性、高舒适性等特点[11]。

目前国内的城市低碳交通规划还较少，山东蓬莱市城市交通规划中有设计低碳旅游交通规划，这是低碳交通方面的一个实践和尝试。蓬莱市的低碳交通规划秉承公共交通+慢行交通及协调城市空间布局、土地利用和旅游交通发展的理念，针对蓬莱市面临的交通问题对蓬莱市城市发展低碳交通做出了合理的规划。蓬莱市旅游交通原来面临十分严重的问题：一是旅游交通给城市交通系统带来压力，因为蓬莱市的大多数旅游景区位于市中心区域，旅游交通在很大程度上是依赖城市交通系统，而旅游景区附近功能高度集中，使得通勤、过境和旅游交通之间相互交织，交通拥堵问题严重；二是私人小汽车直达核心景区，对景区造成许多负面影响，蓬莱市自驾游客比例很大，给核心景区带来很多的噪音和污染，不仅影响景区的环境质量，也给游客的安全带来隐患，核心景区停车位严重缺乏，旅游旺季汽车占据车道和交通拥堵问题更加严重。低碳旅游交通规划从四个方面展开，即从交通与土地利用的相互协调、低碳交通系统的布局、交通设施的规划以及交通组织管理。并且依据蓬莱市的城市发展定位和旅游资源布局，从三个空间层次（城市中心区、核心景区及小景区）提出适应低碳交通发展的策略框架。最终得出了四个主要的规划成果，即有层次分明、功能明确的公交系统规划；强化公交枢纽的换乘功能，蓬莱市旅游专用换乘枢纽针对旅游旺季高峰客流进行有效运输和组织，实现小汽车、公共交通、出租车、景区环保车以及步行等多种交通方式的有机衔接；慢行交通体系的建构；建设与管理并重，以交通管理提高旅游区内环境质量[12]。低碳旅游交通设施包括运用大型低能耗、低排放的公共交通代替私人小汽车，发展电动汽车、电瓶车，构建自行车道以及步行道，鼓励游客使用自行车或徒步等。

实现食宿接待设施的低碳化，在宾馆和饭店的建设中提倡使用低碳环保材料，尽量减少建设奢华的、华而不实的高级公寓式酒店。应该鼓励游客自带洗漱用具，或者建议旅馆实行收费策略。游客若使用自带洗漱用品可适当减少其住宿费用，反之则增加适当费用以支付使用这些一次性用品所产生的碳排放，并向游客说明这些钱的收取是为其多排放的碳买单，以此让游客有在旅途中减少碳排放的意识；餐馆取消一次性餐具的供应，全部使用可循环的餐具，循环使用的餐具消毒要透明化，消除游客的卫生担忧，若游客坚持使用一次性餐具，餐馆可以用另行收费的策略，尽量减少使用量；在宾馆餐饮鼓励"光盘"行动，若剩余则要另行付费，鼓励客人将剩余饭菜打包带走，避免浪费。此外，为减少可能存在的浪费，在食物供应环节中，建议实行半份制，即销售或购买的菜肴是原来的半份，价格减半，分量减半，不仅可让游客花同样的钱品尝更多的美食，同时可以减少食用不完导致的浪费现象，而且可以减少制作这些多余菜肴过程中所产生的碳排放。这些都需要政府部门的鼓励和监督，同时要积极向这些食宿提供者宣传低碳知识，让经营业主主动、积极配合食宿接待设施低碳化的实施。

使用电子门票与电子门禁系统等智慧旅游系统是游览娱乐设施和旅游购物设施低碳化的重要手段。智慧旅游系统使景区运营管理以及游客的游览智能化，减少不必要的物流和原材料的消耗，提高景区效率，从而减少碳排放。为促进低碳景区建设，第一，要根据游客流量和消费能力计算与合理规划景区内部游览设施和娱乐设施的空间布局，娱乐设施与购物网点尽量布局在同一位置，形成集聚效应，同时应根据游客量合理设置购物点和娱乐设施点的数量，既要避免数量太少造成服务无法跟进，也要避免过度建设造成资源的浪费。第二，对旅游购物网点的环境合理配置，可以根据所出售的商品类型和特色，充分利用当地的原材料，对网点的招牌，房间风格，商品展示橱窗等方面设计独特的风格，同时注意室内光线、色彩搭配、空气清新度、主体背景等，既让游客感觉温馨有特色，又能节约装修材料的购买和运输费用，减少购买运输途中的碳排放量。第三，完善旅游购物场所的辅助购物设施，实现服务区功能综合化。在购物网点适当开设一些餐饮娱乐的设施，将旅游购物网点发展成为集购物、休闲、餐饮为一体的多功能复合体，把食、住、行、游、购、娱结合成一个有机综合体，减少游客出行购物、娱乐等的次数和距离，减少这些活动过程中产生的碳排放量。第四，对景点游客流购买力进行分析，购物网点所出售的产品应该是高、中、低档次俱全，以尽量能满足所有游客的需求[13]，做到客有所购、物有所用，避免不必要的浪费。

3）低碳旅游产品开发模式

（1）概念及内涵

旅游产品开发是旅游资源走向市场最基本的，也是最重要的途径。

旅游产品，就是旅游者购买的，能够满足旅游者的旅游需求和现实购买目的的产品，它能帮助旅游者在旅游过程中实现游览需要、生活需要、娱乐需要以及购物和交通需要，并提供相关的旅游服务。低碳旅游产品开发模式是指采用经济、低消耗、低碳排放量的方式对旅游产品进行开发和生产。

（2）旅游产品开发的低碳化

实现旅游产品开发的低碳化，首先要求开发者秉承低碳开发的理念，并具体落实到各项旅游产品的设计和开发中。

低碳旅游产品开发可以从两个角度进行，一是旅游行政部门角度，旅游行政部门大力提倡生态旅游观念和低碳经济理论，为旅游产品的开发者提供基本的规范，完善旅游法律法规、制定低碳开发旅游资源的规章制度，并且积极普及生态文化知识，实施生态文化教育，培养低碳旅游开发的人才，提高旅游服务基础设施和公共服务设施的质量，为旅游者低碳化开发提供条件和便利；二是旅游企业和开发者的角度，低碳挖掘旅游产品特色，经营旅游产品品牌，合理安排和规划景观设计、旅游设施建设，节能减排[14]。

低碳旅游产品开发具体措施还可以在景区内提供低碳旅游咨询、提供低碳饮食资讯，如在景区内凡是响应不使用一次性餐具、落实垃圾分类回收、不主动提供包装塑料袋、优先使用当地食材、达到节能减排要求的商家可以评定为"低碳营业商店"，同时可对这些商店做适当经济补偿或采取其他优惠政策与措施进行奖励，以鼓励景区内商家加入到低碳旅游的大队伍中来。有条件的景点还可以配备专职的低碳导游，在导游讲解过程中融入低碳的知识，向游客宣传低碳的意识[15]。

旅游线路也属于旅游产品的范畴，在旅游产品开发的低碳化中要求设计旅游线路时尽量线路简短，选择低碳交通工具、低碳住宿和餐饮产品等。这就要求游览线路的设计根据景点的分布合理组合，不走回头路。

4）低碳旅游示范区模式

（1）概念及内涵

低碳旅游示范区是指在特定的旅游地理区域，以提供低碳的旅游产品和设施，倡导低碳旅游理念为特色的，能对旅游行业起到示范作用的旅游区。低碳旅游示范区的特点体现在其低碳主题上，也体现在其示范性上，即不仅要突出对低碳的践行，也要突出其构建的科学性与规范性[16]。

在低碳理念逐渐形成共识后，为了推动旅游业界低碳发展，中华环保联合会和中国旅游景区协会等单位联合在全国开展低碳旅游示范区评选活动。该活动2010年正式启动，先后有500余家景区提交了申请报告，体现了极大的参与热情。2011年1月，黄山等50家旅游景区入选了首批低碳旅游实验区。2012年9月在全国低碳旅游发展大会暨全国低碳旅游示范区授牌仪式上一共有19家景区，被中华环保联合会和中国旅游景区协会等单位评为首批全国低碳旅游示范区。这次大会被誉为我国旅游行业首次"碳中和"大会，对推动低碳旅游的发展产生了深远的影响。在19家景区中苏南就有四个景区，分别是江苏水乡周庄景区、江苏南京夫子庙秦淮风光带、江苏常州春秋淹城景区、江苏无锡太湖鼋头渚风景区。

（2）建立低碳旅游示范区

低碳旅游示范区的构建可以从以下几个方面入手：第一，规划和开发低碳主题的旅游产品或游览项目；第二，规范旅游企业的行为，在旅游接待中餐饮、住宿、交通、娱乐等方面趋于低碳化；第三，倡导低碳的旅游方式，鼓励游客践行低碳，减少旅游过程中的碳排放量；第四，优化景区的管理体制，建立景区低碳旅游评价体系。构建低碳旅游示范区是推行低碳旅游的重要方法，它将低碳旅游理念转变为实践[17]。具体而言，政府要积极引导旅游企业和游客低碳化，景区内部应该积极引进低碳设备和低碳技术，节约能源，淘汰高能耗的装置，使用节能和可以循环利用的能源，对合适的景区建筑进行适度的改造，倡导绿色建筑，尽量就地取材，物尽其用。引进低碳技术，如"碳中和"技术、低碳新能源技术等，科学处理景区运营管理和游客消费过程中产生的二氧化碳。

而低碳旅游示范区的创建必须建立和实施低碳旅游运行机制，将制定的各项低碳标准落到实处。定期记录旅游区运行情况和面临的突出问题，将收到的反馈信息及时融入运行机制中，对建立的低碳旅游示范区不断完善，使之符合当地旅游发展的具体情况。应该建立景区内低碳旅游评价体系，对景区内的植被覆盖率、生物多样性、地表水环境、污水排放达标率、景区空气污染指数、交通工具碳排放量、景区道路绿化率、引导标识生态化（即采用生态原料的比例）、生态停车场的面积比例、低碳旅游知识的宣传和介绍、对当地居民的低碳环保教育、员工低碳知识每年培训次数、景区酒店"碳补偿"活动、景区低碳环保材料的使用程度、景区节能设施使用率、当地政府对景区低碳的支持力度、游客低碳环保意识、景区低碳保护规划[18] 等进行评估。

低碳旅游示范区是具有示范性、典型性的低碳旅游区。江苏南京夫子庙秦淮风光带是南京市唯一的一个低碳旅游示范区，为了打造这个低碳旅游示范区，在 2006 年制定秦淮区"十一五"环保规划时，就已经把打造夫子庙—秦淮风光带"绿色景区"纳入主要工作目标。夫子庙景区内第三产业每年的资金投入有 20%用于环保建设。景区已经逐步形成了低碳的理念，如作为排放大户的白鹭宾馆先后投入几百万元，对燃煤锅炉进行改造，实现二氧化硫减排 60%。现在夫子庙景区内企业已全部实现使用清洁能源。至 2011 年，夫子庙景区内餐饮企业，通过设备改造，油烟排放达标率在 85%以上；污水通过隔油、隔渣，全部达标排放；餐厨垃圾则统一运送到专门的回收处理厂进行处理；景区内企业尤其是能源消耗大户逐步实现水回用；通过污水管改造和安装纳米气泡净化设备，有效提高了秦淮河河道水质；另外，大力倡导公共交通，禁止旅游车辆进入景区，并于 2011 年建成全国首个景区内电动汽车充换电站，不仅可以为景区内电动汽车提供服务，来宁旅游观光的电动大巴也可在此充电[17]。现在的南京夫子庙景区，工作日每日的游客量在 15 万以上，节假日的人流量是平时的两倍多，但环境质量、景区秩序比以前更好，碳排放量也大大降低。

5）"碳中性"旅游模式

（1）概念及内涵

所谓"碳中性"，就是不给地球增加额外的温室气体负担，具体来说是人们计算自己日常活动直接或间接产生的二氧化碳的排放量，并计算抵消这些二氧化碳所需的经济成本，然后通过付费的方式给专门的机构或企业，由他们通过植树或者其他环保项目来抵消大气中相应的二氧化碳量，擦净自己的碳足迹[19]。

（2）创建"碳中性"旅游

现在已经出现的有关"碳中性"的概念中，有包括"碳中性"国家（挪威、冰岛、新西兰、哥斯达黎加四国已经宣布将全力打造和成为全球首个"碳中性"国家）、"碳中性"旅行、"碳中性"酒店（如上海的 URBN 酒店）、"碳中性"企业（如汇丰银行）、"碳中性"电脑（戴尔提出消费者付费，他们以种树的方式帮助消费者抵消电脑产生的二氧化碳）等[19]。创建"碳中性"旅游产品或旅游目的地是一项创新性、创意性与革命性的行动。需要把旅游企业生产及经营过程中、旅游者消费过程中所直接或间接产生的二氧化碳测算出来，并通过增加碳汇、转移支付等手段抵消所产生的碳排放，从而实现旅游零排放。例如：上海市的 URBN 酒店，中国第一家"碳中性"酒店。该酒店由一家工厂的旧仓库改造而成，整个酒店的修建和运营都体现着环保的理念，每一道工序都力求降低碳排放量。尽可能循环利用本土材料，避免砍伐树木和减少污染。酒店的木头都采用回收的上海老硬木；墙壁上的砖头购自苏州拆迁旧房的老砖。酒店采用水系统中央空调，不加氟里昂；为了减少运营中的碳排放，酒店采用无源太阳能天窗、双层玻璃窗和低瓦数的照明设备。酒店共有 26 间亚洲风格的客房，每位客人的人均绿地面积为 6 平方米，在酒店进门处设有一个流动水渠，主要用于收纳和贮存天然雨水以循环利用。同时，酒店中的员工交通、饮食输送以及每位宾客在使用酒店过程中产生的能源消耗都会被记录下来，由国际权威环保组织计算出每天的碳排放量[20]。因各种低碳设施以及抵消碳足迹增加了酒店的建设和运营成本，这部分消费由造成这些碳排放的消费者买单，这使得 URBN 酒店的住宿费相对高于他类同档次酒店，客人的住宿费用中就包含了消费者为自己产生的碳排放量埋单的部分。

这类"碳中性"酒店在创建之初因为所需要的资金成本和游客的入住消费，更适合布局在南京、苏州等具备较强经济实力、拥有一批有强烈的环保意识、较强的资金实力、时尚消费理念的消费群体的城市。随着现在环境问题的日益严重，建立这类适应环保、符合低碳理念的酒店是有必要而且可行的。

6）低碳旅游景区模式

（1）概念及内涵

参照《低碳经济的概念辨识及评价指标体系构建》[21]，低碳旅游景区与景区的发展阶段、资源环境、减排技术、消费运营、政策理念五个因素密切相关[22]。景区的发展阶段，它包含的意思是景区在向低碳景区转型的起点，是处于景区发展的不同阶段。因为阶段的不同会导致景区在低碳化转型中对路径的选择和减排成本都会有所不同；资源环境是一种基础条件，一般包括太阳能、核能、风能、水能等清洁的能源；减排技术涉及的是对资源循环的利用率和高新低碳技术设备的研发方面；消费运营包含的意思是指景区在运营过程中的低碳消费习惯和景区运作方式；政策理念是景区低碳转型的机遇和外在刺激因素[15]。

（2）创建低碳旅游景区

创建低碳旅游景区是一个系统工程，从低碳旅游资源、低碳旅游设施到低碳旅游产品和低碳旅游管理与服务都为低碳旅游景区的创建贡献力量，力求将景区的碳排放降到最低。创建低碳旅游景区最具代表性和典型性的要数台湾的坪林低碳旅游景区。台湾的坪林低碳旅游景区创建于 1997 年，由台北县政府低碳中心策划。坪林低碳旅游景区实施低碳旅游遵循四个原则：即走路骑车共乘好，自备餐具不可少，当季当地饮食好，只留回忆垃圾少[15]。

坪林的低碳旅游特色主要从六个方面体现：第一，低碳交通。坪林低碳旅游景区遵循共乘前往、交通管制和低碳换乘三个方法，同时鼓励游客步行或以骑自行车的方式进入坪林景区，尽可能地减少运输所造成的二氧化碳排放量。第二，低碳资讯。台湾的坪林低碳景区设立了"台北县坪林低碳旅游服务中心"，这个主要可以为游客提供低碳旅游资讯，还有一些关于饮食地点分布、自行车停放地点等的信息可以很方便地获取，也便利了游客的游览；标示"低碳营业商店"，这个方法不仅有利于低碳旅游景区的创建，还可以鼓励全民参与到低碳旅游活动中来，能获得这个标志的商店一般具有这样一些特点，不使用一次性餐具、对垃圾进行分类回收、餐饮食材的采购优先选择当地的、不主动向游客提供塑料袋包装；配备专业的低碳导游，低碳导游会在为游客讲解景点的过程中融入低碳知识，同时还可以介绍该景区的低碳理念和具体的正在进行中的低碳过程，这是宣传也是引导。第三，低碳行为。主要是游客对自己产生的垃圾的回收和在游览过程中自备环保餐具等行为；第四，低碳活动。坪林景区结合坪林的商业街、登山步道、观鱼自行车道、茶叶博物馆等观光资源，利用这些设施组织游客参加这些体验坪林低碳生活的活动，具体的有读书、喝茶、观鱼、骑自行车、品尝当地美食等。同时在坪林景区旅游的游客还可以参加种"低碳纪念树"活动，这类活动极具参与性，有助于游客加深对坪林景区的印象，对低碳旅游的理解。第五，低碳记录。坪林景区设置了台湾第一个"碳减量计数器"，在每次活动结束后，导游会引导游客计算他们在游览过程中产生的二氧化碳量，并与一般的旅游模式进行对比，让游客能够量化地感知低碳旅游模式对减少碳排放量的贡献，让游客能切身感受自己为减少温室气体排放做出的有结果的努力，可以增加游客对低碳旅游的认可。第六，低碳效益。据台北县政府环保局的数据，坪林低碳景区举办的一个为期五个月的低碳旅游活动，旅游人数增加了两万多，创造了约八百万的经济效益，为坪林提供就业人数 39 人，其减碳效益约 48726kg，相当于一年内植树一万棵。

2. 低碳旅游需求（行为）模式

现代社会人们受教育的程度越来越高，低碳行为方式也越来越被大众所接受和倡导，低碳理念的推广收效也很显著，但是对很多游客来说，他们虽然知道低碳旅游的重要性，并且愿意接受低碳旅游的方式，却并不清楚什么样的方式可以减少个人的碳排放，所以对于旅游者而言，构建低碳旅游行为模式最重要、最根本的前提是树立"低碳旅游"的意识。正确的行为观念才能更好地指导人们的行为，低碳旅游行为模式才能更好地实行。

旅游者的旅游活动贯穿于食、住、行、游、购、娱各个环节。具体而言，低碳旅游行为有低碳旅游消费、低碳出行等。低碳旅游消费方式要求在旅行过程中尽量减少碳排放量，具体的有低碳旅行、低碳住宿、低碳游览、低碳购物、低碳饮食。

1）低碳旅行模式

低碳旅行的开展主要在于交通工具的选择，作为旅游者，低碳旅行模式就是选择碳排放量更少的交通工具，尽量不选择飞机这种排碳量高的交通工具。游客对于长途旅行，可以选择火车、轮船，甚至是长途汽车，这些交通方式相对于飞机和自驾车而言碳排放量更少。路程比较短的一日游尽量考虑徒步旅行或者骑自行车出游和乘坐公共交通前往，这些交通方式在旅行中是最环保、碳排放量最少的方式。在进入旅游景区城市时，游客应该尽量选择乘坐公共交通的方式到达下榻饭店和旅游景点。在旅游景区内部，地势平坦的景区，若是景区范围不大尽量步行；对范围大的景区可以选择乘坐景区内部的公共交通、电瓶车等交通方式；对垂直高度大的山地景区，尽量不乘索道，选择自己爬山的方式到达山顶，爬山不仅可以锻炼身体，细致地欣赏和感受沿途的风景，还可以大大减少登山过程中产生的碳排放量。

　　苏南地区旅游资源丰富，吸引半径长，许多景点对全国游客甚至国际游客都有较强吸引力，如南京的总统府、中山陵、夫子庙、侵华日军南京大屠杀遇难同胞纪念馆等；苏州园林、江南水乡古镇、苏绣艺术博物馆等；无锡的灵山大佛，中央电视台无锡影视城等；常州的环球恐龙园；镇江的茅山等，远程游客和短途游客都占有很大比重。苏南五市要实现旅游行为的低碳化，来自各地的游客在旅行途中要遵循低碳原则，坚持低碳理念，远程的可以尽量乘坐火车，少乘飞机，减少旅行途中产生的碳排放；短途旅游时，有汽车直达的可选择公共汽车交通方式，尽量减少自驾车出游。旅游景点所在城市应该积极宣传低碳交通方式的理念，鼓励游客在到达旅游景点所在城市后选择公共交通、骑自行车或徒步等低碳交通的方式完成旅游活动。

　　2）低碳住宿模式

　　游客在旅游过程中的低碳住宿模式是指在选择下榻酒店时选择具有"绿色酒店"标志或践行低碳理念的酒店，而不选择那些豪华、奢侈、碳排放量大的酒店。在酒店住宿，自带洗漱用品，拒绝使用酒店提供的一次性洗漱用品。因为酒店的一次性用品会消耗大量的树木和材料来制作，这个过程会产生大量的碳排放，拒绝使用一次性用品，酒店的需求少，对树木的砍伐也会减少，在间接上保护了环境。除了一次性用品外，游客在整个住宿过程中应该秉承节约环保的原则和理念，注意在酒店的生活细节，努力做一个环保的卫士。

　　苏南地区游客的来源广泛，除了本地休闲游憩者外，其他游客大多会选择在苏南地区过夜，低碳住宿需要这些游客在选择酒店时把舒适、便捷、经济作为主要原则，尽量少选择高档豪华的大酒店。在住宿过程中随手关灯、控制空调温度、节约用水等都可以减少碳排放量。苏南本地及附近城市的游客能当天往返旅游景点的尽量选择当天回到居住地，也减少了住宾馆所增加的碳排放。

　　3）低碳游览模式

　　低碳游览模式是指游客在游览过程中文明游览，游客不随意破坏景区的自然和人文景观，不随手扔垃圾，选用低排放、无污染、低污染的交通工具，把维护景区景色的完整和整洁当成自己的责任。游客还可参加植树造林等活动，增加碳汇以弥补因为交通运输、旅行消费所造成的碳排放，从而实现反哺环境的作用。

　　游览就是从容地在景点各处参观，欣赏风景名胜等。苏南地区自然旅游景点多为名山大川，游览模式的低碳化，需要旅游者在游览过程中坚持低碳理念，自带垃圾袋，将自己在游览途中产生的垃圾带出景区，尽量选择步行形式，不要贪图方便乘坐缆车，这样既会破坏自然景观的整体和谐感，旅游者感受不到登山途中美妙的自然景观，还会增加游览途中的碳排放量；需要游客在游览过程中注意保护环境，不要破坏原有的自然景观，随意拔草摘花、践踏植物；同时旅游者还可以积极参加景区内开设的旅游项目，如植树、观鱼等，这样不仅能减少游览途中的碳排放量，而且还可以对周围环境中二氧化碳的吸收有所帮助。苏南的人文景观大多数为寺庙、园林、人工湖泊和博物馆、纪念馆等，在这些景区游览过程中，要实现游客游览的低碳化，游客要带走所产生的垃圾、少乘坐电梯、参与低碳环保知识宣传等。

　　4）低碳购物模式

　　低碳购物模式是指游客在旅游目的地旅游过程中选购纪念品和特色产品时尽量选择使用本地原材料的商品，减少原材料在运输过程中产生的碳排放，选择包装简单而富有特色的商品，不选择过度包装、华而不实的商品。

　　现代大多数游客在一地游览之余，都会选购一些旅游纪念品转送亲朋好友或者自己留作纪念。苏南很多旅游景点历史悠久、文化内涵和地方特色浓郁，根据旅游地特色和文化，可以创作出丰富多彩的旅游文化纪念品或具有实用功能的文创商品。苏南地处鱼米之乡，物产丰富，各地都有知名的土特产，也是游客乐意购买的旅游商品。除此之外，旅游商业街或旅游商品摊点大多销售的是全国各地景区都常见的形形色色的小工艺品或旅游纪念品。要实现游客购物的低碳化，需要旅游者在游览后，倾向于选择当地的土特产和当地特色的旅游纪念品，选择用当地天然材料制作成的商品。一般这样的商品制作工序简单，耗费的人力、物力相对较少，不用挖矿、采石、砍树等大面积破坏环境，而且原料来自当地，不需要远程运输制作材料，减少人力、物力、财力的投入，减少运输过程中产生的碳排放。选择购买品种时尽量避免购买过度包装，华而不实的商品。另外，有些物品，如饮用水，能自带的就尽量自带，少买瓶罐装的水或饮料，减少制作这些瓶罐的资源的浪费，同时也减少饮用完后垃圾的产生量。

　　5）低碳饮食模式

　　游客在旅游过程中的低碳饮食模式是指游客在旅游景区就餐时选择当地特色的食物，而不大型酒店高能耗的饮食，减少用餐材料运输交通和到达酒店过程中交通产生的碳排放；点菜时根据自身的情况，选择自己能吃完的分量，而不过量点菜，以避免浪费的饮食模式；选择绿色食品，避免化肥、农药、生长激素和添加剂的使用；选择自备餐具，用餐过程中拒绝使用一次性餐具。

苏南地属鱼米之乡，菜肴美味、种类丰富、特色鲜明。在苏南旅游过程中，实现饮食的低碳化，需要游客尽量选择绿色食品和有机食品，减少人体对各种化肥、农药、食品添加剂等的摄入量；同时，尽量少带食品到旅游地，运输这些食品的过程会增加碳排放量，可以选择本地的食品，既可以品尝地方特色，又可以减少携带运输过程中的负担。点菜时注意菜的分量，不铺张浪费，旅途中，若是去餐馆就餐，最好使用自备餐具，一方面可以保证卫生，避免因使用一次性餐具可能带来的卫生隐患；另一方面也减少了一次性餐具的使用，无形中减少了为制造这些一次性产品而浪费和破坏的资源环境，也降低了自然环境为降解这些垃圾的负担。要注意尽量减少肉食的摄取，多吃素食，既有利于身体健康，也减少肉食生产、运输及制作过程中产生的大量碳排放。

3. 低碳旅游中介模式

旅游中介是指帮助旅游者顺利完成旅游活动的中介组织，也即向旅游者提供各种服务的旅游部门和企业，包括直接提供旅游服务的旅游企业、辅助服务的旅游企业以及开发旅游服务的部门和机构。

在旅游过程中旅游者要顺利完成整个过程，必须要借助所有为之提供服务的旅游中介，即旅游业。具体的包括三个方面：直接提供旅游服务的旅游企业，如旅行社、饭店、餐饮店、交通企业；辅助服务的旅游企业，如旅游商店、旅游工艺品设计与生产企业；提供旅游管理与服务的部门、机构，如政府旅游管理机构（外事办公室、旅游局）、旅游协会、旅游培训机构（旅游教育高等院校、旅游中等教育学校、短期旅游培训机构），这些都属于旅游中介[23]。低碳旅游中介模式还包括低碳旅游宣传与低碳旅游产品营销等。

在低碳旅游中介模式中涉及的主要是旅游商店、旅行社、饭店、旅游交通等要素，涉及旅游产业链的多个上下游企业。为了提高效率，降低企业沟通协作中的能耗与碳排放，可以采用的低碳旅游中介模式有旅游业的纵向一体化、旅游中介机构的网络化。

1）旅游业的纵向一体化模式

旅游业包含的范围广泛，旅游业的纵向一体化表现为两种形式：一个形式是通过兼并旅行社、饭店等旅游业上下游企业，同时介入交通领域、住宿餐饮领域等；另一个就是通过各种形式与旅游业的上、下游组织之间形成战略联盟来实现旅游业的纵向一体化。旅游业的纵向一体化，旅游业上、下游企业连成一体，这样就大大简化了以往各企业之间的协商、订购等交易程序，这种形式可以减少成本投入；更准确地把握游客的动向，反应迅速又合理地配置企业内部资源和游客资源，减少资源的浪费；可以节约交易费用，旅游业上、中、下游连成一体，各部分之间形成无缝连接。像旅行社这种上游企业就不必经常花时间去对比和挑选价格适合的交通方式和餐饮住宿酒店，纵向一体化减少了这部分的投入；同时，纵向一体化还能使企业在竞争中处于有利地位，上、下游连成一体，企业的成本降低了，在出售同样档次的旅游产品时，可以在价格上战胜竞争对手。纵向一体化减少了旅游业作为中介服务游客的人力、物力和财力的投入，降低了碳排放量，实现了旅游中介的低碳化。

旅游中介服务业的纵向一体化在欧洲已经形成一个普遍的趋势，最典型的是英国和德国。这些国家的旅游服务商通过纵向一体化优化了业务流程，降低了成本。早在 2000 年的时候，英国的四大旅游运营商实际控制了 90% 的市场份额，德国最大的三大旅游运营商控制了 83% 的市场份额。以德国的 TUI 公司为例，2002 年该公司在全球拥有 3700 家旅行社，81 个旅游运营单位和 88 架飞机[24]。这种纵向一体化的模式大大节约了交易成本和时间，能够更合理有效、有序的安排游客的旅游活动，减少了在过程中的各项支出，减少了过程中所产生的碳排放量。

纵向一体化模式的实行要求拥有足够的资金实力和行业资历，由于中国旅游业发展时间短、旅游企业规模小、实力弱，目前国内大规模的纵向一体化浪潮尚未出现，但这种发展模式是未来旅游业规模化、集约化的重要方向，尽管不能在短期内达到西方发达国家的规模，但可以作为一种模式先在小的纵向范围内进行尝试，以后逐步扩大规模和范围。苏南地区的经济水平和旅游业发达程度无论是在江苏省内还是在国内都属一流，拥有发展纵向一体化的基础条件，应该鼓励资金和实力雄厚的旅游企业进行尝试。

2）网络信息旅游中介模式

网络信息旅游中介模式是指旅游中介组织将自己的产品信息发布到网络上，以供游客查询、预订、购买的一种网络旅游中介营销模式。在旅游信息化和电子商务化浪潮下，这种形式已经普及化，许多旅行社和旅游服务机构都在网络上拥有自己的网站，给旅游者和旅行者提供即时的信息，包括旅行社的基本信息、各旅游线路的定价、团体的优惠、出团的日期等，还可以网上订购和网上支付，极大地方便了游客，拓展了旅游业的经营渠道。随着电子商务潮流的发展，许多网站可以实行网上组团、抢购优惠产品等。通过网络信息服务及旅游中介平台，游客不仅可以很方便地获得旅游目的地的信息，不再单纯地依赖旅行社和宣传材料，还可以尽兴地选择感兴趣的目的地游览、自己选择游览路线、饮食和住宿地点。这种方式对旅行社这种传统的旅游中介企业来说，可以减少其网点的设立，能更方便全面地推广公司的业务，减少投入、降低成本，但信息的透明化和在线评论透明化，也无形中迫使旅行社提高和落实旅游产品的质量；对游客来说，在获得便利的同时，信息和价格的公开化，可以让游客多方考虑、权衡选择最方便经济的旅游产品。网络旅游中介营销模式经济、安全、便捷，信息全面，游客不用走遍多家旅行社进行咨询选择，旅行社也不必大量设立网点，大大节约了人力和财力等的支出，减少了运行过程中会产生的碳排放量。

在旅游信息化的基础上，集成智能化设施与终端，智慧旅游应运而生。智慧旅游就是一种运用现代网络即时公布旅游信息，方便旅游者及时调整旅游计划和工作计划的旅游运营和管理模式。智慧旅游是由地处苏南地区的镇江市率先提出的，现在智慧旅游已经在全国 18 个城市进行试点，并产生了显著的效果。智慧旅游在某种程度上很好地解决了以往因为信息获得不通畅而造成的景点拥堵、路线堵塞等问题，并且以低消耗、低污染等特点广受旅游经营者和旅游者的喜爱。这种利用网络作为信息中介的模式，可以在苏南五市进行普及，各市和各旅游企业可以结合自身条件选择合适的网络信息方式开展自己的智慧旅游业务。

3) 低碳旅游意识培养宣传模式

实现旅游的低碳化，最核心的内容就是低碳意识的培养。意识指导行为，拥有低碳意识才会指导人们践行低碳行为。旅游中介部门低碳意识的培养就是从源头上树立低碳的意识。

具体而言，针对旅游商店的低碳化，可以提升商店经营者的低碳理念，使旅游商店出售的商品符合低碳环保的要求，尽量选用本地生产的特色土特产品，制作工艺简单，本地特色浓郁，还可以引导商店经营者合理选择规划和设计商店的内外呈现形式，讲究从内到外的低碳化。旅行社的低碳化实现，除了采用网络这种低碳的方式之外，还可以考虑旅行社网点的合理布局；同时，在旅游线路的设计和旅游产品的组合上秉承低碳理念，路线尽量直达，不走回头路，价格合理，选用低碳的交通工具。旅游饭店的低碳化，体现在饭店建筑材料的低碳化，住客消费的低碳化等方面。旅游培训机构应该开设低碳旅游的课程，努力培养具备低碳意识，践行低碳行为的导游人才。这不仅能引导导游人员在旅游过程践行低碳旅游理念，而且还能通过导游人员的身体力行以及对游客宣传低碳理念来影响千千万万个游客，真正使低碳旅游的理念深入人心。针对这种低碳的潮流，旅游行政管理机构应该积极出台相关的奖惩措施，引导旅行社、旅游企业、旅游培训机构的落实低碳理念。

4) 低碳旅游营销模式

实现旅游产品营销的低碳化，可以从以下角度入手：

第一，进行市场细分。在旅游产品营销设计中，先对游客市场进行总体分析，进而细分市场，对每一个差异化的细分市场又采用不同的营销策略。例如，针对年轻人喜欢刺激、冒险、新鲜、追求个性化的特点，可以向他们多宣传那些既富有特色，又充满刺激的有强烈独特性的景点，针对老年人喜欢舒适、安逸的特点，可多向老年游客宣传那些风光优美、气候适宜、温暖舒适的观光点或度假区；还可以根据游客的国籍、民族、职业、受教育程度、收入水平、家庭人数、家庭生命周期等方面细分游客市场，对每个不同的游客市场设计宣传策略，尽量做到针对宣传，减少宣传中的盲目宣传、无差异化宣传造成的人力、物力、财力的浪费。

第二、实行联票营销方式。苏南五市的旅游资源都很丰富，而且特色鲜明，分布又相对分散。在旅游产品的开发与促销上可以考虑联票形式，即旅游者可以购买联票在苏南五市各景点任意游览。这样可以节省印制单张门票的成本，更绿色环保；而且可以对苏南五市的旅游业循环促销，节省广告宣传费用。针对有些游客停留时间有限，可以设立每个市区内的联票。目前此促销方法在扬州市已经开始运用，但是扬州的联票只能在扬州市域范围内使用，外地游客只在扬州停留几天的就无法全部游览完，其他城市却又不能用，造成浪费；若不购买当地联票，只单独购买每个景点的门票，其价格又非常贵，所以扬州的这个联票方式受惠的只是扬州本地人，外地游客很少能享受到这种优惠，一定程度上会影响游客去扬州旅游的积极性。苏南五市在进行营销模式的选择时可以考虑联票模式，并在扬州实行的基础上加以改进。

第三，推广使用网络营销。相对于纸质宣传营销而言，网络营销覆盖的范围更广，形式更多样化，图文并茂，文字声音资料一体化，能更立体形象生动地反映旅游景区的特点，吸引力比纸质宣传大，更重要的是，电子网络宣传更节省人力、物力、财力，减少纸质的使用，减少参与人员，减少精力和时间的投入，减少碳排放。网络营销是旅游产品营销的低碳化一个很合理、重要的选择。

第四，健康营销策略。在低碳旅游营销过程中，宣传者既要自己自身行为的低碳化，也要引导游客行为向低碳化发展。例如，在宣传低碳旅游交通的时候，不仅要从低碳和环境保护的角度宣传，还可以从低碳交通方式对游客锻炼身体和能够亲近自然的方面进行宣传，让游客能够切身体会低碳旅游的好处，才能让低碳旅游的理念深入人心。

4. 低碳旅游支撑模式

旅游产业低碳化转型需要社会系统的支持，从硬件和软件方面为低碳旅游的发展提供便利的条件以及保障。政府要出台低碳政策，促使社会上要形成浓厚的"我低碳、我快乐"的低碳文化氛围，并在公共服务、低碳基础设施、低碳科技人才等方面提供保障。从软硬件方面看，低碳旅游支撑模式主要有低碳旅游文化创新模式、低碳旅游城市模式等。

1）低碳旅游文化创新模式

（1）概念内涵

旅游文化是旅游产品、品牌和游客互动的产物。文化是旅游的灵魂，就像游客在全球选择度假胜地时，多半人首选便是夏威夷，这并不是因为夏威夷的海滩、海水比巴厘岛或者地中海更加漂亮，而是因为独具文化特色的"夏威夷风情"，这种风情是夏威夷独特的文化和品牌，独一无二，迷人而无可替代[25]。

　　旅游文化是一种文明所形成的生活方式系统，是旅游者这一旅游主体借助旅游媒介等外部条件，通过对旅游客体的能动活动，碰撞产生的各种旅游文化现象的总和[26]。低碳旅游文化创新模式就是用低碳的方式对旅游文化进行创新，挖掘和传播文化的内涵，开辟新的旅游市场，重新吸引原有的游客市场，形成浓郁的低碳文化氛围，为旅游产业的低碳化转型提供文化上和精神上的支持。

　　低碳文化是低碳产品与低碳消费所体现出来的文化内涵、品位、氛围等。理解和分析低碳旅游文化可以从三个方面：一是精神层面，即低碳旅游活动及低碳旅游业经营管理活动中反映的文化心理、价值观念和思维方式等观念形态，包括旅游观念、经营意识等；二是旅游的制度层面，即旅游文化主体所处国家的管理部门及有影响的大旅游商所制定的各种法规、制度以及企业管理规则等；三是旅游文化的物质层面，包括作为旅游客体的自然景观和人文景观、旅游设施、为旅游文化主题服务的交通工具、饭店等[27]。

　　（2）低碳旅游文化创新模式

　　低碳旅游文化创新主要从低碳主体文化创新、低碳中介组织文化创新和低碳旅游客体文化创新三个角度进行。

　　旅游主体文化的低碳化创新，不仅要有旅游地以低碳的方式积极影响旅游者，让旅游者充分感受当地的低碳文化，同时有选择性的吸收来自游客的积极文化，使得两种文化在相互交流中能相互促进，共同发展，让旅游成为现代大众的基本生活方式这一观念深入人心，不断赋予低碳旅游文化以新的内涵，升华旅游文化理念；提高旅游主体的文化素质，丰富旅游者的自然知识、人文知识和社会知识；提高旅游主体的旅游审美和鉴赏能力。

　　旅游中介组织文化的创新主要是低碳旅游企业文化的创新，其主要的方法和途径有：树立"生态为本"和"以人为本"的旅游企业经营理念；创新服务意识和文化意识，提升低碳旅游企业文化品位[28]。旅游中介组织的低碳文化创新要紧抓低碳旅游产品的开发，比如塑造良好的旅游中介从业者形象，创新开发旅游地的服务文化，注重绿化旅游产品对旅游者在文化上的引导，从而提高游客的兴趣、文化修养和鉴赏能力。旅游中介组织文化的低碳创新具体体现在这些旅游企业和机构在制度、行为、物质等方面。例如，针对旅游饭店企业的低碳文化创新，可以从旅游饭店企业的物质文化（餐饮文化、娱乐文化、设施环境文化等）；行为文化（饭店员工的语言行为规范、内部服务环境的营造、饭店促销活动、客源市场的调研等方面）；精神文化（饭店的风气、饭店经营道德、经营哲学、指导理念）等方面进行创新。针对旅行社企业的低碳文化创新，主要可以从培养导游人员的文化和人格，创新设计旅游产品的文化内涵等入手。

　　对旅游客体文化的低碳化创新，采取的具体措施有：第一，使用低碳化的形式来呈现旅游客体文化，如针对人文旅游景观集中的科技馆、图书馆、博物馆等景点，引进先进的电子讲解技术设备，增加多媒体和互联网等现代化设备，将景区旅游资源以电子的形式呈现给游客，不仅动态化、形象化、全面地展现资料信息，又可以节省资料的摆放空间，减少维护管理的人员，减少珍贵的文物资料在参观过程中可能的毁坏，这就减少了整个旅游活动过程的碳排放量；第二，低碳化旅游文化产品，旅游景区一般都有当地的特色纪念品，生产制造这些纪念品可以根据景区的特色，利用当地的天然材料加工制作，减少不环保材料的使用，减少这个纪念品制作过程中产生的碳排放量；第三，对于那些风格古老的旅游景点可以因地制宜地采用一些复古、低碳的形式呈现当地文化，如某些景点使用的人力车、轿子等方式，既可以让游客亲身体验这种古老的文化特色，又可以替代景区原有其他碳排放量大的交通工具，减少碳排放量；第四，对旅游地文化内涵的深入挖掘，如对风景优美，气候宜人的旅游景点可以将养生、保健等理念融入旅游文化中，让旅游景点不仅仅只是具有游览这一项功能，使得景点可以更大范围的吸引游客，同时又不会对景点造成大的负担，物尽其用。

2）低碳旅游城市模式

（1）概念及内涵

低碳旅游城市是指基于"减排、微排、中和"的技术经济原理，在充分揭示和认知城市"碳源、碳汇、碳流"机理和现状的前提条件下，按照"低能耗、低污染、低排放与高效能、高效率、高效益"的"三低三高"要求，全面改造和提升旅游城市的旅游业等级和质量水平，促进城市成为生态宜居、产品供给低碳化与体验环境畅爽的新型旅游城市[29]。低碳旅游城市是旅游业低碳化转型的重要支撑，也是旅游产业低碳化转型的结果，两者相辅相成。

（2）建设低碳旅游城市

城市是旅游的集散中心，旅游离不开城市，低碳城市建设有利于低碳旅游的发展，并为低碳旅游提供良好的氛围与支撑。世界自然基金会（WWF）和气候组织（The Climate Group）认为，低碳城市是指城市在经济高速发展的前提下，保持能源消耗和二氧化碳排放处于较低的水平，以城市空间为载体在城市内推行低碳经济，实施绿色交通和建筑，转变居民消费观念，保护低碳生活方式，创新低碳技术，从而达到最大限度地减少温室气候的排放，甚至零碳排放。低碳城市要求政府以低碳社会为目标，将低碳城市政策化、制度化，为低碳城市建设提供制度上的保障，彻底摆脱以往大量生产、大量消费和大量废弃的社会经济运行模式，形成结构优化、循环利用、节能高效的经济体系，形成健康、节约、低碳的生活方式和消费模式，最终实现城市的清洁发展、高效发展、低碳发展和可持续发展。低碳旅游城市是低碳城市的一种类型，在低碳旅游城市中旅游业占据比较高的比重，旅游业与其他产业一起向低碳化转型，旅游者与居民共同践行低碳行为模式。低碳旅游城市和低碳旅游景区本质上是一样的，只不过低碳旅游城市更强调旅游业与城市其他产业、部门以及机构的互动，创建工程会更加庞大，系统性更强，所涉及的方方面面也更为庞杂，更具有基础性、综合性和公共性。建构低碳旅游城市需要关注五大要素[29]。一是建构倡导低碳旅游的公共服务体系；二是促进旅游吸引物体系的低碳化改造；三是推进城市旅游交通、旅游接待设施、能源供给的技术装备进步，大力提高城市清洁能源使用的比例；四是营造畅爽的旅游体验环境；五是倡导低碳旅游消费方式。

从实践上看，低碳城市行动发起于英国，英国的低碳城市建设实践注重低碳技术创新和制度创新，主要通过"推广可再生能源、提高能源利用效率和控制能源需求"三个方面来加以实现[30]。2008 年 1 月 28 日，世界自然基金会（WWF）和中国国家建设部在北京共同启动了"中国低碳城市发展项目"[31]，并选取上海和保定作为低碳城市建设的试点城市。

上海作为低碳城市的试点城市，主要是围绕"建筑节能"来进行，其中都市旅游产业的低碳化是其重要的组成部分，为低碳旅游提供重要支撑。上海市在建设低碳旅游城市的过程中，围绕"2010 年上海世博会"，提出"低碳世博"的口号，建设中融入低碳理念，建造了上海世博会主题馆 3 万多平方米的太阳能板屋面、5 万多平方米的生态绿墙以及 4.6 兆瓦容量的太阳能发电机组，建设了 420公里的轨道交通网络和超过一千辆的新能源汽车。并且上海市在全市范围内进行低碳示范区建设，如"临港低碳产业示范区"、"虹桥低碳商务区"、"崇明低碳旅游岛"、"奉贤南桥低碳新城"等不同类型的低碳示范区，积极探索和使用风电、地热等新能源，发展现代服务业、生态休闲农业与低碳休闲产业[29]。

另一个试点城市保定，保定市政府 2008 年 12 月 24 日向社会公布了《关于建设低碳城市的意见》，并制定完成了《保定市低碳城市发展规划纲要（2008～2020年）》。保定市的低碳旅游城市建设围绕"新能源利用"展开，提出打造"中国电谷"、建设"低碳保定"的战略目标。至 2008 年，保定市已经形成光电、风电、生物质发电、节电、储电与输变电六大产业体系[29]。保定市低碳城市的建设，促进了城市低碳旅游的发展。

在苏南地区，无锡 2011 年入围"中国十大低碳城市"，在无锡低碳化发展理念广泛树立。"十一五"期间，无锡率先成立了"无锡低碳城市发展研究中心"，编写了《无锡市碳足迹现状及低碳城市建设对策研究》《无锡市低碳城市发展战略规划》等报告，明确了低碳城市的发展战略定位和主要任务。制定了一系列促进城市低碳发展的规章和文件，基本形成了较为完备的政策法规体系。各级部门积极开展低碳理念宣传，实施低碳项目，创建低碳园区，低碳化生产消费模式基本形成。除了无锡之外，苏南地区其他城市也高度重视低碳城市建设，纷纷出台相应的政策与措施，在低碳城市交通、低碳建筑、低碳节能技术开发等领域都取得重要的进展，为建设低碳社会打下坚实的基础。

3）低碳产业园区

（1）概念及内涵

低碳产业园是指地方为发展区域低碳经济，以低碳产业集群为最终发展目标，在一定的地域空间范围内，通过集中配置基础设施并制定一系列相关优惠政策，吸引或引导低碳企业及相关配套企业向该地区集聚的一种产业空间形式[32]。低碳产业园区既可以是以低碳环保产业为主体的高新技术产业园区，也包括各种综合类园区，如由不同行业企业组成的工业园区、各类国家级和省级开发区都可以建成低碳产业园区，甚至可以延伸涵盖某些城镇等地域单元。低碳产业园区在满足社会经济环境协调发展的目标前提下，以系统产生更少的温室气体获得更大的社会经济产出。低碳产业园区与其他各类生态、循环经济示范园区的最大区别是：低碳产业园区以温室气体排放强度和总量作为核心管理指标。

（2）低碳产业园区的建设

2009 年 10 月 28 日，中国首个低碳节能工业园区——湖北襄樊节能产业园的奠基，为低碳产业园的建设拉开了序幕。在低碳产业园区的建设中，政府规划与引导起着重要的作用。2010 年，中美国际低碳产业园在南京高新区奠基，规划采用国际权威绿色建筑 LEED 标准，建成绿色、环保、低碳产业园区，功能定位包括中美绿色人才培训、国际绿色咨询、中美绿色企业发展、国际绿色产品技术展示、绿色技术与研发、绿色低碳金融服务等。2013 年，为贯彻落实《国务院关于印发 "十二五"控制温室气体排放工作方案的通知》和《工业领域应对气候变化行动方案（2012～2020 年）》，推进工业低碳转型，工业和信息化部、国家发展改革委组织开展了国家低碳工业园区试点，使低碳产业园的推进上升到国家层面。2014 年 5 月，第一批 55 家申报园区通过审核，其中苏南地区有两家上榜，即以节能环保产业为主体的中国宜兴环保科技工业园和以电子信息产业为主体的苏州工业园区。

低碳产业园是一个综合性的系统工程，包括了科研机构、低碳企业、管理机构和支撑机构等子系统，各个子系统通过各种各样的信息网络连接成一个相互作用的有机整体，子系统内部的各要素之间通过生态链相互作用、相互联系，最终构成园区的社会关系网络。低碳园区应该具有完善的温室气体管理体系，通过更为创新的清洁生产方法，减少许多污染源和废物源，并降低对自然资源的需求和消耗，强调通过提高材料和能源的使用效率、再生利用废物而降低生产成本、提高效率。因此，低碳产业园在产业发展方面，应促进不同产业之间的物质和能源低碳循环；在产业园区内部生产环节中注重清洁生产，构建低能耗能源体系；低碳产业园区规划建设中，土地要集约利用，产业功能结构合理，生态环境良好，建立产业园区内的固碳生态环境体系；完善健全园区低碳运行政策、低碳规划建设和管理体系。作为产业园，相应的为企业员工、园区居民服务的配套设施也应跟上，政府要完善休闲、娱乐、餐饮、休闲等服务设施，为人们提供交往、游憩场所，这些配套设施与服务也应该满足低碳化运营的要求，这为当地旅游产业的低碳化提供了示范与支撑。

4）低碳旅游社区

（1）概念及内涵

低碳社区是低碳经济在社区层面的实践，是在居民的日常生活中，透过社区营造方式从社区环境绿化、建筑低碳化、能源高效使用、绿色交通体系、资源循环、再生能源利用或低碳生活倡导等方面实施节能减排，构建以低消耗、低排放、高效率为基本特征，用地紧凑、公众参与程度高的低碳化、生态型的社区[33]。低碳旅游社区是在低碳旅游发展理念的指引下，旅游社区的居民和旅游者在日常生活和旅游活动中，通过居民和游客的积极参与，实现节能减排、增加碳汇，构建的景观优美、环境友好、低碳排放甚至零排放的生态型旅游社区。

（2）低碳旅游社区的构建

建设低碳社区是建设低碳城市的重要抓手。在低碳经济模式下，社区的生产方式、生活方式和价值观念都朝着生态、低碳化方向变革。在低碳社区的建设中，除了将社区的所有活动所产生的碳排放降到最低之外，还要通过增加绿化等措施，增加碳汇，达到碳中和的目标。低碳社区在国外已有多个典型的案例。如位于英国伦敦西南的贝丁顿（BedZED）社区，是首个世界自然基金会和英国生态区域发展集团倡导建设的"零能耗"社区，建成于 2002 年，是英国第一个，也是最大的碳平衡生态社区。小区通过建造节能建筑、采取环保材料、优化社区结构、倡导绿色交通等环境策略，减少能源、水和小汽车的使用，通过多年的运营，验证了低碳社区的高可行性，获得使用者较高的满意度，证实了低碳生活是可以简单的、负担得起的、具有吸引力的。还有德国弗莱堡市被誉为"绿色之都"和"太阳能之城"，是全球率先实现可持续发展理念的城市之一，被世界各地许多城市和社区视为楷模。其中沃邦是弗莱堡市一个富有吸引力、适宜于小家庭居住的社区。区内的房屋多集体建造，并以低耗能、能源自给和利用太阳能等作为建房准则，被誉为德国可持续社区的标杆。伦敦、弗莱堡、哥本哈根等先进低碳城市的社区转型经验，对我国方兴未艾的低碳城市和低碳社区建设提供了宝贵的可鉴之资。以社区居民参与的经验而言，一是大力发展公共交通与自行车、步行系统，打破消费主义，尤其是私人汽车文化的神话，让市民重新关注自我身体的感受能力。二是发挥城市社区在公民社会中的基础性主导作用。政府进行合理规划指导，社区组织以公益项目为依托发挥宣传、组织、管理等职能，社区居民积极参与各项低碳活动并自觉形成"低碳生活"的理念，通过三方主体的配合与互动，最终使低碳理念内化于人们的社会生产与日常生活之中[34]。

就旅游社区来说，一般与景区紧密联系，以旅游业为主体的第三产业占主导地位，生态环境良好，具有建设低碳旅游社区的优势。但旅游社区与一般社区相比复杂性更强，除了本地居民外，旅游社区还要容纳和接待大量的游客。旅游社区内拥有大量面向游客的商店、旅馆、餐厅、酒吧、茶座和娱乐场所等，很多规模都较小，常常是"一家一户"的经营模式。且经营旅游商铺的有许多是外地人，对旅游社区的归属感较弱，低碳旅游意识贯彻落实不到位，参与低碳转型的动力不足。因此，在建设低碳旅游社区的过程中，要充分认识到正反两方面的效应，加强政府规划设计以及制度建设的作用，以国外先进低碳社区为榜样，全面达标，并形成自己的特色。

5.3　苏南地区旅游业低碳化转型的过程与时空分异

5.3.1　苏南低碳旅游模式的实践

低碳旅游发展的模式众多，各地区各部门应该根据各自所处的发展阶段、发展路径、投资机遇、资源禀赋、科技水平与人才等条件因地制宜地选择合适的低碳旅游发展模式。从苏南五市的情况来看，苏州位于长三角中心地带，旅游资源丰富，旅游业发达，国际竞争力强。其古典园林、水乡古镇和文化古城等旅游产品享誉世界，其基础设施完善，对外开放程度大，苏州的国际旅游人数、外汇收入等不仅在江苏而且在全国都处于领先地位，南京和无锡的国际竞争力也较强。南京是全省的政治、经济、文化中心，有"六朝古都"之称，文物古迹众多，旅游资源丰富，旅游业发达；无锡是省内重要的经济中心城市，旅游资源、国际知名度、人力资源略逊于南京；镇江和常州在国际旅游市场上属于具有竞争力地区，其竞争力较南京和无锡次之。镇江为历史文化名城，园林、山水湖泊资源丰富；常州为苏南经济重镇，旅游配套设施齐全，邻近南京、无锡和苏州，区位条件好，但缺乏高等级的旅游资源[35]，近 10 多年来常州通过"无中生有"和文化创意建成了数个大型人工主题公园。各市根据自身的特点，低碳旅游发展的模式也有所差异。

1）苏州

苏州是我国首批历史文化名城，中国重点风景旅游城市，旅游资源丰富，旅游产品以人文景点居多，例如被列入世界文化遗产目录的苏州古典园林、国家 5A 级景区虎丘、被评为历史文化街区的平江路及山塘街；另外，还有周庄、同里等古镇、常熟市沙家浜风景区、虞山风景区等，创建旅游低碳景区、低碳旅游城市、低碳旅游社区的条件良好。

苏州旅游业的发展计划中，将建设"天堂苏州、东方水城"的城市形象，"文化苏州、精致生活"的旅游产品品牌作为总体目标。苏州自 2009 年以来开始重视和发展低碳旅游，一直致力于建设低碳旅游城市，并就达到此项目标做了许多努力。在"十一五"期间开展多项低碳旅游活动，如积极筹划参与地球一小时活动、在太湖国家旅游度假区举办低碳享受绿光亲子游、太湖举办低碳环保帆船赛，积极建设低碳旅游景区和低碳旅游示范区。

2011 年苏州有"中国第一水乡"称号的周庄在低碳建设方面的努力受到肯定，被评为"全国低碳旅游示范区"。近年来规划建设的苏州快乐生态园，在开发建设过程中便是以低碳旅游为发展理念，节约能源、降低污染，并积极探索生态旅游发展的新模式，开园以来举办多次低碳旅游活动，大力宣传并践行"低碳旅游"，被亚太旅游联合会、国际度假联盟组织、中华生态旅游促进会联合授予首批"中国低碳旅游景区"荣誉称号。2011 年苏州政府主办 "低碳生活，快乐旅游"为主题的徒步（骑游）苏州行活动。2012 年 4 月，苏州市政府主办"低碳苏州，快乐旅游"骑行苏州活动暨"精彩昆山，骑乐无穷"大型骑游活动在昆山市启动，这次活动吸引了来自海内外的环保、骑行爱好者共同参与，本次活动让参与者能深度感受苏州千年的文化底蕴，同时也向广大游客提供了一种低碳又环保的时尚旅游方式。2013 年苏州的西部生态城开始启动"低碳小镇"的建设。低碳小镇由中国节能公司与苏州高新区共建，总投资 5.6 亿元。建成后，整个小镇将处处以低碳科技概念为基础，不仅实现太阳热能利用 100%覆盖，还有"日光照明"无能耗系统，以及区域垃圾循环处理等，成为低碳绿色的示范样本。苏州市以敏锐的洞察力、高效的执行力以及雄厚的财力为依托，在低碳经济、低碳旅游概念提出之际，就结合苏州市的社会经济发展的实际，努力向低碳化、生态化方向转型，通过一系列的低碳倡议和低碳旅游活动积极引导低碳理念，一直致力于将苏州建设成一个低碳、环保、宜居、宜游的低碳旅游城市。

2）常州

常州是吴文化的发源地之一，人杰地灵、名人辈出。常州市旅游资源丰富而优质，组合良好，自然旅游资源生态环境质量高、文化旅游资源占比重大。常州旅游资源特色可以用一句话概括："好山好水好风光，龙城龙园龙文化，古寺古塔古运河，名人名馆名建筑"。近 10 多年来，常州市在缺乏拳头旅游产品的背景下，大力实行创意旅游开发，先后建有中华恐龙城、淹城春秋乐园、环球动漫嬉戏谷等主题乐园；以茅山优越的生态环境、传统道家养生文化以及优质的井盐资源为依托打造的金坛"东方盐湖城"也已初具规模；在武进 18 万亩花卉苗木基地打造永不落幕的"花博新城"；在城市中心打造文旅结合的古运河风景区。目前常州已形成六大重点景区：天宁风景名胜区、城北现代旅游休闲区、春秋淹城遗址文化旅游区、天目湖旅游度假区、太湖湾旅游度假区和茅山旅游度假区。如今的常州已经成为华东地区新兴的旅游目的地。

常州市低碳旅游主要是形成了自己特色的文化创新模式：常州市各旅游景区优化组合，形成了众多特色的旅游线路，以中华恐龙园、红梅公园、东坡公园、春秋淹城等景点串联的"龙城龙园龙文化"精品线路，以环球恐龙园、环球动漫嬉戏谷、"运河五号"等景点串联的文化创意体验之旅，以天目湖、南山竹海和四大温泉为代表的生态度假旅游，以天寺、天宁宝塔、茅山、中华孝道园为代表的宗教文化旅游，开发 300 多个旅游农庄的乡村休闲旅游。这些旅游线路在运营过程中强调游客体验与生态保护相结合，自然风光与文化体验相融合，走低碳生态旅游之路。另外，常州市近年来积极举办低碳旅游活动，宣传低碳旅游方式，如第十二届中国溧阳茶叶节暨第八届天目湖旅游节举办乐游山水田园；"花都水城，浪漫武进"旅游节武进旅游专线车首发式，"中国风"淹城国际艺术节，"迎花博"群众文艺大汇演、旅游摄影大赛，"美丽乡村，魅力田园"农家乐系列活动，西太湖月光水城休闲周、三勤"福泉"水文化体验周、杨桥民俗风情节；巨龙腾飞第二届国际恐龙节，天宁第二届民俗文化节，戚野堰圩墩文化节，龙城园林赏花游系列活动，江苏省第二届老年自行车骑游活动。

常州市在旅游运营中，还注重对旅游设施的更新改造，增置低碳旅游的设施，开拓了低碳旅游设施模式。近十多年来，随着低碳旅游理念的不断深入，常州市不断增加资金投入更新景区旅游设施，使之更低碳、环保、循环利用，如近十年常州恐龙园对内部水网系统的更新，天目湖建造中对景区内酒店和水循环使用设施的投入，嬉戏谷旅游设施的不断进行低碳化更新。

3）南京

南京历史悠久，是中国著名的四大古都之一，有"六朝古都"之称，以"博爱之都"闻名海内外，是首批国家历史文化名城和全国重点风景旅游城市，拥有世界文化遗产 1 处，全国重点文物保护单位 49 处。南京自古是江南政治、经济、文化中心，旅游景点主要有几个类型：六朝古迹、大明胜迹、郑和遗踪、民国建筑、宗教文化、秦淮风光、滨江风貌、温泉度假、乡村美景等。

南京市作为全国的重化工产业基地，又是人口密集的特大型城市，长期遭受污染的困扰，城市环境一度令人担忧。对良好生态环境的渴望也激发了南京市民的低碳环保意识。在南京，低碳旅游出现较早且发展迅速，形成了许多公益旅游、低碳环保旅游的协会和俱乐部。南京市文化产业与新闻传媒业发达，在电视、报纸、电台以及网络媒体的宣传引导下，南京的低碳旅游逐渐壮大，由自发走向了自觉，经历了初期的低碳意识阶段向低碳行为、创建低碳示范区转化的阶段。如早期《扬子晚报》《金陵晚报》、携程旅行网在南京积极倡导低碳旅游、中文在线旅行网开展"酒店试睡员"活动，寻找酒店节能减排的妙招。为响应建设低碳景区的号召，南京的主要旅游景区都行动起来，积极加入到低碳旅游景区的建设浪潮中，并取得了突出的成绩。如地处南京城东的钟山风景名胜区（中山陵园风景区），面积 31 平方公里，虽然地临城市中心区，但十分注重生态保护和环境建设，森林覆盖率达 80%以上，是南京的"天然氧吧"和"城市绿肺"。据测算，紫金山各类绿色植物年吸收二氧化碳 480 万吨，释放氧气 380 万吨，年综合生态价值达 18 亿元，是消除城市二氧化碳及其他污染物、毒物的重要净化器，对南京市区的环境美化、空气净化、滞尘吸收、噪声减弱、气候调节，对城市面貌和生态环境的改善、可持续发展，都起到至关重要和不可替代的作用。为了进一步改善生态环境，中山陵园管理局探索建设"全国绿色低碳示范景区"，主要采取以下措施：①以环境综合整治为契机，全面保护景区自然生态资源，全面提升生态资源优势。建立污水收集系统，保护景区水环境；转变土地使用类型，保护景区大气环境；筹建珍稀动植物保护区，建立健全风景资源专项档案。②严格景区道路交通管理，直接降低碳排放量。建设内环路，景区实行路权管制；配备环保车，泊载游客进入核心景区；禁行黄标车，减少景区尾气污染。③集社会力量保护生态环境，发展低碳旅游。携手驻区 20 多家单位，共建联合管理制度；与驻区部队共建，联手保护景区生态环境；请市民登山时脚下留情，保护南京的"母亲山"。中山陵园风景区还加入到"地球一小时"熄灯活动中，以期用其在南京、在全国的影响力，来影响更多的人，关注我们的生存环境[36]。

另外，南京另一个重点旅游区——夫子庙秦淮风光带也积极探索低碳旅游，2011 年被评为首批"全国低碳旅游示范区"。夫子庙所在的南京市秦淮区在制定"十一五"环保规划时，就已把打造夫子庙—秦淮风光带"绿色景区"纳入主要工作目标。景区内第三产业每年的资金投入有 20%以上用于环保建设，使得景区内噪音水平、空气质量、水质等均保持良好态势。例如，白鹭宾馆以前是景区的排放大户，宾馆先后投入 200 多万元，对燃煤锅炉进行改造，通过错时储电、燃烧真空气等措施，二氧化硫减排 60%。为了减少大气污染，减少碳排放，景区内燃煤锅炉已全部改造完毕，景区企业全部实现使用清洁能源。景区内 6 条商业街上的 100 多家餐饮企业，通过设备改造，油烟排放达标率 85%以上；污水通过隔油、隔渣，全部达标排放；餐厨垃圾则统一运送到专门的回收处理厂进行处理。景区内企业尤其是能源消耗大户逐步实现中水回用，仅市第一医院每年就因此节约水资源近 10 万吨。秦淮区对 98 条街巷污水管网进行改造，使污水不再进入内秦淮河，并在白鹭洲公园水街安装了 4 台纳米气泡净化设备，有效提高了河道水质。另外，景区大力倡导公共交通，公交 301 路车改线不再经过景区，旅游大巴停车场移出景区。为了鼓励使用清洁能源汽车，全国首个景区内电动汽车充换电站于 2011 年 1 月 10 日在景区正式投运，可供 2 辆中型电动汽车（或一辆大型电动汽车）和 8 辆小型电动汽车同时充电，不仅可为景区内电动汽车提供服务，以后来南京的旅游观光的电动大巴也可在此充电[17]。

4）无锡

无锡是中国国家历史文化名城，景色优美，有"太湖明珠"美誉，拥有国家级旅游度假区——无锡太湖国家旅游度假区，三个国家 5A 级景区——无锡中影视基地景区、灵山景区、太湖鼋头渚风景区，以及数十个国家 4A 级景区。无锡市现在旅游景区主要是三种类型：以佛教文化为主的旅游景区，如灵山胜境（灵山大佛）景区；以影视基地为主的旅游景区，如三国城、水浒城；以园林山水为主的旅游景区，如锡惠公园、寄畅园、蠡园等。

无锡市将山水之城与旅游产业紧密结合，坚持"旅游即城市"的理念，努力把无锡建成国际化休闲度假旅游城市[37]。近年来无锡市响应发展低碳旅游，开展了一系列低碳旅游活动，从饭店星级评定加入"绿色"标准、建设生态村、景点投放公共自行车、举办自行车健身旅游活动、组织志愿者参与低碳公益活动到"太湖鼋头渚风景区"等三家景区单位获得低碳旅游实验区荣誉、灵山胜境获得低碳认证、羊尖镇"低碳村"旅游的红火，无一不是无锡市开展低碳旅游活动的成果。其中，2013 年灵山集团获得了"通过 ISO14064-1：2006 核查"和"低碳战略合作伙伴"两块荣誉铜牌。灵山胜境是国内旅游景区中首家获此殊荣的景区，开创了同行业的先河。羊尖镇丽安村积极调整产业结构，大力发展苗木栽培，绿化率达 70%，并通过整治河道、关停并转易产生污染的"五小企业"，使村庄生态环境得到根本性改善。1999 年，丽安村荣获"国家级生态村"的荣誉称号。在此基础上，丽安村更加注重引进低碳发展技术，如苗木生产大棚的"微生物发酵加温技术"、居民生活污水的"人工湿地"净化循环利用技术、农家乐餐饮污水的"多介质土壤层过滤"技术等既环保又低碳，加之对太阳能、地热资源的充分利用，减少了排放，实现了资源的高效循环利用、清洁生产。由于绿化率高，在夏天丽安村的平均气温比城市要低 3℃左右，不仅本地游客，包括上海、浙江等地的游客都慕名而来避暑。总体来看，无锡市低碳旅游活动种类多样、内容丰富，可以从中归纳出两种主要的低碳旅游模式：低碳旅游行为模式，无锡市举办多次健身环保旅游竞赛、大众参与活动，鼓励市民和游客低碳旅游，激发了广大市民和游客的低碳旅游行为；同时积极创建低碳生态村、低碳旅游实验区、低碳旅游示范区，属于低碳旅游景区、低碳旅游示范区模式。无锡市由政府和市民共同开展的多种低碳旅游活动，也使得无锡正向低碳旅游城市迈进。

5）镇江

镇江作为国家历史文化名城，人文荟萃之地，历史文化悠久，自然山水秀美，人文积淀深厚。镇江的景点主要布局在山上，镇江的山就在城里，城市以"城在山里，山在城中"的"城市山林"风格。主要的旅游景点"三山风景区"指金山、焦山和北固山，整个三山景区都是国家 5A 级景区。此外，拥有镇江句容茅山、镇江南山等低碳生态旅游资源以及西津渡、镇江博物馆等为数众多的历史文化旅游资源。

在节能减排，促进低碳经济发展的时代背景下，镇江市也积极提倡发展低碳旅游，镇江市的低碳理念不仅仅体现在低碳旅游发展中，而是在城市建设和旅游资源开发过程中始终坚持适宜居住、适宜旅游的发展模式，使城市成为重要的低碳旅游基地。2013 年，镇江市被列入江苏省首批国家级低碳试点城市。这对促进镇江经济发展方式转变、生活方式和消费模式转型，率先基本实现现代化意义深远。镇江市按照国家低碳城市试点要求，积极开展八大行动，包括调整产业结构，发展低碳产业；推进山水花园城市战略，建设绿色低碳镇江；积极推进太阳能光伏发电、生物质能利用、垃圾发电等新型可再生能源的发展，不断提高新能源在能源消费中的比重，优化能源结构；实施公交先行战略，发展低碳交通；建设一批低碳示范试点，利用各种资金支持低碳技术研究与开发，加强对低碳技术开发等信贷支持，推动低碳经济发展；建立和完善低碳城市建设技术支撑体系，广泛吸纳国内外低碳产业发展和低碳城市建设方面的先进技术和成果，通过引进、消化吸收、再创新，不断提高低碳产业自主创新能力；强化目标考核，建立碳排放核算考核体系；探索建立实施能源消费总量控制制度，探索建立碳交易制度和相关配套政策措施，逐步建立碳排放权交易体系。旅游产业作为镇江国民经济支柱产业，正努力实施智能化、生态化建设，在低碳试点城市的统筹下，镇江市低碳旅游必然会迎来发展的春天。

5.3.2　苏南旅游业低碳化转型进程的时空分异

在应对气候变化以及建设生态文明的时代背景下，经济发达的苏南地区面临较大的减排压力。与此同时，在实现"两个率先"的目标指引下，苏南地区也具备推进节能减排和生态建设的强大动力。苏南旅游业积极投身低碳经济与生态文明建设，经过各市政府和民众的共同努力，低碳旅游理念已逐步被游客所接受和奉行。在旅游产业低碳化转型过程中，苏南各个城市在低碳旅游的需求系统、供给系统、中介系统和支持系统上都有新进展，产生了不少典型的低碳化转型发展案例。但由于各市旅游业的发展路径、环境、政策、投资机会与居民参与度等方面的差异，五市低碳旅游活动各有侧重点与特色，存在时空分异。

从时间尺度看，在低碳经济和低碳旅游概念刚刚被提出的初期，主要是生态旅游者与环保主义旅游者自发地在小范围组织公益性低碳旅游活动，践行低碳旅游行动，成为低碳旅游的先锋。随着 2007 年第二届"气候变化与旅游业"国际会议的召开、2008 年世界旅游组织发布《旅游部门对气候变化的适应与缓解:框架、工具与实践》的实践指南以及 2009 年 11 月中国国务院发布的《关于加快发展旅游业的意见》[国发（2009）41 号]强调旅游业要推进节能环保，提出五年内将星级饭店、A 级景区用水用电量降低 20%的战略目标，低碳旅游被旅游业界和广大民众所熟悉，并逐步落实到行动中。在这个阶段，苏南地区的低碳旅游主要处于概念领悟、观念转变、知识传播的过程中，低碳旅游行动也逐步启动。到 2010 年，低碳旅游行为上升到国家级层面，由中华环保联合会和中国旅游景区协会共同开展低碳旅游实验区/低碳旅游示范区的评选活动，激起了苏南众多景区的参与热情，在首批 50 家低碳旅游实验区中，苏南地区就有江苏南京夫子庙景区、江苏省苏州周庄、江苏省无锡影视基地、江苏无锡鼋头渚风景区、江苏省常州春秋淹城旅游区、江苏省无锡市蠡湖风景区管理处 6 家景区被列入名录。2012 年，首批低碳旅游示范区揭晓，全国共 19 家景区入选，其中苏南地区就囊括了 4 家，体现了苏南地区旅游低碳化转型取得重要的成果以及苏南低碳旅游在全国的重要地位。在低碳旅游示范区的模范作用下，苏南地区旅游业低碳化转型进入全面发展时期，涌现出多样化的低碳旅游模式。

从空间尺度上看，宏观上随着低碳城市建设任务的提出，苏南各个城市都积极加入低碳城市建设的行列，带动了旅游业的低碳化转型，低碳旅游城市初具形态，其中，无锡市、镇江市、苏州市走在前列。如在 2010 年"低碳中国论坛"首届年会上，无锡成功入选"低碳中国贡献城市"，成为江苏省唯一获得该荣誉的城市。2011 年，无锡顺利入选江苏省内唯一的低碳试点城市和交通部的低碳交通运输体系试点城市，并跻身"中国十大低碳城市"行列。2012 年 11 月，镇江市、苏州市也被列为第二批国家级低碳试点城市。在中观尺度上，主要采取低碳产业园、低碳生态小镇等形式。苏南地区在低碳产业园上也取得了进展，其中苏州、无锡走在前列，苏州工业园区和宜兴环保科技园被纳入国家低碳工业园区试点，从中观尺度带动当地旅游业的低碳化转型。在微观层面，主要通过建设低碳旅游社区、低碳景区、低碳酒店等方式推进旅游业低碳化转型。苏南地区在微观层面的低碳化转型，尤其是低碳景区建设上已取得非常好的业绩，其中苏州、无锡、南京、常州走在了前列。各市因地制宜，充分利用低碳旅游的各种模式，推进旅游业的节能减排和生态化建设。从旅游行业部门看，最早关注节能减排，推进低碳化建设的是旅游饭店，如较早推行的"绿色饭店"认证。旅游饭店与国际接轨早，社会责任意识和环境意识较强，通过节能减排可以实现经济效益、社会效益与环境效益的统一。在低碳旅游概念提出之后，旅游景区的节能减排和低碳化建设也提上了议事日程，并取得较好的成绩。而旅行社由于属于轻质资产型企业，其低碳化发展对旅游业的节能减排影响不大。而对旅游业整体节能减排和低碳化转型影响最大的旅游交通，苏南各市的出租车都已更新为以燃烧天然气为主，减少了尾气排放；南京等城市的部分公交车更换为零排放的电动公共汽车；各市都加强公共交通建设，实施公交优先战略。这些措施对减少旅游交通的碳排放产生了良好的效应，但由于受技术、成本、游客出行消费习惯的影响，电动汽车尚未成为主流，长途旅行中航空、自驾车仍然占据重要地位，旅游交通的低碳化转型任重道远。

参 考 文 献

[1] 成英文，张辉. 旅游转型的概念及理论框架——兼对中国旅游转型的研究. 北京第二外国

语学院学报, 2013, 5: 1~6.

[2] Williams A M, Baláž V. The Czech and Slovak Republics: conceptual issues in the economic analysis of tourism in transition. Tourism Management, 2002(23): 37~45.

[3] Chapman A, Speake J. Regeneration in a mass-tourism resort: the changing fortunes of Bugibba, Malta. Tourism Management, 2011(32): 482~491.

[4] 谢春山, 孟文, 李琳琳, 等. 旅游产业转型升级的理论研究. 辽宁师范大学学报(社会科学版), 2010, 33(1): 37~40.

[5] Leiper N. Tourist attraction systems. Annals of Tourism Research, 1990, 17: 367~384.

[6] 李文亮, 翁瑾, 杨开忠. 旅游系统模型比较研究. 旅游学刊, 2005, 20(2): 20~24.

[7] 蔡萌. 低碳旅游的理论与实践——中国案例. 上海: 华东师范大学, 2012.

[8] 姚治国. 低碳旅游生态效率研究. 天津: 天津大学, 2013.

[9] 倪外. 基于低碳经济的区域发展模式研究. 上海: 华东师范大学, 2011.

[10] 马勇, 陈小连. 低碳旅游发展模式与实践创新. 北京: 科学出版社, 2011.

[11] 陆锡明, 邵丹. 低碳交通与世博契机. 城市交通, 2009(6): 41~43.

[12] 曹鸿雁. 低碳型城市旅游交通规划探析——以蓬莱市为例. 华中建筑, 2011, 12: 95~97.

[13] 张丽萍. 加强旅游购物设施建设, 优化长沙旅游购物环境. 经济研究导刊, 2008, 35(16): 168~180.

[14] 胡雨凯. 低碳经济背景下的桂林高端旅游产品开发研究. 桂林: 广西师范大学, 2012.

[15] 黄文胜. 论低碳旅游与低碳旅游景区的创建. 生态经济, 2009(11): 100~102.

[16] 周常春, 高晶. 低碳旅游示范区的构建探索——以昆明市西山风景区为例. 环境保护, 2012, Z1: 34~37.

[17] 李芳, 张扬, 谢江平, 等. 夫子庙——秦淮风光带当选首批"全国低碳旅游试验区". 南京日报, 2011-01-27(A01).

[18] 贺赛. 基于低碳视角的河北省旅游资源综合开发研究. 石家庄: 河北经贸大学, 2013.

[19] 卡农. "碳中性"时代. 厦门航空, 2009(4): 106~107.

[20] 李甜, 何莹. "碳中性"旅行. 缤纷家居, 2008(5): 146~149.

[21] 付加锋, 庄贵阳, 高庆先. 低碳经济的概念辨识及评价指标体系构建. 中国人口·资源与环境, 2010, 20(8): 38~43.

[22] 李晓琴, 银元. 低碳旅游景区概念模型及评价指标体系构建, 旅游学刊, 2012, 27(3): 84~89.

[23] 谢贵安, 花果梁. 旅游文化学. 北京: 高等教育出版社, 1999.

[24] 吴晓隽. 欧洲旅游中介服务业纵向一体化剖析. 外国经济与管理, 2005(3): 56~64.

[25] 谭小芳. 旅游企业行销实战圣经. 北京: 中国经济出版社, 2010. 1-1；218~222.

[26] 沈祖祥. 旅游文化概论. 福建: 福建人民出版社, 1999: 16.

[27] 马锐. 对中国旅游文化资源开发的探讨. 兰州学刊, 2005, (6): 231~233.

[28] 冯年华. 关于旅游文化创新的思考. 金陵科技学院学报, 2009, 23(3): 1~5.

[29] 蔡萌, 汪宇明. 低碳旅游城市: 旅游城市转型发展的新标杆, 旅游论坛, 2010(3): 253~257.

[30] 刘志林, 戴亦欣, 董长贵, 等. 低碳城市理念与国际经验. 城市发展研究, 2009, 16(6): 1~9.

[31] 金石. WWF 启动中国低碳城市发展项目. 环境保护, 2008, 389(2A): 22.

[32] 吴志强, 王效俐, 孙靖文. 低碳产业园建设策略研究. 经济沦坛, 2010, 11: 157~159.

[33] 谢更放. 城市低碳社区规划的理论构架与实施策略研究. 西安: 科技大学, 2011.

[34] 孙晨光, 张志强. 低碳城市社区参与的国际经验. 重庆社会科学, 2014, 1: 53~59.

[35] 朱梅. 江苏 13 市旅游业国际竞争力研究. 西北师范大学学报, 2010, 1: 90~96.

[36] 王毅. 如何建设"全国绿色低碳示范景区"——以中山陵园风景区为例. 南京旅游政务网, 2010.

[37] 匡健. 无锡城市旅游发展研究. 苏州大学, 2006.

第6章 苏南旅游业低碳化转型的绩效评价

6.1 低碳旅游产业绩效概念及内涵

6.1.1 低碳旅游产业绩效的概念

绩效是管理学上用来评价工作成果与效果的常用词。所谓绩，即业绩、成绩。所谓效即效率、效果、效益。绩效是组织或个人在一定的资源、条件和环境下，完成任务的出色程度，是对目标实现程度及达成效率的衡量与反馈。旅游业低碳化转型的绩效是指一定时期内，区域旅游产业向低碳旅游转型过程中所获得的业绩及转型的效果。从企业的角度来说，碳绩效意味着将低碳元素纳入企业的绩效评价体系，在考核企业经营绩效的同时，兼顾其环境绩效，促使企业承担起节能减排、保护环境的社会责任，实现经济效益与环境效益的协调发展[1]。碳绩效是在低碳经济、循环经济、绿色经济发展的背景下提出，是中国建设资源节约型、环境友好型社会、转变经济增长方式的重要着力点[2]。低碳旅游经济的发展使得旅游企业的经营环境随之改变，企业面临着碳减排的新要求，其战略目标和绩效评价体系势必会发生深刻的变化，将低碳概念融入绩效评价，有利于保证企业在生产经营过程中实现低碳化的战略目标，其根本目的是促使企业在追求经济效益增长的同时，也能兼顾保护生态环境、减缓气候变化的社会责任，最终实现可持续发展[1]。

低碳绩效概念的提出对推进旅游产业低碳化、科学评价旅游企业的经营业绩具有重要的意义。通过低碳绩效评价与管理可以判断旅游产业低碳化的程度与效果，并可以更加全面、客观地评价旅游企业的经营状况，使原有的企业绩效评价结果趋于科学合理。有利于旅游企业的价值取向趋向低碳化和社会化，促使企业不断采用低碳节能减排技术，使企业能引领或紧跟时代发展的潮流，有利于企业的长远发展。有利于企业建立和健全厉行节约、降低成本的激励和约束机制，调动员工低碳生产和服务的积极性，提高企业的经营管理水平。

6.1.2 旅游产业低碳化转型绩效的影响因素

从管理学的角度看，影响旅游产业低碳化绩效的因素主要有旅游企业的低碳转型能力、低碳化转型的外部环境、旅游企业的内部条件以及低碳化转型的激励效应。旅游企业的低碳转型能力是内在的因素，包括技术能力、管理与运营能力等，经过培训和开发是可以提高的；外部环境是指旅游企业面临的不为组织所左右的客观因素，是完全不能控制的因素；内部条件是旅游企业低碳化转型发展所需要的各种资源，也是客观因素，但在一定程度上我们能改变内部条件的制约；激励效应是指旅游企业为实现低碳化发展的目标而工作的主动性、积极性，属于主观因素。对于旅游企业来说，在应对气候变化为导向，以提高能源利用效率和减少碳排放的低碳时代，走低碳转型之路是现实问题。在低碳经济这一新的经济形态下，企业的市场将与政策、资源、低碳技术等因素密切相关，企业将面临极大的运营管理变革的考验，只有相应的实施低碳管理变革，才能使企业适应新的经济发展形势的需要。另一方面，低碳化的管理不仅为温室气体减排以及环境改善作贡献，更能使企业和整个产业走向低耗、高效之路，提升企业和产业的竞争力。

在影响绩效的四个因素中，只有激励效应是最具有主动性、能动性的因素，人的主动性、积极性提高了，组织和员工会尽力争取内部资源的支持，同时组织和员工技能水平将会逐渐得到提高。因此，绩效管理就是通过适当的激励机制激发人的主动性、积极性，激发组织和员工争取内部条件的改善，提升技能水平进而提升个人和组织绩效。

6.1.3　旅游产业低碳化转型绩效评价与管理

绩效评价是组织为了实现运营的目的，运用特定的标准和指标，采取科学的方法，对组织承担的任务的工作实绩和由此带来的诸多效果作出价值判断的过程[3]。旅游产业低碳化转型绩效评价，即旅游企业为了实现低碳化转型发展的目标，运用低碳化的评价标准和指标，采取科学的方法，对旅游企业低碳化发展的实绩及低碳化转型的效率、效果进行价值评判的过程。通过对旅游业低碳化转型的绩效进行分析与评估，可以获知旅游业低碳化转型的效果，评判区域旅游低碳化发展的水平以及低碳化转型的效率，为进一步采取针对性的绩效管理措施，提升旅游业低碳化转型的效率和效果提供理论和实践的依据。

绩效管理是以系统化、结构化的绩效评价与考核制度为基础，通过对组织及员工的奖惩激励保证组织战略目标的实现。低碳绩效管理是指在低碳经济理念的指导下，以低碳发展为目标，建立起绩效管理各个环节的低碳绩效指标体系，借助于生产流程和管理流程的改进优化以及相应的制度保障，实现低碳管理目标并促进企业的低碳发展[1]。旅游企业是实施低碳旅游经济的基本单位，旅游低碳经济受到各个旅游产业部门低碳绩效的影响，各个企业低碳绩效共同组成行业的低碳绩效[1]。因此，旅游企业低碳绩效测评及低碳绩效管理是实施低碳旅游经济运营的前提条件[4]。旅游企业绩效管理包括三个层次：第一，从战略层次看，绩效管理体系能够将员工的工作与企业的战略目标结合，通过提高员工的个人绩效来提升部门乃至企业的运营绩效；第二，从职能管理层次看，绩效管理体系可以对员工的绩效表现给予评价，并依次给予相应的奖惩，从而提高人力资源的管理效率；第三，从个人激励的层次看，绩效管理体系能够帮助企业发现员工的不足之处，进而有针对性地对员工进行培训，通过提高员工的知识、技能和素质来促进员工的个人发展。可见，旅游企业的低碳绩效管理是实现旅游业低碳化转型的关键性路径，可以将宏观的节能减排任务进行层层分解，将个人低碳行为与企业的职能行为融于一体，在各个运营环节中有目标地进行碳排放控制，逐渐实现传统运营模式向低碳运营模式的转变，并最终实现旅游业低碳化转型的战略目标。

6.2　旅游产业低碳化转型的成本与绩效分析

旅游产业向低碳化方向转型发展，最终实现低碳旅游经济，在此过程中，需要耗费规划设计、更新改造、环境治理等方面的成本，形成低碳生产力，产生旅游业低碳化绩效，包括生态绩效、经济绩效、社会绩效、文化绩效、科技绩效等。

6.2.1　旅游产业低碳化转型的成本分析

1）低碳化研发与规划设计费用

从高碳走向低碳，需要投入大量的资金进行低碳技术与设施设备的研发，还涉及原有硬/软件的改造与升级，首先需要投入一定的资金进行相应的规划与设计，这构成了产业与企业实现低碳化生产与服务的前置成本。低碳科技的研究、低碳设施设备的研发与生产主要依靠科研院所、相应的低碳设备生产企业，为了支持低碳经济发展，政府需要投入大力的资金进行支持与奖励。由于低碳生产系统投资费用较大，企业需要结合自己的实际情况进行规划设计，包括建设或改造范围、建设进度及分阶段目标等。另外，在规划设计阶段还需要对工作人员进行低碳化生产与服务培训，以使低碳系统运营能达到理想的状态，这也需要投入相应的资金。

2）低碳设备更新改造费

旅游企业从过去的非低碳产品与服务生产模式转化为低碳产品生产与服务模式，需要购置低碳生产系统所必需的各种硬件/软件，对现有的设施设备进行更新改造，以满足节能与低碳生产的要求，这需要投入相应的费用。另外，低碳是一个渐进的过程，随着科技的进步，更多、更先进的低碳设施设备将不断涌现。所以，企业的低碳设施设备的更新改造是一个持续的过程，也需要在较长的时段里投入相应的更新改造费用。

3）低碳系统运行管理费用

低碳生产与服务系统投入运营后，相对于原有的生产与服务系统，将增加相应的材料费、人工费、工具费、物质储备费、检查费、维护修理费以及系统运行所需要的其他支持保障费用等[5]。低碳系统使用的新型低碳清洁能源比原先使用的能源价格更高，将使得低碳系统在运营过程中增加更多的能源使用费。如酒店在对燃煤锅炉进行改造，使用价格比煤高的天然气，降低了污染物和碳的排放量，但成本会提高。

4）环境治理费用

旅游企业低碳化生产与经营要求实现清洁生产和资源的再循环利用。首先，生产过程中的废气、废水、废渣等排放物的排量应尽可能少，并对生产系统释放出来的废气、废水、废渣和噪声等进行综合治理，这些都需要投入相应的费用。其次，生产过程中资源的回收处理及再利用也需要投入资金。

5）碳抵消与碳中和费用

随着低碳旅游的深入发展，旅游产业除了减少碳排放量外，还需要积极参与到碳抵消或碳中和活动中去，用以消除自身排放出来的碳对环境的影响，实现"碳中和"旅游企业、"碳中和"旅游目的地的目标。碳抵消与碳中和有多种途径，需要投入相当的资金，包括碳汇林的造林费用、碳汇市场交易费用以及碳税等。

6.2.2　旅游产业低碳化转型的绩效分析

1）生态绩效

旅游业低碳化转型最直接最重要的绩效是生态环境绩效。传统的旅游业对生态环境的负面影响日益突出，包括资源破坏、环境污染、生态失衡、碳排放扩张等。旅游产业向低碳化转型，恰好解决了旅游发展过程中所显现的各种环境问题，从产业和企业到游客和社会公众都置于低碳环保的行动下，树立低碳环境意识，减少碳排放，增加碳汇，整治以往存在的种种环境与生态问题，推动旅游业的可持续发展。从宏观来看，旅游业通过节能减排实现低碳化转型，减少了能源的消耗，降低了能源的开采量，保护了能源生产地的生态，也减少了能源生产地的污染物排放量，保护了环境；碳排放量的减少使得全球碳排放量增长放缓直至零增长甚至负增长，延缓了地球大气变暖的进程，保护了全球生态系统的安全。从小尺度来看，旅游企业的低碳化转型带来企业内部及周边生态环境的改善；碳汇林的种植增加了森林、绿地的面积，提升了绿化率和生物多样性，并且美化了环境，体现了良好的生态绩效。

2）经济绩效

从宏观上看，大力发展低碳经济对旅游业来说是重大利好。旅游产业虽然碳排放量不能被忽视，但相对于一些高碳重污染的工业企业来说，本身仍然是环境友好型产业。低碳旅游是低碳经济在旅游领域的表现，只要旅游产业顺利实现低碳化转型，就是低碳经济的典范，形成对其他高碳污染产业的替代作用，并受到各级政府的重视与推崇，将进一步促进旅游产业的发展，并带动低能耗、低污染、高效益的现代服务业的发展，促进国民经济产业结构的调整与优化。

从行业本身看，低碳旅游的发展也促进旅游产业自身结构的调整，完善旅游经济发展的体制。低碳旅游是以市场机制为基础，以政府政策和制度为引导，市场与政府的协同作用，弥补了政府主导型经济发展模式的缺陷，完善了旅游经济发展的体制。另外，从长远看，发展低碳旅游的投入以及低碳旅游消费行为都降低了旅游成本，加速了旅游经济的循环，并刺激了不发达地区的低成本发展，促进区域经济平衡。旅游企业实现低碳化生产和服务给自身带来相应的收益，包括节能降耗，减少使用能源的成本支出带来相对收益；减少污染物排放，可获得政府资助所带来的收益；实施低碳生产而节省了污染治理的费用；企业实现低碳化生产，使资源和能量回收再利用产生的收益等。

3）社会绩效

旅游产业低碳化转型还有很重要的社会绩效。旅游业作为终端消费产业，与消费者直接联系，其低碳化发展不仅需要产业自身努力，还需要消费者支持与参与。低碳旅游不仅是一种旅游的方式，更是一种思想境界与社会理念。低碳旅游除了精神上的享受，还促使游客认识并体现了个人的社会责任。使游客从原来对旅游仅仅是一种享受、享乐的认识上升到权利与义务统一、怡情与责任并举的高度，强化了人们对社会的认同感与责任感，提高了人们的精神境界，树立了人们强烈的社会意识[6]，并通过低碳旅游活动，驱动人们体验健康、自然的生活，逐步形成节约能源、提高能效的生活习惯，增强人们的低碳环保意识，提高了人们的身体素质与生活质量。另外,企业本身也会从低碳转型中获得相应的社会效益,如通过低碳化生产转型,增强了企业良好的社会责任感,树立了良好的企业形象,增加了企业竞争力和无形收益。旅游企业实施低碳化转型还可以改善企业内部职工以及其他关联者的健康，提升他们的生活质量。

4）文化绩效

低碳是一种生活方式，也是一种文化。通过低碳旅游，培育相应的低碳文化，使自然、节俭、和谐的生活方式成为我们文化的基因。在旅游业低碳化转型过程中，文化的作用不可忽视，将低碳做成文化，使之变成企业员工以及旅游者的自觉习惯，将低碳变成旅游发展永恒的主题,使员工和旅游者从心中认可低碳旅游，在工作中或旅游实践中主动选择低碳。通过文化的渗透与融合，使低碳旅游时尚化、创意化、品位化、品牌化、个性化、主题化，从而使人们选择低碳旅游产品感到幸运与自豪。

5）科技绩效

旅游产业在低碳化转型过程中，核心任务是减少 CO_2 的排放，必然要采取节能减排的技术，优先选择太阳能、生物能、有机能等清洁能源，并且研发或使用减碳、低碳甚至零排放型科技产品。这些科技产品的应用，提升了旅游产业的科技含量，使旅游业从劳动密集型产业向资金密集、技术密集型产业方向发展。旅游产业作为终端消费产业，会利用产业的传导机制促进了低碳科技的发展以及低碳科技的产业化，壮大了低碳经济产业，推动了科技的进步。

6.3　旅游业低碳化转型绩效评价的方法

绩效评价是指运用一定的评价方法、量化指标及评价标准，对组织实现其职能所确定的绩效实现程度进行的综合性评价。低碳绩效评价是一项系统工程，涉及产业的低碳战略目标体系、低碳评价标准体系以及低碳评价方法等。早在 19 世纪初期，国外就有学者开始研究企业绩效评价问题[1]。早期的绩效评价主要目的是加强成本控制与管理，企业的成本核算就成为当时的企业绩效评价。进入 20 世纪以后，早期以降低成本为核心的绩效评价已无法满足企业对绩效的需求，绩效评价的范围由成本控制扩大到财务绩效评价，出现了基于利润的财务绩效评价方法及基于经济增加值（economic value added，EVA）的财务绩效评价方法。到 20 世纪 80 年代之后，企业的社会、生态责任等非经济因素开始被人们日益重视，非财务指标应运而生，并且被纳入到企业绩效评价中，进入综合性绩效评价阶段。这个阶段的绩效评价方法包括业绩金字塔模型、绩效三棱镜、四尺度评价方法等，其中以平衡计分卡（balanced score card，BSC）为代表，综合运用财务指标和非财务指标来评价企业的绩效。在低碳经济环境下，企业绩效管理的范式必然要发生质的变化，由"高碳粗放式"向"低碳集约式"过渡，所关注的焦点由传统的以经济成本和经济效益考核为主，向经济成本和收益、社会成本和收益、环境成本和收益三种成本收益综合评价转变，将经济发展、资源节约与环境保护纳入到一个整体的评价框架。根据综合评价的内容，可以降低碳绩效评价划分为以下几个步骤：

1）确定低碳绩效评价的主体与客体

为了客观了解低碳战略下企业或产业运营情况，以便对未来的发展作出决策，低碳绩效评价的主体可以是企业管理者、政府主管部门、研究机构或者其他利益相关者。低碳绩效评价的客体既可以是旅游产业宏观的低碳运营绩效，也可以对旅游产业部门、旅游企业进行低碳绩效评价。

2）构建低碳绩效评价指标体系

构建低碳绩效评价指标体系是低碳绩效评价的核心步骤，包括选取评价标准体系的原则、指标体系各项指标的选择（尤其有关能源使用、碳排放、碳汇等指标）、对评价体系的检验、确定量化模型等。科学、实用的综合评价指标体系是整体低碳绩效评价的基础。在构建评价指标体系时，要注意原则性与灵活性相结合，由于空间尺度不同、投入产出的指标不同，对旅游产业的宏观低碳绩效评价与单一的旅游产业部门或旅游企业的低碳绩效评价所使用的指标体系应有区别。对于一些无法获得数据的指标应注意采用替代性指标，确保综合评价的可行性。

3）确定低碳绩效评价的方法

对于数量众多的评价指标体系，常见的评价方法包括层次分析法、灰色系统理论[7]、主成分分析法、熵权法等。为了克服某一种评价方法的不足，常常将两种评价方法相结合，以使评价结果更为客观。对于区域旅游产业低碳绩效还可以运用全要素生产率（total factor productivity，TFP）理论，从产业要素投入、期望产出与非期望产出等维度进行评价[8]；对于旅游产业部门或旅游企业的低碳绩效一般还可以用平衡计分卡理论，从财务维度、资源及环境保护维度、社会维度、顾客维度、内部及员工维度等维度进行评价[9~10]。

4）低碳绩效评价工作的实施

结合旅游低碳化的实际，根据构建的低碳绩效评价指标体系，选取样本数据，导入模型，应用相应的评价方法进行计算与分析，获得评价结果。分析评价结果、检验评价结果与企业实际的拟合情况。

5）低碳绩效评价的总结

将实际评价结果与预先制定的期望目标进行比较与判断，分析低碳绩效评价指标体系设计的合理性、选取的综合评价方法的科学性和适用性。通过评价结果检验旅游业低碳化转型的实现程度，发现旅游业低碳化转型中存在的问题、薄弱环节、分析导致问题的原因，并提出相应的对策建议，进一步促进旅游业低碳化发展。

6.4 苏南旅游业低碳化转型的绩效评价

由于旅游产业正处于低碳旅游转型过程中，还远未达到低碳化的目标，加之低碳旅游涉及的部门与要素众多，相关数据可获得性困难，因此，当前对旅游业低碳化转型的绩效评价尚未有丰富的成果出现。但不少旅游企业，如许多著名景区，正大力开展低碳旅游建设，并取得了一定的成果。旅游企业的低碳绩效客观上是旅游行业低碳绩效的反映，为了评价的可行性，本研究尝试选择苏南实施低碳旅游发展战略的典型景区进行低碳绩效评价，从景区企业的低碳化绩效来反映苏南旅游全行业的低碳化转型的绩效。

6.4.1 低碳旅游绩效评价指标体系构建原则

对于旅游景区的低碳绩效评价是一个相对复杂的系统评价，所以要涉及的内容比较多，范围也较为广泛。建立合理科学的低碳绩效评价指标体系直接关系到能否有效评价旅游景区低碳绩效以及建立低碳旅游景区的意义，同时也直接影响旅游景区管理碳排放的意识，切实减少旅游景区碳管理过程中的碳排放。因而要建立一套较为科学、合理并且完善的旅游景区低碳绩效评价指标体系，必须要遵循科学性、综合性、导向性、系统性及可操作性等原则。

1）科学性原则

旅游景区的低碳绩效衡量指标涉及具体衡量碳排放以及对于整个景区碳循环的测控和衡量，包括在管理过程中的决策性问题。对旅游景区低碳绩效的测评是对于企业低碳绩效测评的一种，都需要从管理方面的措施和实施效果进行评价。对于这样的评价指标体系建立，指标选取和明确指标的概念和外延，需要保证其科学性。另外对于一些较为模糊性的概念，必须明确其概念，从而不至于导致指标间的混淆。只有确保低碳绩效评价指标体系构建的科学性、可靠性，才能够保证对于旅游景区低碳绩效评价的科学性和可靠性。

2）综合性原则

综合性原则即对于旅游景区低碳绩效的评价指标体系需要切实考虑到各项综合性指标，要相对来说较为全面和多因素的综合性评价。选取指标因子时需要较为全面同时具有一定的代表性和概括性。要尽量确保对于评价因子的选择符合对于低碳绩效的影响因素以及指标体系因子的考虑要细致全面，能够综合性地反映出旅游景区碳管理水平。

3）层次性原则

对于旅游景区低碳绩效的评价指标体系的构建需要考虑到层次性原则，要注重对于指标的划分，要切实结合模型，进行指标分层。同时需要按照对于旅游景区碳管理的各个方面进行指标细分，切实结合指标体系的可考核性以及具体性进行指标体系的明确化。指标体系的构建要结合层次性原则，使得旅游景区低碳绩效的评价指标能够分层测评。

4）系统性原则

旅游景区低碳绩效评价体系的建立应当以系统理论为基础，无论是对于评价指标之间、评价指标以及具体的低碳绩效水平考核的结果都应该是一个有机的综合体。要遵从系统性原则，对于低碳绩效水平的评价要结合实际的指标，进行隶属关系的构建，建立明确的系统性结构。通过系统结构建立具体的指标体系，能够清晰的表达各个指标间的隶属关系，有助于进行相关性的分析。

5）可操作性原则

可操作性是指评价指标体系的各项指标都需要进行实际观察、测定或测评，所有需要测评的指标都必须具有可操作性，或者能够得出具体的实际指标分值。对于旅游景区低碳绩效评价体系而言，测评的因子众多而且较为复杂，又存在着一定的关联性，应当通过具体的分解体系，把旅游景区低碳绩效评价指标体系进行简易化和明晰化，抓主要因素同时舍弃次要因素，突出低碳绩效目标的本质特征，有利于评价工作的开展。

6.4.2　低碳旅游绩效评价指标体系构建方法

1. 层次分析法

层次分析法，简称 AHP 法，是由美国运筹学家 Saaty 教授提出的一种较为简便灵活而又实用的一种定性与定量相结合的、层次化的多准则决策方法[11]。20 世纪 80 年代引入中国，将相关元素分为目标、准则、方案等层次，并在此基础上进行定性和定量评价。特别是将具体决策者的经验量化，对于那些系统目标结构复杂并且缺乏必要的数据支撑的情况更为实用。

层次分析法的判断体系主要来自于人们对于每一层次中各个元素相对重要性给出的两两相对比较判断，将复杂的问题进行层次化细分，将原有问题简单化并在层级的基础上进行分析，从而能够实现决策者的主观和经验判断量化，通过具体数据考核的形式进行展示和数量处理。采用层次分析法对于评价指标体系赋予相应的主观权重能够有效了解旅游业专家对于旅游景区低碳绩效评价因子的态度和相应的权重认知，并运用于实际的旅游景区低碳绩效标准的制定与判断。为了保证具体研究的规范性，避免个人判断对研究结果的影响，旅游景区低碳绩效评价体系的权重确定过程采用德尔菲法，广泛征询低碳旅游研究领域的相关专家、能源学者和旅游管理经营者的意见，通过反复问卷分析和整理，构建起比较判断矩阵。

1）构建层次结构模型

构建层次结构模型是一个深入分析问题的过程，对需要解决的问题进行深入分析之后，将其中所包含的因子根据不同的特征自上而下分成目标层、准则层、方案层等不同的层次，用具体表格的形式来表达层次的分析结构和因子间的具体隶属关系。对于同一层次的指标因子从属于上一层次的因素或对上一层次因子具有一定的影响作用，同时又能够对于下一层的因子进行影响和支配。

2）构造比较判断矩阵

比较判断矩阵表示的是相对上一层某一要素而言，与该要素有关联的本层要素之间的相比而言的重要性，假设要素层 B 的指标层 C 中的因子包括 C_1，C_2，C_3，C_4，…，C_n，则将 C 指标层中的各个因子相互两两比较，于是构建而成的判断矩阵如表 6-1 所示。

如表 6-1 所示，C_{ij} 指的是对于指标层中的 C_i 与 C_j 相比较而得到的两两比较的量化值，具体指的是对于要素层 B 的重要程度。对于 c_{ij} 值的赋予是根据已有知识体系、相关研究资料和经验来确定，在层次分析法的以往研究中，Saaty 采用了9 级刻度表示法（表 6-2），采用数字及其倒数的方式来表现因子之间两两比较的重要程度，同时采用一定实际代表性的比值作为实现定量化评价的依据。

表 6-1　指标层判断矩阵表

	C_1	C_2	C_3	...	C_j	...	C_n
C_1	C_{11}	C_{12}	C_{13}		C_{1j}		C_{1n}
C_2	C_{21}	C_{22}	C_{23}		C_{2j}		C_{2n}
C_3	C_{31}	C_{32}	C_{33}		C_{3j}		C_{3n}
...							
C_i	C_{i1}	C_{i2}	C_{i3}		C_{ij}		C_{in}
...							
C_n	C_{n1}	C_{n2}	C_{n3}		C_{nj}		C_{nn}

表 6-2　九级标度法及其含义

标度	程度	说明
1	相同	表示 C_i 和 C_j 两个因素相比，具有同样重要性
3	稍微	表示 C_i 和 C_j 两个因素相比，C_i 比 C_j 稍微重要
5	明显	表示 C_i 和 C_j 两个因素相比，C_i 比 C_j 明显重要
7	强烈	表示 C_i 和 C_j 两个因素相比，C_i 比 C_j 强烈重要
9	极端	表示 C_i 和 C_j 两个因素相比，C_i 比 C_j 极端重要
2,4,6,8	中间值	介于 2 个相邻标度间的重要程度
倒数		若 C_i 和 C_j 两个因素的重要性之比为 C_{ij}，则 C_j 与 C_i 的重要性之比 $C_{ji}=1/C_{ij}$

3）计算权重

首先进行计算层次单排序，就是将本层中各要素根据比较判断矩阵计算出权重顺序，主要运用了方根法和乘积法。

①计算每一行元素的乘积，然后开 n 次方，得到向量 $W^* = (w_1^*, w_2^*, \cdots, w_n^*)^T$ 其中，$w_i^* = \sqrt[n]{\prod_{j=1}^{n} c_{ij}}$　（$i=1,2, \cdots, n$）

②对 W^* 作归一化处理，得到权重向量 $W=(w_1, w_2, \cdots, w_n)^T$，其中 $w_i = w_i^* / \sum_{i=1}^{n} w_i^*$

③对每一列元素求和，得到向量 $S=(s_1, s_2, \cdots, s_n)$，其中 $S_j = \sum_{i=1}^{n} C_{ij}$

④计算 λ_{max} 的值，$\lambda_{max} = \sum_{i=1}^{n} s_i w_i = SW = \frac{1}{n} \sum_{i=1}^{n} \frac{(AW)_i}{w_i}$

4）判断矩阵的一致性及其检验

为保证以上进行的两两因素对比形成的判断矩阵的结果相互不矛盾，还需要进行一致性检验，确保 $C_{ij}=C_{ik}/C_j$（其中 i，j，k=1,2,3，…，n），只有通过检验表明具有一致性，运用 AHP 法计算的结果才有可能具有实际意义。但是在实际操作过程中，实际构造出的对比矩阵要满足以上条件较有难度，因此一致性判断具有一个范围区间，允许构造的判断矩阵在一定程度上存在不一致。通过计算随机一致性比率 CR 值来决定，$CR=CI/RI$，其中 RI 是平均随机一致性指标，$CI=(\lambda_{max}-n)/(n-1)$ 代表一致性指标，λ_{max} 为判断矩阵的最大特征根，n 为判断矩阵的阶数。当 $CI=0$ 时，表示矩阵满足完全一致性，当 $CI\neq0$，且 CR 小于等于 0.1 时，认为矩阵具有相对满意的一致性，否则需要检查和重新调整矩阵的标度值，直到实现一致性为止。本文一致性检验的过程主要是基于 Yaahp0.6.0 软件来实现的。

2. 熵权法

由熵权法本身的算法特征看来，熵权法在赋予评价指标体系权重时是较为客观的，在对于旅游景区低碳绩效的评价指标体系权重赋予的过程中，仅仅通过层次分析法对旅游景区低碳绩效赋予主观权重是不够科学的，因此在本文对于权重赋予的过程中也较多的结合了熵权法所赋予的客观权重。熵理论的提出源于 1854 年德国物理学家 Clausius，他将熵作为热力学过程可逆程度的一种量度，后来，熵理论的应用从物理学界逐渐蔓延到几乎所有的学科分支，使得熵理论的研究范围不断推广。熵一般是描述不确定大小的量，若熵值越大，则不确定性越大，对于熵的解释，当评价对象在指标上的值完全相同时，熵值达到最大值 1，熵权为零，即该指标对于要素层并未提供有效支持，可以考虑被取消，当各评价对象在指标层上的值相差较大、熵值较小因而熵权较大时，则说明该指标对于要素层提供了有效的支持，并说明在评价体系中，该指标与指标之间有明显差异，应着重考虑。同时对于指标的熵值越大，该指标的熵权越小，熵权越小，则指标越不重要，而且所有的熵权都必须满足以下要求

$$0 \leqslant w_j \leqslant 1 \quad 且 \quad \sum_{j=1}^{m} w_j = 1$$

对于具体有熵值的熵权，并不是在实际的评价过程中具有指标的具体意义上的系数，熵权指的是在给定被评价要素时，在具体评价指标数值已经确定时，各个指标在重要程度上的匹配程度。熵权法的依据主要是对于具体指标提供信息含量的多少，与熵值的大小和被评价对象有较为直接的关系，当评价要素确定之后，再根据具体的评价指标进行修改，以利于做出更为精确的评价，同时在可以利用熵权法对评价指标的精细程度进行调整，必要情况时可以重新确定评价值和评价

精度。对于熵权法具体权重的确定过程如下：

1）指标的标准化

对于评价指标体系中的各项指标由于系数的量纲不统一，所以不具有可比性。因此，在确定权重之前需要对于所有的原始指标的数据进行统一化，目的是消除指标间不同单位、不同度量标准的影响。设有 m 个对象，n 个评价指标，需要根据原始数据构建成初始数据矩阵 $X=(x_{ij})_{m \times n}$。对于某项指标 I，指标值之间的差异越大，那么它在综合评价过程中所起的作用就越大，反之则越小。本文采用指标化处理方法，以消除度量单位不一致的限制，提高评价结果的科学性。对于指标化处理的原理是通过对于指标的最大值和最小值的差距进行测算，其结果权重是介于 0~1 之间。同时根据指标对于评价目标的作用程度将其划分为正向指标和负向指标。正向指标越大，对于当地的低碳绩效评价就越积极和正面，相反的，负面指标越大，对于当地的低碳绩效评价就越消极和反面，对于正向指标和负向指标的具体处理如下

当 x_i 为正向指标时，$y_{ij}=\dfrac{x_i-x_{\min}}{x_{\max}-x_{\min}}$；

当 x_i 为负向指标时，$y_{ij}=\dfrac{x_{\max}-x_i}{x_{\max}-x_{\min}}$

其中，x_i 为初始统计值，y_{ij} 为 x_i 的标准化值，$x_{\max}$ 为指标 x_i 的最大值，$x_{\min}$ 为指标 x_i 的最小值。

（2）计算步骤：假设有 m 个待评要素，n 个评价指标，形成原始的数据矩阵 $R=(r_{ij})_{m \times n}$ 为

$$R=\begin{pmatrix} r_{11} & \cdots & r_{1n} \\ \vdots & \ddots & \vdots \\ r_{m1} & \cdots & r_{mn} \end{pmatrix}_{m \times n}$$

其中，r_{ij} 为第 j 个指标下第 i 个要素的评价值。

对于具体指标值相应权重的赋予要严格根据以下过程，首先要计算具体第 i 个要素下第 j 个指标的指标值比重

$$P_{ij}=r_{ij}\Big/\sum_{i=1}^{m}r_{ij}$$

根据计算得出的 j 指标的具体指标值的比重之后，再计算第 j 个指标的熵值 e_j 为

$$e_j=-k\sum_{i=1}^{m}P_{ij}\cdot\ln P_{ij} \quad 其中，k=1/\ln m$$

　　通过对于熵值的计算，将指标与指标之间进行比较，从而获取第 j 个指标的具体熵权 w_j 为

$$w_j = (1 - e_j) \bigg/ \sum_{j=1}^{n}(1 - e_j)$$

　　通过对于第 j 个指标的具体熵权 w_j 的计算，结合具体评价指标体系的评价对象的主观评价 a_i，按照下述公式进行综合权重的计算

$$\beta_j = \frac{a_i w_i}{\sum_{i=1}^{m} a_i w_i}$$

当各项要素在指标上的值相同时，该指标的熵值达到最大值 1，也就是其熵权为 0，对于该指标的作用是无差异的，所以该指标可以考虑到，熵权本身并不是表示指标的重要性系数，而是表示在该指标下对评价对象的区分度。

　　3. DPSIR 模型

　　DPSIR 模型是一个作为衡量可持续发展的广泛使用的评价概念模型，常用于人和环境系统的相互作用进行系统分析的一种模型方法。DPSIR 模型将整体的评价指标分为驱动力（driving forces）、压力（pressure）、状态（state）、影响（impact）和响应（response）五种类型，每种类型又分成若干种子指标[12]。DPSIR 模型是基于欧洲环境局（EEA）提出的综合压力-状态-响应（PSR）模型和驱动力-状态-响应（DSR）两个模型的优点建立的针对环境评价的管理模型，具有一定的综合性、系统性、整体性和灵活性的特点，能够有效评价人类活动与实际环境的关系，并有效整合相应的资源、发展和人类健康。近年来，DPSIR 模型由于涵盖经济、社会、资源和环境四大要素，逐渐成为了判断和评价环境状态和人为活动之间因果关系的一种有效工具。目前对于 DPSIR 模型的应用较多集中于环境系统中的评价指标体系的建立以及对于低碳城市和生态安全评价等方面，如邵超峰、张小平和朱霞以 DPSIR 模型为基础构建了评价体系分别对全国、江苏省和兰州市的低碳城市发展水平进行了评价[13]，在绩效评价领域,DPSIR 正逐步得到应用，如庄晋财等应用 DPSIR 模型对企业集聚的生态绩效进行了评价[14];陈东升用 DPSIR-SVM 模型对油气企业安全生产绩效进行评价[15];周长军用 DPSIR 模型构建了企业低碳管理绩效评价的指标体系，并成功应用[16]。由此可见 DPSIR 模型对于低碳绩效评价具有较好的适用性和可操作性，因此本文采用 DPSIR 模型来建立旅游景区的低碳绩效评价指标体系。

　　DPSIR 模型具有明显的逻辑因果关系，涵盖了经济、社会、资源和环境四大要素，在模型的驱动力、压力、状态、影响和响应的五个方面的判断研究的基

础上，对人类活动对环境的影响进行深入的研究，包括对状态的分析和对响应的分析。从低碳绩效的角度而言，低碳绩效的目标是减少该地区的整体碳排放。从低碳绩效状态的驱动力、压力、状态、影响和响应的五个方面来分析人类活动与旅游景区环境的关系进行综合评价，有助于低碳旅游景区的评价及建设。相比较与 DSR 和 PSR 模型而言，DPSIR 用于管理水平的分析较为科学，同时也能够结合实际的管理职能进行具体的分析。首先，对于"驱动力"而言，指的是旅游景区碳排放以及碳管理状况变化的潜在原因，主要指的是旅游景区所在城市当地经济发展水平和景区目前的发展状况；"压力"是指人类活动对资源环境和自然资源环境的影响，主要指的是景区内能源消耗方式以及景区碳消耗强度；"状态"指的是资源环境在上述压力下所处的状况，主要表现为旅游景区碳排放水平，旅游景区能源结构和旅游景区低碳产品组成；"影响"指的是旅游景区所处的状态对于旅游资源环境和社会经济造成的影响，具体指的是本地社会经济、本地生态环境和游客认可度；"响应"过程表现的是人类在促进可持续发展进程中所采取的对策和制定的积极政策，在低碳绩效评价模型中，具体表现为旅游景区碳排放控制、旅游景区碳管理制度以及景区低碳旅游配套设施建设。

6.4.3　旅游景区低碳绩效评价指标体系因子选取

1. 旅游景区低碳绩效评价的机理阐述

1）明确低碳绩效评价对象及评价目的

　　本文的研究对象是旅游景区的低碳绩效评价，旅游景区低碳绩效的指标体系建立和标准都是本文的研究重点。本文的指标选取主要是从旅游景区低碳化角度出发，研究旅游景区的低碳绩效问题，对于旅游景区而言，涉及到能源的使用情况、景区低碳化概念的营造等都是旅游景区低碳绩效的衡量指标。景区的旅游交通碳排放占据了很大一部分的比重，同时旅游者在景区内的旅游活动以及景区工作人员的管理活动都会造成碳排放的增加，对管理活动水平以及效果的评价难以建立一套精确的、通用的评价体系和评价标准，本文力求在旅游景区碳排放构成的基础上，建立一套比较实用和易于操作的低碳绩效评价指标体系。

　　2）旅游景区低碳绩效的 DPSIR 机理

　　低碳旅游是一种可持续的服务和生产方式，对于旅游者而言，开展低碳旅游的主要对象是旅游景区，因此开展低碳旅游的重中之重是旅游景区的碳管理措施是否到位。而旅游景区的碳管理是一项综合性和系统性的活动，碳管理不仅涉及无形的低碳理念和有形的硬件设施，还关系到旅游景区碳管理的游客认可程度的评价。本文将广泛应用于环境评价等领域的 DPSIR 模型引入到旅游景区低碳绩效评价的研究中，依据 DPSIR 模型的内在逻辑因果关系，反映出旅游景区低碳绩效和碳管理影响因素之间的因果关系。

旅游景区良好的碳管理活动，能够有效管理旅游景区的碳排放，促进景区的良性健康发展。在低碳旅游发展大趋势下，旅游活动带来的二氧化碳等温室气体排放越来越受到人们的重视，碳排放的控制不仅仅要从能源选择上入手，对于景区的硬件设施以及管理政策都需要传达一种低碳理念。对于旅游景区的低碳管理活动不仅能够减少温室气体排放，在提升旅游者认知程度上也有一定的促进作用。旅游景区应该是休闲和娱乐的区域，风景秀丽、环境清洁是其发展的必要条件，由于大量游客的涌入而导致的大量温室气体排放会促使区域环境的恶化，对旅游景区关于能源方面的碳管理又提出了一种新的要求。因此对旅游景区的低碳绩效评价研究是低碳经济形势下的大势所趋，而旅游景区低碳绩效的评价受到了外界压力和自身发展内生力的共同影响，其景区内小交通碳排放和碳管理制度都会发生一定的变化，对当前旅游景区碳管理的状态以及碳管理造成的景区大方向的影响都是作为旅游景区碳管理水平的测评因素。利用 DPSIR 模型对旅游景区低碳绩效进行评价不仅需要考虑到影响旅游景区碳管理的驱动力和压力，从外界压力和内生动力两方面来评价旅游景区碳管理的必要性和重要程度，同时也要对旅游景区低碳绩效的当前状态进行测评，然后根据当前碳管理对于旅游者的影响，根据相应的反应机制来对旅游景区的低碳绩效进行评价。通过这样的流程采取一系列相应措施，构建低碳绩效评价指标体系，更容易得出具有说服力和指导性的结论。

2. 旅游景区低碳绩效评价的指标因子选取

旅游景区低碳绩效评价体系的创建是建立在评价体系的指标因子的基础之上，对于指标因子的选择更是确保指标的可操作性和具有说服力的关键所在。本文主要通过借鉴专家学者对于低碳旅游和碳管理的研究成果，结合 DPSIR 模型，遵循评价指标体系构建原则，从五个层次来构建旅游景区低碳绩效评价指标体系框架，具体结构如图 6-1 所示。

在 DPSIR 模型的基本框架结构的引导下，采用头脑风暴法，对于前文探讨的旅游景区的特点、碳管理的内涵以及影响因素，结合景区碳管理相关知识体系和研究成果，初步选出评价旅游景区低碳绩效的影响因子，作为初始指标库（如表 6-3 所见），然后通过文献搜集分析和后期数据的收集统计，最终确定旅游景区低碳绩效的评价指标。如表 6-3 所示，本文将评价指标分为驱动力、压力、状态、响应和影响五个类别，根据指标分配的均衡性和数据的可获得性，对于指标进行了头脑风暴法式提取，最终初步确定了以下指标。

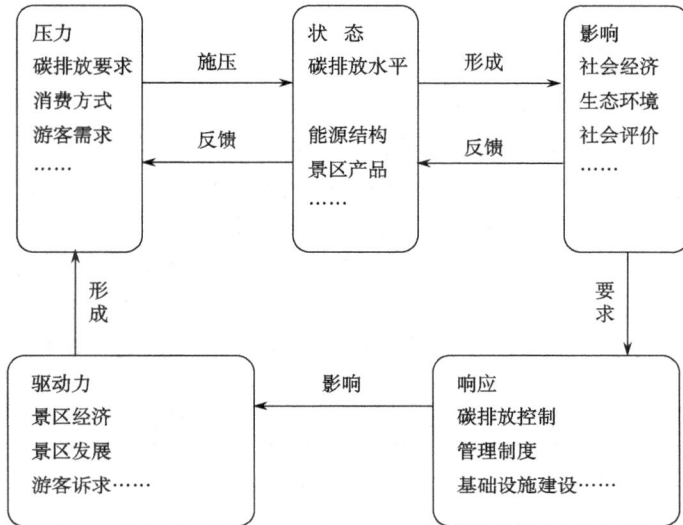

图 6-1 基于 DPSIR 模型的评价体系框架

表 6-3 旅游景区低碳绩效评价的初始指标

目标层	准则层	要素层	指标层
景区低碳绩效评价	驱动力	景区经济 B_1	当地 GDP（C_{11}）；景区旅游人次（C_{12}）；景区主要能源情况（C_{13}）
		景区发展 B_2	景区碳发展政策数量（C_{21}）；景区节能减排要求（C_{22}）
	压力	消费方式 B_3	景区公共交通载客率（C_{31}）；节能电器使用率（C_{32}）
		减排要求 B_4	游客碳诉求比重（C_{41}）；减排政策要求（C_{42}）
	状态	碳排放及补偿 B_5	碳排放来源（C_{51}）；碳补偿（C_{52}）
		能源产品结构 B_6	景区清洁能源使用率（C_{61}）；分类垃圾桶比率（C_{62}）；本地商品销售比重（C_{63}）
	影响	社会影响 B_7	当地居民旅游人次（C_{71}）；第三产业就业人数（C_{72}）；公众对低碳景区的认知率（C_{73}）；公众对低碳消费方式的认同率（C_{74}）；公众对生态环境的满意度（C_{75}）
		生态环境 B_8	区域空气质量达标率（C_{81}）；河流水质达标率（C_{82}）；植被覆盖率（C_{83}）
	响应	碳排放控制 B_9	景区空间布局紧凑性（C_{91}）；低碳交通工具比重（C_{92}）；一次性餐饮用具比重（C_{93}）；植树造林场所（C_{94}）；生态环保厕所比率（C_{95}）
		管理制度 B_{10}	环保投入比例（C_{101}）；景区卫生管理要求（C_{102}）；员工教育培训（C_{103}）

3. 旅游景区低碳绩效评价指标的筛选与确立

对于旅游景区低碳绩效评价指标体系而言,指标是评价景区低碳绩效的核心要素,同时也是衡量旅游景区低碳绩效的主要依据。本文首先采用频度统计法对有关旅游景区低碳化管理的评价、旅游景区低碳化发展的要求和相关研究报告、论文进行了频度统计,选择那些使用频率较高的指标,并且参考了国内外近年来发表的关于旅游景区低碳化发展的评价体系相关文献以及对于 DPSIR 模型的分析,并进行了数理统计,并结合上文中的 36 个指标,进行相应的补充和完善,并剔除了部分重复指标,共筛选出 48 篇文献中的 30 个指标,如表 6-4 所示。

表 6-4　筛选后旅游景区碳管理指标体系

目标层	准则层	要素层	指标层	频次
景区低碳绩效评价	驱动力	景区经济 B_1	当地 GDP C_{11}	32
			景区旅游人次 C_{12}	30
			景区主要能源情况 C_{13}	35
		景区发展 B_2	景区碳发展政策数量 C_{21}	48
			景区节能减排执行力 C_{22}	36
	压力	消费方式 B_3	景区公共交通载客率 C_{31}	46
			节能电器使用率 C_{32}	48
		减排要求 B_4	游客碳诉求比重 C_{41}	7
			减排政策目标 C_{42}	23
	状态	碳排放及补偿 B_5	碳排放来源 C_{51}	48
			碳补偿 C_{52}	48
		能源产品结构 B_6	景区清洁能源使用率 C_{61}	35
			分类垃圾桶比率 C_{62}	44
			本地商品销售比重 C_{63}	48
	影响	社会影响 B_7	当地居民旅游人次 C_{71}	15
			第三产业就业人数 C_{72}	21
			公众对低碳景区的认知率 C_{73}	48
			公众对低碳消费方式的认同率 C_{74}	32
			公众对生态环境的满意度 C_{75}	37
		生态环境 B_8	区域空气质量达标率 C_{81}	35
			河流水质达标率 C_{82}	15
			植被覆盖率 C_{83}	48

续表

目标层	准则层	要素层	指标层	频次
景区低碳绩效评价	响应	碳排放控制 B_9	景区空间布局紧凑性 C_{91}	32
			低碳交通工具比重 C_{92}	48
			一次性餐饮用具比重 C_{93}	48
			植树造林场所 C_{94}	48
			生态环保厕所比率 C_{95}	35
		管理制度 B_{10}	环保投入比例 C_{101}	46
			景区卫生管理要求 C_{102}	25
			员工教育培训 C_{103}	37

目标层：本文以旅游景区低碳绩效的综合水平作为总的目标层，综合表示旅游景区的低碳绩效表现水平。

准则层：基于 DPSIR 结构模型，分为驱动力指标、压力指标、状态指标、影响指标和响应指标。

要素层：本文根据准则层的主要五个构成，将旅游景区低碳绩效的评价分为 10 个要素层。对所有的准则层划分要素层，将驱动力分为景区经济、景区发展两个三级指标，并将压力层分为消费方式、减排要求两个衡量指标，将低碳绩效的状态分为碳排放及补偿、能源产品结构两个三级指标，并将旅游景区低碳绩效的影响分为社会影响、生态环境两个衡量指标，针对于旅游景区目前低碳绩效影响的状态，相应的响应机制反馈分为碳排放控制、管理制度两个三级要素指标。

指标层：将 13 个要素进行相应的细分如下：

（1）景区经济驱动力。景区经济对于旅游景区的碳管理工作提供了一定的物质支撑，另外，提高能源使用效率，减少旅游景区碳排放也能够有效节约景区运营成本，对于旅游景区的经济起到一定的促进作用。①鉴于旅游景区与当地经济状况的联系紧密，具体考核指标采用当地 GDP 的数值，作为衡量景区经济发展的一个重要指标，一般而言 GDP 数值越大，当地碳排放量越大；②对于景区经济而言，景区旅游人次也是景区碳管理的主要驱动力，旅游人次越多，能源需求越多，所产生的碳排放也就越多；③景区主要能源情况指的是景区使用的能源构成比例是否合理低碳，清洁能源所占比重越高，该指标得分则越高，景区的低碳绩效也就越高。

（2）景区发展驱动力。对于景区发展趋势带来的驱动力，从能源角度出发，主要考虑到的是景区低碳发展政策数量以及景区节能减排的具体要求。①对于旅游景区而言，景区低碳发展政策数量指的是一年内景区颁布的有关于碳排放和低碳化发展的政策和制度数量，作为衡量景区未来发展倾向的一个重要指标；②景区节能减排要求一定程度上反映了旅游景区在低碳化发展道路上的决心和目标，景区节能减排的计划和目标的衡量，也是评价旅游景区低碳绩效驱动力的主要因素。

（3）消费方式形成压力。旅游景区的能源消费方式会对景区的能源碳排放形成一定的压力，具体表现为旅游景区公共交通的载客率或空载率以及旅游景区节能电器使用率两个主要的四级指标；①对于碳消费方式而言，主要指的是景区的能源使用效率，如景区公共交通的空载率是对于景区能源的巨大浪费；公共交通载客率越高，景区的碳管理水平就越高；②另外对于旅游景区节能电器使用率来说，包括办公以及游客活动区域节能电器使用情况，能够有效衡量旅游景区碳管理的状态，在有关低碳旅游景区的文献中出现频率为 48 次，可作为评价指标，并对旅游景区的碳管理形成压力。

（4）减排要求压力。作为旅游景区的管理者对于景区的碳管理面临各方利益相关者的压力，如游客碳诉求比重和减排政策要求。①游客碳诉求比重是指游客在旅游过程中对旅游景区提出的碳管理要求以及期望，数据主要通过调查问卷获取，在文献中出现的频次较低，但笔者认为该指标不容忽视；②减排政策要求是景区面临的另一项压力，随着国家对于减少碳排放的政策出台，各地区对于碳排放的控制也形成了一定的政策形势，该地区对于碳排放的要求也对旅游景区的碳管理构成了实际压力。

（5）碳排放以及碳补偿状态。对碳排放水平的测度是针对旅游景区当前碳排放的实际数量测控，碳排放水平的控制则可以用对碳排放弥补的碳补偿方式进行衡量。①对于碳排放的实际衡量，景区内交通和景区垃圾处理都会带来二氧化碳等温室气体的排放，造成景区碳排放量的增加；②碳补偿比例是指旅游景区内所有的植树造林区域，主要计算方式是游客在旅游活动结束之后的植树补偿情况。

（6）能源结构及产品现状。旅游的能源结构和产品现状，需要考虑到景区交通清洁能源使用率、分类垃圾桶比率及本地商品销售比重。①景区交通清洁能源使用率，是指景区内部用于游客集散和货物运输的交通工具的清洁能源使用比率，如多数景区内交通的充电式电瓶车可视为清洁能源交通方式；②分类垃圾桶比率。对于景区垃圾回收和垃圾处理也是碳排放的一大主要来源，景区垃圾分类处理在低碳旅游景区的评价过程中出现频率为 48 次，故可以作为评价指标；③本地商品销售比重。对于旅游景区的碳管理而言，与外来商品相比，本地商品销售会减少运输过程中的温室气体排放，较为低碳环保，在大多涉及低碳旅游景区的文献中，均作为主要测评指标。

（7）社会影响。旅游景区碳管理的现状和旅游产品碳管理所处的状态，对于周围的环境、经济和游客感知都具有一定的影响，该影响也作为测评旅游景区碳排放的一项重要指标。①当地居民旅游人次作为主要考核的指标，指标表示当地居民对于旅游景区的认可，本地游客越多，说明碳管理水平越高。②周边商铺的数量在一定程度上可以反映出旅游者数量的变化和游客消费对于景区周边商业圈的影响，若商铺数量增多，人流量越大，景区的碳管理执行就更加不易。在以往的研究中对于周边商铺数量的采纳频次较少。但本文认为从碳管理的角度入手，周边商铺数量可以作为一个影响指标。③公众对低碳旅游的认知率，游客是否知道低碳旅游，并识别低碳旅游是一种健康的环保的旅游行为。④公众对低碳消费方式的认同率，即对于游客而言是否认可低碳旅游并愿意践行低碳旅游行为。⑤公众对旅游景区碳管理的满意度。作为景区的游客，对于旅游景区碳管理的满意度也是衡量社会评价的一个重要指标。

（8）生态环境。在对生态环境的衡量方面，空气质量、水质和极端天气都可以作为一个主要衡量指标。①空气质量达标率可作为一个主要的测量指标，对于该指标的学术频次统计为 48 次，空气质量达标率一直作为对于环境污染控制的主要衡量指标，温室气体的排放也与空气污染及雾霾有着直接的联系；②水质达标率是指景区内水体质量的控制合格率，水质达标率的学术频次为 28 次，可作为低碳绩效衡量指标；③植被覆盖率作为衡量旅游景区生态环境的一个重要指标，绿色植被是碳循环的最后一道步骤，也是吸收碳排放的最主要的手段，植被覆盖率越高，对于碳排放的中和能力就越高，景区的低碳绩效也就越高。

（9）碳排放控制。碳排放控制作为景区碳管理相应机制里的一个主要的要素层指标，主要包括景区空间布局的紧凑性、低碳交通工具比重和一次性餐具使用比重，植树造林场所面积以及生态环保厕所比重：①景区空间布局的紧凑性指的是在旅游景区内部旅游景点的设计是否是紧凑而有效率的，景区空间布局的紧凑性直接决定了旅游线路的长短，以及是否需要使用占碳排放比重最大的交通工具，在频次计算中出现次数为 35 次；②低碳交通工具比重的出现频次为 48 次，旅游交通一直是碳排放的主要要素，景区内旅游交通的低碳化也是进行低碳绩效评价的一个重要考核指标；③一次性餐具使用率，一次性用具的使用会造成大量的垃圾处理问题，垃圾处理所产生的碳排放也不容忽视，故而一次性餐具的使用率也是一个重要指标；④植树造林场所比重，植树造林是景区自然碳补偿的主要组成部分，其在景区面积所占的比重也是衡量响应机制的完善与否的重要体现，其出现频次是 42 次；⑤生态环保厕所比率，对于生态厕所比重的衡量也是衡量基础设施建设响应机制的重要组成部分，其出现频次是 24 次。

（10）管理制度。对于旅游景区碳管理而言，管理制度是其核心所在，主要包括经济投入，管理政策和教育培训。①环保投入比例，维持景区的正常运作需要一定的运营成本，对于景区而言，用于环保和能源效率的投入是可以作为主要的衡量指标，其出现频次为 37 次；②景区卫生管理是指对于景区垃圾和环卫工作的管理情况，如垃圾箱是否摆放合理并对于垃圾进行分类回收，环卫清洁是否及时有效都是主要的考核指标，其出现频次为 46 次；③员工教育培训也是对于管理制度而言较为主要的考核方式，员工是碳管理工作的主要执行者，对于员工低碳理念的衡量也是景区低碳绩效的衡量指标，其出现频次为 37 次。

6.4.4　旅游景区低碳绩效评价指标权重的确定

1. 熵权法确定权重

1）评价数据的收集

在旅游景区碳管理的评价指标体系中，B_1，B_2，B_6，B_8，C_{72} 为客观统计指标，通过查阅统计年鉴或者走访景区管理部门获得的相应数据。C_{51}，C_{71}，C_{83}，C_{101}，C_{102}，C_{103} 指标是通过对以往文献的汇总和审核找到的相关数据，如景区植被覆盖率、景区低碳政策普及率和景区公共交通载客率等。对于客观统计指标可以通过统计或者文献参考找到确切数据，同时可以将客观指标的统计数据通过与同类景区比较的方式转为具体的级别，通过不同景区之间的分数比较对指标的权重进行赋值。

结合查阅文献统计所得的森林覆盖率、景区游客容量、景区可再生材料使用率以及景区的相关数据，对所有指标层次进行 10 级打分分级，所有指标的最高得分是 100 分，将指标的实际水平根据评价体系的惯例划分分为 10 个等级，分别表示为极低（0～10 分）表示该指标的水准极低，甚至于没有相应指标的碳管理表现；非常低（10～20 分）表示该指标的水准非常低，对于景区管理者而言基本处于被忽视的状态；很低（20～30 分）表示该指标的水准较低，较之于极低和非常低，该指标的同水平景区较多；较低（30～40 分）表示该指标的水平在普通水平之下，没有达到普通水平；一般（40～50 分）表示该指标水平普通，并且在普通水准中处于劣势地位；中等（50～60 分）表示该指标水平在普通水准中处于优势地位；较高（60～70 分）表示该指标水准较高，在普通水准之上；很高（70～80 分）表示该指标水平较为优秀，有多数同水平景区；非常高（80～90 分）表示该指标水平非常高，在同类景区中该指标水平处于佼佼者状态；极高（90～100 分）表示该指标水平极高，在业内出类拔萃。关于具体的打分标准如表 6-5 所示。

本研究选择南京的中山陵风景区、无锡的灵山景区、苏州的同里景区作为研究苏南旅游景区低碳转型绩效研究对象。中山陵是近郊文化遗产型旅游景区，灵山是现代人造主题文化景区，同里是水乡古镇旅游景区，三大景区都是各自所在城市的核心旅游吸引物之一，在苏南旅游景区中具有代表性。三者都在大力推进低碳旅游建设，面积相差不悬殊，年接待游客量大，具有较强的典型性。因此，选择这三个景区作为案例地进行低碳绩效的评价。为了有一个比较清楚的评判标准,研究中将区域外并于 2010 年 7 月荣获中国低碳旅游景区的大丰麋鹿保护区作为苏南景区低碳绩效评价的参考景区。

表 6-5　低碳绩效指标分级标准

得分	标准	描述
90～100	极高	难以企及,很少有同水平者
80～90	非常高	指标水平非常高,佼佼者
70～80	很高	较为优秀,有多数同水平景区
60～70	较高	较高,在普通水准之上
50～60	中等	水平普通,普通水准中稍高一点
40～50	一般	水平普通,普通水准中稍低一点
30～40	较低	较低,在普通水准之下
20～30	很低	水准较低,相对同水平景区较多
10～20	非常低	指标水平非常低,忽视者
0～10	极低	很少出现有同等低水平的指标

本文于 2013 年 10 月到 12 月及 2014 年 3 月份分别在中山陵、灵山、同里、大丰麋鹿保护区四个景区进行了实地调研。调研时对于四个景区的管理部门都进行了访问,并与相关负责人和景区办公室主任等关键人物进行了访谈,同时对员工和景区的游客发放问卷和进行相关访谈,获得了第一手数据和相关资料。问卷设计时充分考虑到评价指标体系的科学性原则,评价体系中的非统计性指标作为问卷调查的主要内容,并在设计时充分采用李克特量表方法,将每个指标分为五个等级,并设定指标满分为 100 分,请调查问卷参与人员根据实际感知打分,在中山陵、灵山、同里和大丰麋鹿保护区保护区分别发放问卷 100 份,全部收回问卷,筛除无效问卷,获得有效问卷分别共 379 份。通过问卷的整理和其他指标的文献查阅统计,调查所得数据如表 6-6 所示。

表 6-6　景区低碳绩效评价指标数据

指标	中山陵		灵山		同里		大丰	
	均值	标准差	均值	标准差	均值	标准差	均值	标准差
C_{11}	73.4	4.21	75.8	6.18	93.1	5.32	56.5	4.15
C_{12}	93.6	8.25	73.1	7.65	82.1	4.12	23.1	3.32
C_{13}	77.3	——	75.4	——	76.5	——	87.3	——
C_{21}	56.8	7.32	82.3	6.12	21.7	7.62	93.2	6.11

续表

指标	中山陵		灵山		同里		大丰	
	均值	标准差	均值	标准差	均值	标准差	均值	标准差
C_{22}	77.2	6.18	80.6	5.35	76.6	6.37	92.1	4.21
C_{31}	82.1	—	73.3	—	83.4	—	56.9	—
C_{32}	77.2	—	67.3	—	53.5	—	83.2	—
C_{41}	81.4	—	83.7	—	80.3	—	96.5	—
C_{42}	80.2	7.15	86.17	5.14	21.28	6.92	87.1	6.32
C_{51}	83.7	—	87.6	—	88.1	—	12.4	—
C_{52}	89.3	—	92.5	—	23.9	—	77.2	—
C_{61}	79.2	—	86.3	—	67.4	—	91.7	—
C_{62}	73.4	—	82.6	—	62.7	—	83.2	—
C_{63}	78.6	—	67.2	—	76.1	—	83.5	—
C_{71}	86.1	—	73.5	—	89.4	—	75.6	—
C_{72}	87.7	6.25	85.1	5.37	86.5	6.69	63.8	5.82
C_{73}	82.3	—	86.5	—	72.6	—	92.4	—
C_{74}	86.2	—	87.2	—	76.3	—	93.5	—
C_{75}	89.5	—	83.4	—	79.7	—	95.1	—
C_{81}	75.3	—	77.5	—	76.2	—	74.3	—
C_{82}	73.2	—	75.3	—	67.3	—	82.1	—
C_{83}	57.4	—	47.5	—	44.7	—	89.3	—
C_{91}	29.2	—	30.6	—	96.1	—	25.5	—
C_{92}	72.5	—	78.2	—	32.8	—	86.9	—
C_{93}	73.5	—	67.1	—	83.5	—	53.1	—
C_{94}	62.1	—	64.2	—	12.9	—	60.4	—
C_{95}	76.2	—	75.4	—	73.5	—	74.2	—
C_{101}	86.6	—	82.5	—	78.3	—	92.5	—
C_{102}	75.6	—	76.8	—	73.4	—	78.5	—
C_{103}	76.7	—	78.1	—	75.8	—	90.3	—

注: 指标 B_1, B_2, B_6, B, C_{72} 数据来自于景区管理部门; C_{51}, C_{71}, C_{83}, C_{101}, C_{102}, C_{103} 指标数据来自于文献查询; 其他数据来自于问卷调查。

2）评价指标的权重计算

根据表 6-6 中的各项指标数据, 构建初始数据矩阵为

$$X = (X_{ij})_{30 \times 4} \quad (i = 1, 2, 3 \cdots 30; \quad j = 1, 2, 3, 4)$$

并通过标准化公式：

当 x_i 为正向指标时，$y_{ij} = \dfrac{x_i - x_{\min}}{x_{\max} - x_{\min}}$ ；

当 x_i 为负向指标时，$y_{ij} = \dfrac{x_{\max} - x_i}{x_{\max} - x_{\min}}$ 。

对于所有指标进行标准化处理，最终所得的无量纲化数据为表 6-7 所示。

表 6-7　低碳绩效评价指标无量纲化

指标	中山陵	灵山	同里	大丰	指标	中山陵	灵山	同里	大丰
C_{11}	0.54	0.47	0	1	C_{72}	0.79	0	1	0.13
C_{12}	0	0.29	0.16	1	C_{73}	1	0.89	0.94	0
C_{13}	0.16	0	0.09	1	C_{74}	0.48	0.70	0	1
C_{21}	0.49	0.84	0	1	C_{75}	0.57	0.63	0	1
C_{22}	0.03	0.25	0	1	C_{81}	0.63	0.24	0	1
C_{31}	0.95	0.61	1	0	C_{82}	0.31	1	0.59	0
C_{32}	0.79	0.46	0	1	C_{83}	0.39	0.54	0	1
C_{41}	0.06	0.20	0	1	C_{91}	0.28	0.06	0	1
C_{42}	0.89	0.98	0	1	C_{92}	0.05	0.07	1	0
C_{51}	0.05	0.01	0	1	C_{93}	0.73	0.84	0	1
C_{52}	0.95	1	0	0.77	C_{94}	0.67	0.46	1	0
C_{61}	0.48	0.778	0	1	C_{95}	0.95	1	0	0.92
C_{62}	0.52	0.97	0	1	C_{101}	1	0.70	0	0.25
C_{63}	0.69	0	0.54	1	C_{102}	0.58	0.29	0	1
C_{71}	0.53	0.47	0	1	C_{103}	0.43	0.66	0	1

通过上述无量纲化的数据，再通过下列公式计算出指标的熵值 e_j 为

$$e_j = -k \sum_{i=1}^{m} P_{ij} \cdot \ln P_{ij}$$

其中，$k = 1/\ln m$ 。

通过对于熵值的计算，将指标与指标之间进行比较，从而获得指标 j 的具体熵权 W_j ，具体公式如下

$$w_j = (1 - e_j) / \sum_{j=1}^{n} (1 - e_j)$$

计算最终低碳绩效评价指标的熵值和熵权如表 6-8 所示。

表 6-8　指标的熵和熵权值

指标	C_{11}	C_{12}	C_{13}	C_{21}	C_{22}	C_{31}	C_{32}	C_{41}	C_{42}	C_{51}
熵	0.3059	0.2424	0.1865	0.3113	0.1842	0.3169	0.3097	0.1894	0.3226	0.0732
熵权	0.0317	0.0346	0.0371	0.0314	0.0372	0.0312	0.0315	0.0370	0.0309	0.0309
指标	C_{52}	C_{61}	C_{62}	C_{63}	C_{71}	C_{72}	C_{73}	C_{74}	C_{75}	C_{81}
熵	0.3213	0.3111	0.3119	0.3138	0.2614	0.3226	0.3109	0.3138	0.2838	0.2934
熵权	0.0423	0. 0310	0.0314	0.0314	0.0313	0.0337	0.0309	0.0314	0.0313	0.0327
指标	C_{82}	C_{83}	C_{91}	C_{92}	C_{93}	C_{94}	C_{95}	C_{101}	C_{102}	C_{103}
熵	0.3007	0.2036	0.1245	0.3206	0.3087	0.3228	0.2877	0.2910	0.3065	0.1705
熵权	0.0322	0.0319	0.0364	0.0400	0.0310	0.0309	0.0325	0.0324	0.0316	0.0379

2. 层次分析法确定权重

1）准则层指标权重的确定及一致性检验：对于层次分析法确定权重主要根据专家打分法并发放专家咨询问卷的形式，采用 9 级标度法，请专家对于低碳绩效评价的指标进行两两重要性的判断，同时对于调查的结果运用层次分析软件 Yaahp0.6.0 计算，最终通过两两相较的形式获得了各级指标对应的权重值，并对于各级矩阵的判断进行一致性检验（表 6-9 所示 a_i 为相对权重）。

表 6-9　低碳绩效评价因子矩阵权重

低碳绩效	驱动力	压力	状态	影响	响应	a_i
驱动力	1.0000	1.1185	0.9853	1.3333	0.6667	0.1826
压力	0.8941	1.0000	0.8125	1.1135	0.9235	0.1393
状态	1.0149	1.2308	1.0000	1.1258	0.9998	0.2621
影响	0.7500	0.8981	0.8883	1.0000	0.9915	0.1106
响应	1.4999	1.0828	1.0002	1.0086	1.0000	0.3054

注：判断一致性比例：0.0001；对总目标的权重：1.000。

2）要素层指标权重的确定及一致性检验如表 6-10～表 6-14 所示。

表 6-10　驱动力要素矩阵权重

驱动力	景区经济	景区发展	a_i
景区经济	1.0000	0.9532	0.4761
景区发展	1.0491	1.0000	0.5239

注：判断一致性比例：0.0005；对总目标的权重：0.1826。

表 6-11　压力要素矩阵权重

压力	消费方式	减排要求	a_i
消费方式	1.0000	1.2536	0.6111
减排要求	0.7977	1.0000	0.3889

注：判断一致性比例：0.0013；对总目标的权重：0.1393。

表 6-12　状态要素矩阵权重

状态	碳排放	能源产品结构	a_i
碳排放	1.0000	0.9725	0.4861
能源产品结构	1.0283	1.0000	0.5139

注：判断一致性比例：0.0012；对总目标的权重：0.2621。

表 6-13　影响要素矩阵权重

影响	社会影响	生态环境	a_i
社会影响	1.0000	1.2535	0.6111
生态环境	0.7978	1.0000	0.3889

注：判断一致性比例：0.0051；对总目标的权重：0.1106。

表 6-14　响应要素矩阵权重

响应	碳排放控制	管理制度	a_i
碳排放控制	1.0000	1.5500	0.7061
管理制度	0.6452	1.0000	0.2939

注：判断一致性比例：0.0134；对总目标的权重：0.3054。

3）指标层权重的确定及一致性检验如表 6-15~表 6-24 所示。

表 6-15　景区经济指标矩阵权重

景区经济	当地 GDP	景区旅游人次	景区主要能源情况	a_i
当地 GDP	1	0.9815	0.8251	0.2659
景区旅游人次	1.0188	1	0.9763	0.3266
景区主要能源情况	1.2119	1.0242	1	0.4076

注：判断一致性比例：0.0012；对总目标的权重：0.4761。

表 6-16　景区发展指标矩阵权重

景区发展	景区碳发展政策数量	景区节能减排要求	a_i
景区碳发展政策数量	1.0000	0.8915	0.4428
景区节能减排要求	1.1217	1.0000	0.5572

注：判断一致性比例：0.0035；对总目标的权重：0.5239。

表 6-17　消费方式指标矩阵权重

消费方式	景区公共交通载客率	节能电器使用率	a_i
景区公共交通载客率	1.0000	1.1532	0.5708
节能电器使用率	0.8672	1.0000	0.4292

注：判断一致性比例：0.0026；对总目标的权重：0.6111。

表 6-18　减排要求指标矩阵权重

减排要求	游客碳诉求比重	减排政策要求	a_i
游客碳诉求比重	1.0000	0.9528	0.4758
减排政策要求	1.0495	1.0000	0.5242

注：判断一致性比例：0.018；对总目标的权重：0.3889。

表 6-19　碳排放状态指标矩阵权重

碳排放	碳排放量	碳补偿比例	a_i
碳排放量	1.0000	0.8716	0.4317
碳补偿比例	1.1473	1.0000	0.5683

注：判断一致性比例：0.0016；对总目标的权重：0.4861。

表 6-20　能源产品结构指标矩阵权重

能源产品结构	交通清洁能源使用率	分类垃圾桶比例	本地商品销售比重	a_i
交通清洁能源使用率	1	1.2635	1.1502	0.4664
分类垃圾桶比例	0.7914	1	0.9825	0.2496
本地商品销售比重	0.8694	1.0178	1	0.2840

注：判断一致性比例：0.0125；对总目标的权重：0.5139。

表 6-21　社会影响指标矩阵权重

社会影响	当地居民旅游人次	第三产业就业人数	公众对低碳景区的认知率	公众对低碳消费方式的认同率	公众对生态环境的满意度	a_i
当地居民旅游人次	1.0000	1.2312	0.9723	0.8523	0.7941	0.1412
第三产业就业人数	0.8122	1.0000	0.9814	0.8712	0.8215	0.0994
公众对低碳景区的认知率	1.0285	1.0190	1.0000	0.9925	0.6667	0.1208
公众对低碳消费方式的认同率	1.1733	1.1478	1.0076	1.0000	0.9915	0.2345
公众对生态环境的满意度	1.2593	1.2173	1.4999	1.0086	1.0000	0.4041

注：判断一致性比例：0.0136；对总目标的权重：0.6111。

表 6-22　生态环境指标矩阵权重

生态环境	区域空气质量达标率	水质达标率	植被覆盖率	a_i
区域空气质量达标率	1	1.1258	0.8537	0.3174
水质达标率	0.8882	1	0.9764	0.2864
植被覆盖率	1.1713	1.024	1	0.3962

注：判断一致性比例：0.0052；对总目标的权重：0.3889。

表 6-23　碳排放控制响应指标的矩阵权重

碳排放控制	景区空间布局紧凑性	低碳交通工具比重	一次性餐饮用具比重	植树造林场所	生态环保厕所比率	a_i
景区空间布局紧凑性	1.0000	1.3523	1.1328	0.8667	1.0024	0.2569
低碳交通工具比重	0.7395	1.0000	1.1205	0.8523	1.2531	0.1708
一次性餐饮用具比重	0.8828	0.8925	1.0000	0.9823	1.1247	0.1680
植树造林场所	1.1538	1.1733	1.0180	1.0000	1.0125	0.2693
生态环保厕所比率	0.9976	0.7980	0.8891	0.9877	1.0000	0.1349

注：判断一致性比例：0.0025；对总目标的权重：0.7061。

表 6-24　管理制度指标矩阵权重

管理制度	环保投入比例	景区环保政策	员工教育培训	a_i
环保投入比例	1	1.2138	1.1125	0.4386
景区环保政策	0.8238	1	0.9528	0.2550
员工教育培训	0.8988	1.0495	1	0.3064

注：判断一致性比例：0.015；对总目标的权重：0.2939。

4）层次分析法确定权重汇总如表 6-25 所示。

表 6-25　层次分析法确定权重

目标层	准则层 内容	权重	要素层 内容	权重	指标层 内容	权重	绝对权重
景区低碳绩效评价	驱动力（A_1）	0.1826	景区经济（B_1）	0.4761	当地 GDP（C_{11}）	0.2659	0.0231
					景区旅游人次（C_{12}）	0.3266	0.0284
					景区能源成本（C_{13}）	0.4076	0.0354
			景区发展（B_2）	0.5239	景区碳发展政策数量（C_{21}）	0.4428	0.0424
					景区节能减排执行力（C_{22}）	0.5572	0.0533
	压力（A_2）	0.1393	消费方式（B_3）	0.6111	景区公共交通载客率（C_{31}）	0.5708	0.0486
					节能电器使用率（C_{32}）	0.4292	0.0365
			减排要求（B_4）	0.3889	游客碳诉求比重（C_{41}）	0.4758	0.0258
					减排政策目标（C_{42}）	0.5242	0.0284
	状态（A_3）	0.2621	碳排放及补偿（B_5）	0.4861	碳排放来源（C_{51}）	0.4317	0.0550
					碳补偿（C_{52}）	0.5683	0.0724
			能源产品结构（B_6）	0.5139	景区清洁能源使用率（C_{61}）	0.4664	0.0628
					分类垃圾桶比率（C_{62}）	0.2496	0.0336
					本地商品销售比重（C_{63}）	0.2840	0.0383
	影响（A_4）	0.1106	社会影响（B_7）	0.6111	当地居民旅游人次（C_{71}）	0.1412	0.0095
					第三产业就业人数（C_{72}）	0.0994	0.0067
					公众对低碳景区的认知率（C_{73}）	0.1208	0.0082
					公众对低碳消费方式的认同率（C_{74}）	0.2345	0.0158
					公众对生态环境的满意度（C_{75}）	0.4041	0.0273
			生态环境（B_8）	0.3889	区域空气质量达标率（C_{81}）	0.3174	0.0137
					河流水质达标率（C_{82}）	0.2864	0.0123
					植被覆盖率（C_{83}）	0.3962	0.0170
	响应（A_5）	0.3054	碳排放控制（B_9）	0.7061	景区空间布局紧凑性（C_{91}）	0.2569	0.0554
					低碳交通工具比重（C_{92}）	0.1708	0.0368
					一次性餐饮用具比重（C_{93}）	0.1680	0.0362
					植树造林场所（C_{94}）	0.2693	0.0581
					生态环保厕所比率（C_{95}）	0.1349	0.0291
			管理制度（B_{10}）	0.2939	环保投入比例（C_{101}）	0.4386	0.0394
					景区环保政策数量（C_{102}）	0.2550	0.0229
					员工教育培训（C_{103}）	0.3064	0.0275

3. 旅游景区低碳绩效评价指标体系权重汇总

通过评价指标熵权 w_i 的计算结合评价指标的主观权重 a_i，通过下列公式对权重进行综合，计算出复合权重 β_i 为

$$\beta_j = \frac{a_i w_i}{\sum\limits_{i=1}^{m} a_i w_i}$$

表 6-26　低碳绩效评价指标体系的复合权重

指标	C_{11}	C_{12}	C_{13}	C_{21}	C_{22}	C_{31}	C_{32}	C_{41}	C_{42}	C_{51}
a_i	0.0231	0.0284	0.0354	0.0424	0.0533	0.0486	0.0365	0.0258	0.0284	0.055
w_i	0.0317	0.0346	0.0371	0.0314	0.0372	0.0312	0.0315	0.0370	0.0309	0.0309
β_i	0.0217	0.0291	0.0390	0.0395	0.0588	0.0450	0.0341	0.0283	0.0260	0.0504
指标	C_{52}	C_{61}	C_{62}	C_{63}	C_{71}	C_{72}	C_{73}	C_{74}	C_{75}	C_{81}
a_i	0.0724	0.0628	0.0336	0.0383	0.0095	0.0067	0.0082	0.0158	0.0273	0.0137
w_i	0.0423	0.0310	0.0314	0.0314	0.0313	0.0337	0.0309	0.0314	0.0313	0.0327
β_i	0.0908	0.0577	0.0313	0.0357	0.0088	0.0067	0.0075	0.0147	0.0253	0.0133
指标	C_{82}	C_{83}	C_{91}	C_{92}	C_{93}	C_{94}	C_{95}	C_{101}	C_{102}	C_{103}
a_i	0.0123	0.017	0.0554	0.0368	0.0362	0.0581	0.0291	0.0394	0.0229	0.0275
w_i	0.0322	0.0319	0.0364	0.0400	0.0310	0.0309	0.0325	0.0324	0.0316	0.0379
β_i	0.0117	0.0161	0.0598	0.0437	0.0333	0.0532	0.0281	0.0379	0.0215	0.0309

由表 6-26 中对于指标层 C 的复合权重的汇总可以看出，对于旅游景区低碳绩效影响最大的前五个指标为 C_{22}，C_{52}，C_{61}，C_{91}，C_{94}，这五个指标的权重之和为 0.3204，对于旅游景区的低碳绩效评价具有至关重要的意义。从综合权重分析中可以看出：在准则层驱动力准则（A_1）的综合权重为 0.1881；压力（A_2）的综合权重为 0.1334；状态（A_3）的综合权重为 0.2659；影响（A_4）的综合权重为 0.1042；响应（A_5）的综合权重为 0.3083。准则层五大评价指标的重要性排名为：$A_5 > A_3 > A_2 > A_1 > A_4$，其中响应 A_5 的权重远大于其他的准则层指标，是影响旅游景区低碳绩效水平的关键性因素。

6.4.5　旅游景区低碳绩效水平的等级划分

通过上文中建立的旅游景区低碳绩效水平评价指标体系的研究，指出了对旅游景区低碳绩效具有一定影响的相应指标因素及其综合权重的大小，但是对

于指标体系来说只能展现指标间的重要程度，却不能够明确判断出某个确定的旅游景区低碳绩效水平的高低，因此需要对旅游景区低碳绩效水平界定提供参照标准，从而对旅游景区的低碳绩效水平进行综合的评价界定。

本文根据旅游景区低碳绩效的初始数据的打分情况进行等级划分，将旅游景区低碳绩效水平分为 5 个级别，由于正向指标和负向指标的差异，需要对原始数据进行标准化处理形成一定的标准数据进行最终系数的计算。结合上节构建的旅游景区低碳绩效评价指标体系的权重，通过计算，确定旅游景区的低碳绩效水平等级。具体公式如下

$$CM = \sum_{i=1}^{n} X_i \beta_i$$

其中，CM 代表旅游景区低碳绩效水平，n 表示指标数量，X_i 表示第 i 个指标的原始数据标准化处理后的数据，β_i 表示第 i 个指标的权重。

通过对于具体指标的计算可以得到旅游景区的低碳绩效指数，故本文将旅游景区低碳绩效分为 5 个等级，分别表示为"非常高、较高、一般、较低、非常低"，具体划分标准如表 6-27 所示，可明确旅游景区低碳绩效状况。

表 6-27　旅游景区低碳绩效等级划分表

等级	I	II	III	IV	V
低碳绩效	非常低	很低	一般	很高	非常高
系数范围	[0,1]	(1,2]	(2,3]	(3,4]	(4, 5]

对于不同等级的低碳绩效特征表述如下：

I 级（非常低）：旅游景区的碳管理水平非常低，旅游景区的碳排放较高，同时对于能源的使用以高碳能源和不可再生能源为主，缺少节能减排的投入和政策压力，并在景区的运营过程中用于能源方面的成本占据很大比重，并在景区布局不合理，游览路线设计缺乏效率，导致大量无谓碳排放，同时景区缺少相应的碳补偿和碳中和措施来抵消景区运营中产生的碳排放。

II 级（很低）：旅游景区的碳管理水平很低，旅游景区的碳排放相对较高，对于能源的使用大部分为高碳能源和不可再生能源，并结合适量的清洁能源。管理措施方面，对于节能减排的投入和政策制定方面不到位，并在景区的运营过程中用于能源方面的成本占据相当比重，此外景区布局不太紧凑，游览路线设计效率不高，产生一定的无谓碳排放，同时景区用于抵消碳排放的碳补偿和碳中和措施应用较少。

Ⅲ级（一般）：旅游景区的碳管理水平处于较普通的水平，对于能源的使用中高碳和不可再生能源如煤炭、石油占据小部分的比重，采用清洁生产技术，景区的实际交通载客率以及低碳交通工具的使用都具有一定的比重，但并不是特别高，对于节能减排的效果不甚显著，景区也采用一定的碳补偿和碳中和政策，但是并未形成一定规模。

Ⅳ级（很高）：旅游景区碳管理的水平很高，高于一般景区的碳管理水平，对于能源的使用，较大比例采用清洁能源，清洁生产技术的使用也较为广泛，景区线路的设计、交通工具的安排都较大程度上考虑了低碳景区的构建方式，并定期进行植树造林补偿碳排放，定期组织员工进行低碳知识和低碳政策的培训，确保低碳概念深入人心。

Ⅴ级（非常高）：旅游景区的碳管理水平非常高，处于业界领先地位，对于能源的使用，全部采用清洁能源，并有效采用清洁生产等高新技术。对于景区线路设计、景区公共交通设计切实考虑到碳排放的影响，做到低碳排放甚至零排放，同时定期组织较大规模的植树造林计划抵消碳排放，对员工定期培训低碳知识和低碳技术，并能将低碳旅游的理念传达给游客，切实构建低碳景区。

6.4.6　苏南典型旅游景区低碳转型绩效评价

1. 中山陵风景区低碳转型绩效评价

1）中山陵风景区概况

中山陵园风景区是国家重点风景名胜区钟山风景区的主体部分，国家 5A 级景区，素有"龙盘虎踞，紫气东来"之称，是孙中山先生的陵寝及附属建筑群所在地。景点包括中山陵寝、孙中山纪念馆、中山书院、音乐台等景点，构成了中山陵风景区的主要景观，面积共 8 万余平方米。中山陵于 1926 年 1 月由吕彦直先生担任总建筑师设计建造，景区位于南京市近郊，拥有独特的历史文化、自然景观和生态资源。在海内外的知名度较高，长期以来一直具有强大的旅游吸引力，中山陵风景区已经成为国内外游客来南京旅游的必然选择。自 2010 年 11 月 12 日孙中山先生诞辰中山陵景区免费以来，中山陵园风景区接待人数逐年快速增长，2013年中山陵园风景区共接待游客 913 万人次，达到历史新高（图 6-2）。

面对快速增长的游客人数，2010 年中山陵景区就规定从 1 月 10 日起景区黄标车限行，构建低碳交通体系，鼓励采用公共交通、电动车以及自行车或徒步的方式进行低碳旅游。同时中山陵景区在 2013 年新建成由琵琶湖至环陵路的约 17 公里的绿道供游客进行骑车、散步的低碳旅游。对于景区碳管理而言，中山陵景区位于市区，作为南京市的天然氧吧和城市休闲的集中地，对于中山陵园风景区低碳绩效的评价也衡量了中山陵低碳管理的效果，因此本文选取中山陵作为城市近郊和城市休闲景区类型的典型景区。

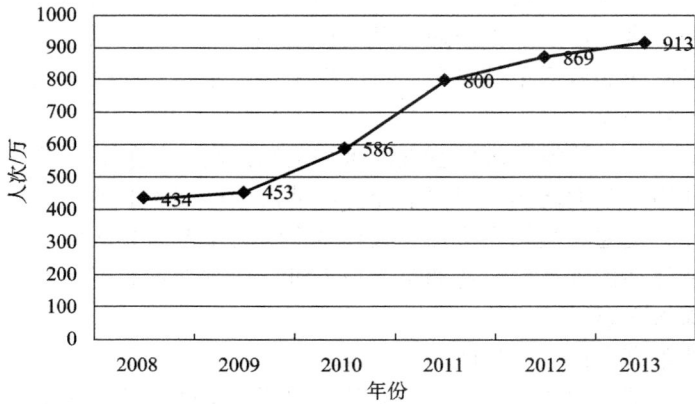

图 6-2　中山陵景区游客人次变化

2）中山陵景区低碳绩效综合评价及分析

　　通过对中山陵经营管理数据的搜集和相关文献的查阅，并结合实际调查问卷进行相关非统计指标数据的整合。结合前文建立的旅游景区低碳绩效评价体系，对于中山陵的数据进行标准化处理，并结合实际的权重分配进行计算，获得的指标之间分配量如图 6-3 所示，可以看出，对于中山陵低碳绩效的评价体系指标而言，系数得分分布较为均匀，个别指标如碳补偿和植树造林场所对于旅游景区碳管理水平的评价具有非常重要的影响，综合权重计算，中山陵景区的最终低碳绩效系数为 3.0724，显示中山陵景区为旅游景区低碳绩效的第四等级，即"低碳绩效很高"的四级。

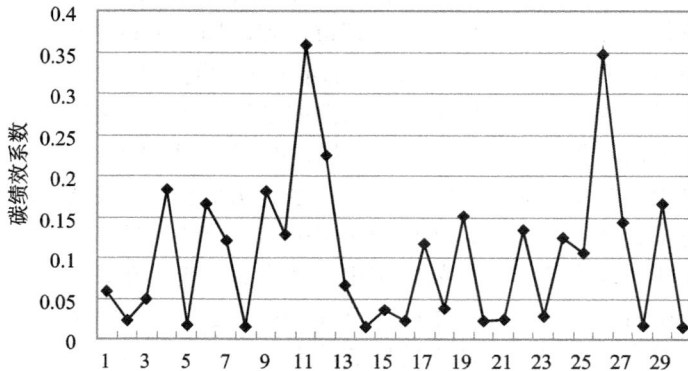

图 6-3　中山陵低碳绩效评价指标分配结果

通过对具体评价指标的细分，我们可以从五个方面来进行中山陵低碳绩效水平的详细分析。首先是驱动力准则层，从模型中我们将驱动力分为景区经济和景区发展来衡量景区进行碳管理的内在动力和主要深层原因。通过实际数据的分析可以看出，旅游景区的驱动力准则层的最终指数为 0.3317，占最终低碳绩效评价得分的 10.03%。在实际原始数据的分析中可以看到，2010 年中山陵免费开放以后，游客人次激增，对于景区的运营、交通和景观形成了巨大的压力，游客人次的增多带来了交通碳排放和固体垃圾碳排放处理问题。故在驱动力准则层，景区旅游人次变化（C_{12}）对于碳管理来说形成了一定的驱动力，对于低碳绩效来说低于普通水平。同时由于中山陵在 2010 年以来考虑到游客人数的激增，颁布了一些规定如禁止黄标车、建设绿道来营造低碳交通和低碳景区，驱动力层面上，中山陵在景区碳发展政策数量要素（C_{21}）中得分较高。

在压力层面上，中山陵的整体低碳绩效指数为 0.4826，占低碳绩效总指数的 15.58%。对于景区碳管理面临的压力，包括景区公共交通载客率、节能电器使用率、游客碳诉求及减排政策要求的减排量。由于景区免费开放以及景点之间的平均距离较远，中山陵风景区的景区内交通工具小火车普及率较高，公共交通的载客率也较高。笔者走访了中山陵管理局办公室并查看了办公室内节能电器的使用情况，通过与景区员工的访谈，发现大部分景区内的电器都更新过，并有节能环保标志。对于压力层面上，游客的碳诉求调查中，只有 52.72% 的游客认为中山陵应该更加注重减少碳排放。故在压力层面上，景区公共交通载客率（C_{31}）和节能电器使用率（C_{32}）两个指标中山陵的得分较高。

在状态层面上，中山陵状态准则层低碳绩效指数为 0.7896，占总体低碳绩效指数的 25.50%。状态因子分为景区的碳排放以及碳补偿现状，针对中山陵的碳排放，根据谢园方的调查数据，景区内交通碳排放达到了 188.46 吨。在景区的碳管理层面上碳排放越高，景区低碳绩效的状态水平就越低。碳补偿方面，中山陵景区已经拥有森林面积 3 万余亩，森林覆盖率 80% 以上，年吸收二氧化碳 480 万吨，释放氧气 380 万吨。同时景区内交通从 2010 年免费开放后就禁止公交车和私家车进入景区，开放电动小火车作为主要交通工具，真正做到清洁交通的建设。中山陵景区的碳补偿远远大于碳排放，使得中山陵的碳管理维持在一个比较好的状态中。

影响层面上，中山陵景区的低碳绩效系数为 0.5454，占总体低碳绩效系数的 17.61%。景区内的当地居民旅游人次占有较大比重，同时第三产业就业人数也具有一定程度的增长。公众对于低碳旅游的认知、态度和对于中山陵建设的满意度都较高。在调查中得知，了解低碳旅游的游客占 85.32%，认同低碳旅游消费方式的游客相对较低，占有 72.48% 的比重，对中山陵景区的低碳生态环境的满意度较高，达到了 91.17%。故中山陵风景区的低碳绩效系数在碳排放的影响层面上获得了较高的支持和较好的得分。

最后，在响应层面上，中山陵景区的低碳绩效系数为 0.9465，占总体低碳绩效系数的 30.57%。低碳绩效的响应准则，分为碳排放的控制以及景区的管理制度。对于中山陵而言，碳排放的控制较高得分为景区的植树造林场所（C_{94}）和景区环保政策数量（C_{102}）。调研中发现，中山陵景区致力于环境的保护和改造，每年的植树规模呈一定的比例增长，针对景区的林木植被有专门的保护措施。同时碳排放的控制包括景区的空间布局紧凑性，中山陵则得分较低，因为景区较为分散，需要一定的交通工具才能保证游览线路的高效性。

2. 灵山景区低碳转型绩效评价

1）灵山景区概况

灵山景区位于无锡市马山区，濒临太湖，于 1997 年开门迎客，景区面积约 30 公顷，是集文化与艺术、信仰与科技于一身的当代著名的佛教旅游胜地，经过十年多的发展，灵山景区已经成为江南佛教文化的代表性景区之一。作为 1997 年新建而成的宗教朝拜胜地景区，无锡灵山的旅游人次在 2008 年就达到了 200 万人次，并处于持续增长的过程中，旅游人次的增加也带来了碳排放方面的压力。

2011 年，灵山与中国质量认证中心联合，对于景区碳排放点进行核查，制定改进方法，编撰温室气体排放清单，并取得国内首家旅游景区低碳核查证书。在此基础上，灵山景区管理公司建立起一套能源管理体系，节能降耗，并且在半年时间内将水、电、油三大能源消耗同比下降 31%、9.8%、16.1%。景区管理公司建立《绿化用水管理制度》《景观灯光控制管理制度》等能源管理制度，对于景区的油改气工程、智慧景区的建造制定了相应的节能目标。景区规划建设过程中进行了一定的低碳布局和低碳化安排。灵山景区的发展历程很有限，但是作为新建景区的代表，并如此重视碳排放的控制，对其进行低碳绩效评价具有一定的代表意义。

2）灵山景区低碳绩效综合评价及分析

通过对灵山景区经营管理数据的搜集和相关文献的查阅，并结合实际调查问卷进行相关非统计指标数据的整合。结合前文建立的旅游景区低碳绩效评价体系，对灵山的数据进行标准化处理，并结合实际的权重分配进行计算，获得的指标之间分配量如图 6-4 所示，可以看出，对于灵山景区低碳绩效的评价体系指标而言，系数得分分布较为均匀，压力、影响和控制准则层的低碳绩效水平较高，综合权重计算，灵山景区的最终低碳绩效系数为 3.1840，结果显示灵山景区为旅游景区低碳绩效的第四等级，即"低碳绩效很高"，较之中山陵景区的 3.0959，灵山景区的低碳绩效较高。

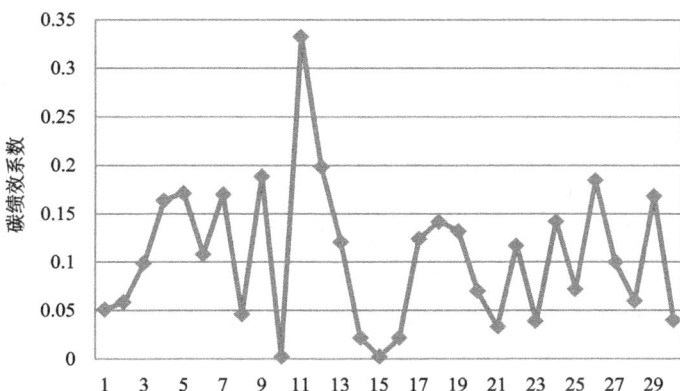

图 6-4　无锡灵山低碳绩效评价指标分配结果

图 6-4 可以看出，灵山景区在碳排放控制方面，压力层面、状态层面和控制层面的管理水平较高，因而获得较高的评价指数。具体分析来看，灵山景区的驱动力层面评价指数为 0.5446，占低碳绩效评价指数的 17.10%；压力准则层面的评价指数为 0.5139，占整体低碳绩效评价指数的 16.17%；状态层面的评价指数为 0.6776，占整体低碳绩效评价指数的 21.28%；影响准则层面的评价指数为 0.6420，占整体低碳绩效评价指数的 20.16%，响应准则层面的低碳绩效评价指数为 0.8057，占整体低碳绩效评价指数的 25.30%。由此可见，在响应准则层面和状态层面的指标上灵山景区的碳管理措施比较得当，取得了较好的管理水平。

具体来看，驱动力层面上，灵山景区的驱动力层面评价指数为 0.5446，占低碳绩效评价指数的 17.10%。当地 GDP 和旅游人次对于景区来说都保持在一个较高的层面上，景区的碳发展政策和节能减排要求达到了 0.37 的指数，远远高于其他指标，在资料查询中，我们也发现，景区对于节能减排方面的要求和碳相关的规章制度数量较之普通景区多，并且提出了具体的节能减排要求。就驱动力而言，灵山景区已经将减少碳排放作为一项政策来驱动景区的碳管理行为。

压力准则层面的评价指数为 0.5139，占整体低碳绩效评价指数的 16.17%。可以看出，压力对于景区来说，带来的评价指数也处于较高的水准。从分指标中，可以看出，灵山景区在景区公共交通载客率和节能电器使用率上处于较高水平，景区交通效率较高，同时对于景区的减排目标制定较为明确，具有详细的节能减排制度和具体操作标准。故对于灵山景区而言，压力层面中的景区公共交通载客率和节能电器使用占有较高比重。

状态层面的评价指数为 0.6776，占整体低碳绩效评价指数的 21.28%。状态层面亦即旅游景区的实际低碳状态，对于灵山景区的低碳绩效水平评价具有一定的代表性意义。状态层面的标准包括实际的碳排放量和碳补偿比例，以及景区内清洁交通的使用和分类垃圾桶比例。在评价指数中，可以看出灵山景区的碳补偿和清洁交通能源使用比率评价指数较高，表明灵山景区在碳补偿和清洁交通能源使用方面具有一定的优势。

影响准则层面的评价指数为 0.6420，占整体低碳绩效评价指数的 20.16%。影响层面的具体指标包括社会影响和生态环境评价两个要素层，从具体指标的分解可以看出，景区的植被覆盖率和公众对于生态环境的满意程度两项指标占据了很大比例，由于景区对于生态环境的重视和节能减排的要求，在灵山景区内，游客对于低碳景区的认知率和消费方式的认同率都保持在 85%以上，体现灵山景区的低碳建设取得了一定的认可和实际效果。

响应准则层面的低碳绩效评价指数为 0.8057，占整体低碳绩效评价指数的 25.30%。从响应层面中可以降低碳绩效评价指标细分为碳排放控制和管理制度两方面，碳排放控制指的是景区空间布局的紧凑性，通过实地调研和测量，灵山景区的景点布局较为紧凑并且游览线路设计效率较高，同时景区的环保投入较高，并取得了一定的成效。

3. 同里景区低碳转型绩效评价

1）同里景区概况

同里景区作为中国十大魅力古镇，位于吴江市，始建于宋代，至今已有 1000 多年的历史，古镇是江南六大著名水乡之一，是名副其实的水乡古镇。同里古镇面积 33 公顷，景区内自成水网，河流总长度 5.14 公里，邻水民居 5.46 万平方米，民居总建筑面积的 36.9%，是江苏省最早也是唯一将全镇作为文物保护单位的古镇，更是江苏省首批历史文化名镇，镇里布局因水成街，因水成路，因水成园，巧妙而自然地将景区内的水、路、桥、民居和园林融为一体，构成了同里特有的水乡风貌。由于古镇居民作为景区内的常住人口，同里景区可以作为混杂性居住景区低碳绩效评价的主要代表。

2）同里景区低碳绩效综合评价及分析

通过对同里景区经营管理数据的搜集和相关文献的查阅，并结合实际调查问卷进行相关非统计指标数据的整合。结合前文建立的旅游景区低碳绩效评价体系，对于同里的数据进行标准化处理，并结合实际的权重分配进行计算，获得的指标之间分配量如图 6-5 所示，可以看出，对于同里景区低碳绩效的评价体系指标而言，系数得分分布差异较大，状态和响应准则层的低碳绩效水平较高，综合权重计算，同里景区的最终低碳绩效系数为 1.5529，结果显示同里景区为旅游景区低碳绩效的第二等级，即"低碳绩效很低"的二级，较之中山陵景区的 3.0959，灵山景区的 3.184，同里景区的低碳绩效处于较低的水平。

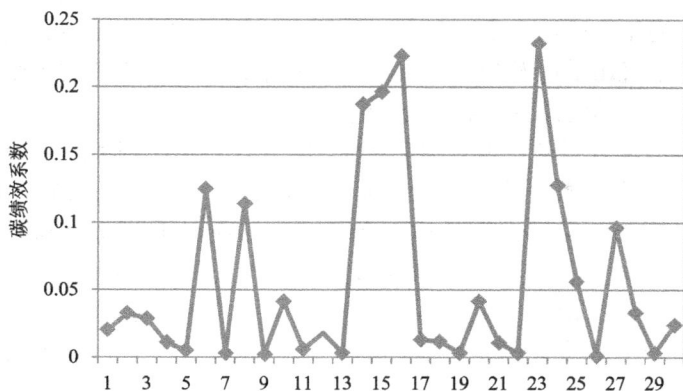

图 6-5　同里景区低碳绩效评价指标分配结果

由图 6-5 可以看见，同里整体低碳绩效评价指数低于其他景区，同时指数的具体数额分布较之其他景区而言，压力和影响层面上的指数也较高。具体分析来看，同里景区的驱动力准则层的评价指数为 0.0976，占整个同里景区低碳绩效评价指数的 5.8436%；压力准则层的评价指数为 0.2440，占同里景区整体低碳绩效指数的 14.60%。状态准则层的评价指数为 0.2552，占总体低碳绩效价指数的 15.27%，影响层面的评价指数为 0.5016，占总体低碳绩效评价指数的 30.01%，响应准则层的评价指数为 0.5726，占同里景区整体低碳绩效评价的 34.26%。总体而言，对于同里景区，响应层面和影响层面低碳绩效水平的评价较高。

从驱动层面来说，驱动力准则层的评价指数为 0.0976，占整体同里景区低碳绩效评价指数的 5.8436%，对于同里景区的具体指标而言，景区的各项指标都普遍偏低，同里所在的苏州市 GDP 全省排名一直稳居第一，景区的能源成本相对较高，同时景区管理部门并没有制定相应的碳排放政策和节能减排要求，所以对于同里景区而言，驱动力相对来说较为薄弱，故从驱动力准则上评价同里的低碳绩效是处于一个较低水平。

压力准则层的评价指数为 0.2440，占同里景区整体低碳绩效指数的 14.60%。对于压力层面的细分指标，景区公共交通载客率和景区的游客碳诉求是出于一个较高的比重，而景区减排政策缺少相应的目标，节能电器的使用率方面通过走访中调查得知，同里景区不是特别注重节能环保标识。由此可见，对于同里景区的管理部门而言，减少景区碳排放并未形成一定的压力，也并未提到景区日常管理的议事日程上。

状态准则层的评价指数为 0.2552，占总体低碳绩效评价指数的 15.27%。将状态层的指标细分后发现，同里景区的碳补偿比例较低，由于古镇人员居住较为密集，没有足够的绿化面积，所以景区的碳补偿处于较低标准，同时由于景区内的交通方式主要为船，所以在状态层面上景区清洁交通的评价指数较高，而对于景区内本地商品销售比重以及分类垃圾桶比例并不太高，处于普通水平，因而在状态层面，旅游景区的低碳绩效状态评价指数并不高。

影响层面的评价指数为 0.5016，占总体低碳绩效评价指数的 30.01%。当地居民旅游人次和第三产业就业人数在同里景区占有相当大的比重，因而同里的社会影响要素层产生的低碳绩效评价指数较高，而对于公众对低碳旅游的认知率，以及低碳行为的认同率还有游客对于同里生态环境的满意度都处于一个普通的水平，并未同中山陵景区或灵山景区一样达到较高水平，而景区的水质达标率和植被覆盖率并不够高，产生的对生态环境的影响也并未达到较高的评价标准。

响应准则层的评价指数为 0.5726，占同里景区整体低碳绩效评价的 34.26%。响应层面细分指标可以看到，对于具体的详细指标打分，景区空间布局紧凑性（C_{91}）的评价指数很高，因为景区内空间的特色，景区内步步皆景，景点的布局较为集中，另外对于低碳交通工具的使用比重较高，景区的环保投入也相对较高，另一方面，由于空间的限制，景区缺乏相应的植树造林场所对于碳排放进行补偿以及进行碳中和，对于员工的教育和培训也并未涉及到碳管理相关内容。因此评价结果显示同里景区的低碳绩效水平保持在较低水平。

4. 大丰麋鹿保护区低碳绩效评价

1）大丰麋鹿保护区概况

大丰麋鹿保护区，是国家级自然保护区，又称中华麋鹿园，是世界上第一个也是面积最大，种群数量最多的野生麋鹿园。保护区集科研保护、科普教育、生态旅游和休闲度假于一体，是全球唯一、中国仅有的以麋鹿文化为主题的国家 4A 级旅游景区。大丰麋鹿保护区位于黄海之滨，保护区总面积 78 000 公顷，其中核心区 2668 公顷，景区拥有世界最大的野生麋鹿种群，也建立了世界最大的麋鹿基因库。保护区接待了近百万人次的游客，在旅游的同时也向游客宣传野生动物保护知识，对于提高公众的环境意识起到一定的促进作用。对于大丰麋鹿保护区类型的湿地景区的研究可作为低碳绩效评价的一种样本。

在 2010 年 7 月 8 日召开的首届中国低碳旅游建设峰会上，大丰麋鹿国家级自然保护区被授予首批"中国低碳旅游景区"的荣誉称号，在国内低碳旅游景区的认证中获得一定的认可和认知。大丰保护区的管理当局也将低碳旅游的理念渗透到景区日常经营管理的细节中，开展"低碳生活，低碳旅游"为主题的生态科普宣讲活动，营造了一种良好的低碳旅游氛围。同时，借助创建中国低碳旅游景区的契机，大丰麋鹿保护区规定燃油车一律不得进入景区，可以有效减少景区汽车尾气的排放，降低人为碳排放，构建低碳旅游景区。

2）大丰麋鹿保护区低碳绩效综合评价及分析

通过对于大丰麋鹿保护区相关数据的搜集和有关文献的查阅，并结合实际调查问卷进行相关非统计指标数据的整合。结合前文建立的旅游景区低碳绩效评价体系，对于大丰麋鹿保护区的数据进行标准化处理，并结合实际的权重分配进行计算，获得的指标之间分配量如图 6-6 所示，可以看出，对于大丰麋鹿保护区低碳绩效的评价体系指标而言，系数得分分布差异较大，状态和响应准则层的低碳绩效水平较高，综合权重计算，大丰麋鹿保护区的最终低碳绩效系数为 4.4816，结果显示大丰麋鹿保护区为旅游景区低碳绩效的第五等级，即"低碳绩效水平非常高"的五级，较之中山陵景区的 3.0959，灵山景区的 3.184，大丰麋鹿保护区的低碳绩效水平处于非常高的水平。

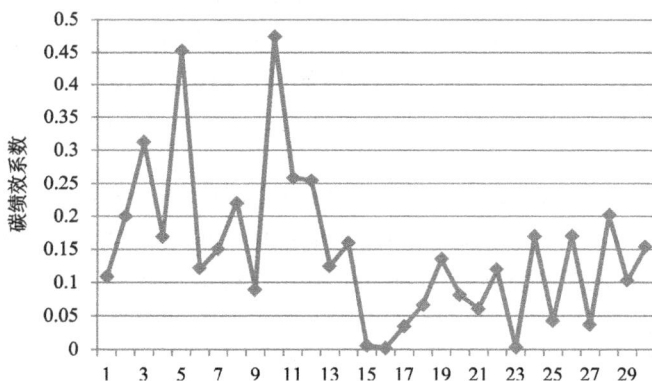

图 6-6　大丰麋鹿保护区低碳绩效评价指标分配结果

由图 6-6 可以看出，大丰麋鹿保护区的各项评价指数都处于较高的水平，除了当地居民旅游人次和第三产业就业人数稍微有些低，景区空间布局的紧凑性之外，景区的各项评价指数都高于平均水平。具体从准则层来看，驱动力准则层的评价指数为 1.2719，占大丰麋鹿保护区的总体低碳绩效评价指数的 27.71%；压力准则层的评价指数为 0.5836，占大丰麋鹿保护区的总体低碳绩效评价指数的 13.02%；状态准则层的评价指数为 1.2714，占大丰麋鹿保护区的总体低碳绩效评价指数的 28.36%；影响准则层的低碳绩效指数为 0.5049，占总体低碳绩效评价的 11.26%；响应准则层的低碳绩效评价指数为 0.8796，占总体低碳绩效评价的 19.62%。

大丰麋鹿保护区的驱动力准则层的评价指数为 1.2719，占大丰麋鹿保护区的总体低碳绩效评价指数的 27.71%。就驱动力而言，大丰麋鹿保护区的 GDP 较低，年旅游人次也较少，由于 GDP 和旅游人次产生的人为碳排放较少，故此两项指标得分较高；由于景区被评为"中国低碳旅游景区"，景区对于碳减排和环境保护较为敏感，并作为日常工作的重要内容，对于节能减排的执行力也较高。故在大丰麋鹿保护区的驱动力低碳绩效水平评价指数较高。

大丰麋鹿保护区的压力准则层的评价指数为 0.5836，占大丰麋鹿保护区的总体低碳绩效评价指数的 13.02%。就压力层面上来说，大丰麋鹿保护区的减排政策目标较为明确，景区的游客碳诉求也保持在 80%的比例以上，为了充分保护麋鹿的生存环境，景区内的交通载客率都保持在较高水准，来保证保护区内的车流量和生态环境的和谐关系，并对于办公设备都采用节能环保型产品。

大丰麋鹿保护区的状态准则层的评价指数为 1.2714，占大丰麋鹿保护区总体低碳绩效评价指数的 28.36%。就详细指标来看，大丰麋鹿保护区对于低碳绩效的状态也维持在较高水平，如景区的碳排放量和碳补偿达到了一定的均衡，由于大丰麋鹿保护区面积较大，据工作人员介绍，景区的植被覆盖率达到了 80%以上，并且还在不断增长；对于景区的清洁能源使用，垃圾分类回收以及本地商品销售比重都处于一个比较高的水平。因而，在状态层来看，大丰麋鹿保护区的低碳绩效当前是处于较高水准。

大丰麋鹿保护区的影响准则层的碳管理评价指数为 0.5049，占总体低碳绩效评价的 11.26%。就大丰麋鹿保护区影响准则层的低碳绩效评价指标细分研究来看，大丰的低碳绩效影响可以分为社会影响和生态环境影响，就生态环境影响来看，大丰的水质达标率，空气质量达标率和植被覆盖率都高于其他三个景区，同时景区的公众认可度也达到了 80%以上，但是当地第三产业就业人数并不太多，当地居民旅游人次也没有达到较高水平，大丰麋鹿保护区的社会影响还有待加强。

大丰麋鹿保护区的响应准则层的低碳绩效评价指数为 0.8796，占总体低碳绩效评价的 19.62%。从响应准则层的指标细分来看，景区的空间布局紧凑性并不太高，而低碳交通工具比重、植树造林场所以及环保政策数量等其他指标都具有较高的评价指数。至于景区空间布局的紧凑性，由于交通工具的低碳性，也对景区整体低碳绩效水平没有造成太大的影响。

6.4.7　苏南典型景区低碳化转型绩效水平比较

综合中山陵景区、灵山景区、同里景区和大丰麋鹿保护区的低碳绩效评价结果，可以得出以下结论：首先，就低碳绩效而言，整体上大丰麋鹿保护区的低碳绩效高于灵山景区，灵山景区的低碳绩效高于中山陵景区，中山陵景区的低碳绩效高于同里景区，亦即大丰麋鹿保护区＞灵山景区＞中山陵景区＞同里景区。

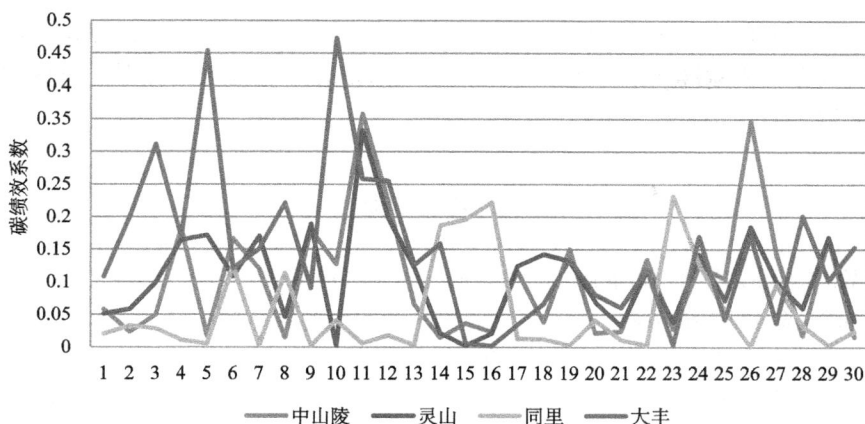

图 6-7 典型景区低碳绩效比较

如图 6-7，从 DPSIR 指标层的分布来看：1～5 为驱动力层面，驱动力层面的评价指标分布差异较大，表现差异为中山陵、灵山、同里和大丰的驱动力要素分布差异较大，如景区压力和景区发展的评价得分差异较大；具体表现为各旅游景区面对的低碳绩效驱动力的不一致性以及实际对于低碳绩效的内在要求的差异性；其次，6～9 为压力层面，在压力层面上，景区的消费方式差异性较小，对于景区清洁交通能源的使用较多都采用电力驱动、所产生的温室气体排放较小，故景区低碳绩效所面临的压力差异不大；再次，10～14 为状态层面，由图 6-7 可以看出，景区在状态层面上差异较大，实际低碳绩效水平的控制则存在一定的差异性，特别是碳补偿指标的相对得分；另外 15～22 为影响层面的得分，由图 6-7 可见，具体得分差异性也显示出较大差异性，如植被覆盖率、第三产业就业人数得分较为不同，另外在 23～30 的响应层面上，指标之间也存在较大的差异性，如景区的空间布局紧凑性、景区内植树造林场所的面积以及员工教育培训次数等。由以上结论可见，对于旅游景区的低碳绩效评价，五方面的评价要素都具有一定的重要性。总体来说具有最大的差异的是驱动力、状态和响应三个方面的准则层，分别反映了旅游景区低碳绩效的不同方面的实际水平得分情况。

从评价指标的分布来看，大丰麋鹿保护区的主要评价指数分布差异较大，且评价指数主要来源于景区的节能减排执行效果较好，景区的整体碳排放来源较少，景区的碳补偿比例和清洁能源使用率较高这四个主要指标；灵山景区的低碳绩效指数的分布较为平均，且评价指数主要源于景区碳发展政策的执行程度较高、景区的节能减排发展政策数量较多，景区减排政策目标制定较为明确、景区的碳补偿比例较高，景区的清洁能源使用率较高；中山陵景区的低碳绩效评价指数主要在于景区的碳发展政策数量较多、景区的碳补偿比例较高，景区的清洁能源使用率较高、以及景区的植树造林场所较多；对于同里景区而言，本地商品销售比重、当地居民旅游人数和第三产业就业人数以及景区空间布局紧凑性对于景区的低碳绩效评价指数来说贡献较大。

参 考 文 献

[1] 白昱. 低碳生态经济视角下企业碳绩效评价体系及其应用. 济南: 山东财经大学, 2014.

[2] 孟凡会. 企业低碳绩效综合评价研究. 济南: 山东财经大学, 2014.

[3] 段磊, 徐耀. 低碳化绩效管理. 北京: 化学工业出版社, 2011.

[4] 向海燕, 张同建, 刘涛. 我国企业低碳绩效测评体系的设计与思考. 经济导刊, 2011, 5: 68~69.

[5] 卜华白, 卜时珍. 低碳经济背景下企业实施绿色化生产的经济绩效研究. 生态经济, 2011, 3: 79~89.

[6] 马勇, 陈小连. 低碳旅游的发展模式与实践创新. 北京: 科学出版社, 2011.

[7] 文红. 响应低碳经济的酒店绿色营销绩效评价与绿色营销路径. 商业经济, 2015, 7: 89~91.

[8] 李蕻, 朱承亮, 安立仁. 中国经济低碳转型绩效的历史变迁与地区差异. 中国软科学, 2013, 5: 167~182.

[9] 汪秋菊, 刘宇. 公平视角下旅游绩效的测度. 北京第二外国语学院学报, 2014, 7: 55~62.

[10] 王伟. 公共资源类旅游景区绩效评价指标体系构建. 企业经济, 2014, 6: 136~140.

[11] Saaty T L. What is the analytic hierarchy process? Springer Berlin Heidelberg, 1988.

[12] 曹红军. 浅评 DPSIR 模型. 环境科学与技术, 2005, 28(B06): 110~111.

[13] 张小平, 柳婧, 方婷. 基于 DPSIR 模型的兰州市低碳城市发展评价. 西北师范大学学报: 自然科学版, 2012, 48(1): 112~115.

[14] 庄晋财, 黄凡, 程李梅. 企业集群生态绩效评价方法及其运用. 云南财经大学学报, 2009, 2: 124~131

[15] 陈东升. 基于 DPSIR-SVM 的油气生产企业安全绩效考核模型研究. 成都: 西南石油大学, 2012.

[16] 周长军. 企业低碳管理绩效评价指标体系构建及应用研究. 南京: 东南大学, 2012.

第7章 苏南低碳旅游产业发展的路径与对策

7.1 苏南低碳旅游发展的战略环境评价

发展低碳旅游，要了解相关的环境与条件，运用 SWOT 模型对苏南低碳旅游产业发展进行战略环境评价，从低碳旅游产业发展的影响因素及影响机制出发，分析苏南低碳旅游产业发展的经济基础、科学技术与社会文化条件[1]。

1）优势（S）

（1）苏南正实施经济增长方式转型战略，绿色经济得到高度重视，节能减排态度明确，积极应对低碳化挑战；

（2）苏南经济发达，科技实力雄厚，高新产业等低碳制造业发展迅速，低碳技术和低碳设备不断发展，有相应的经济实力和技术实力来实施低碳化发展；

（3）苏南环境优美，旅游产业发达，旅游企业基础设施良好，具备开展低碳旅游条件；

（4）苏南正实施经济转型发展战略，重视经济发展与生态环境保护相协调，积累了丰富的节能减排经验，可为低碳旅游的发展提供帮助；

（5）苏南文化发达，居民收入水平较高，正处于追求生活质量阶段，对生态环境的要求越来越高，加之苏南居民素质较高，具有较强的低碳、环保意识，对开展低碳旅游具有促进作用。

2）劣势（W）

（1）苏南旅游经济发达，尚处于快速发展阶段，碳排放量大，并继续逐渐上升；

（2）苏南能源以火电为主，水能、生物能、太阳能、核能、风能等低碳绿色能源占能源比例很小，使得能源碳排放强度很大，短时间难以根本改变；

（3）随着经济发展，城市扩张，生态破坏较为严重，土地利用方式的耕地化和城市化，使土地固碳能力不断下降；

（4）缺乏低碳核心技术和低碳人才；

（5）旅游产业虽然总体规模较大，但旅游企业个体规模小、层次较低，粗放型增长特征依旧明显，技术创新能力弱，缺乏实施低碳发展战略的必要资金和技术支持以及相应的低碳发展紧迫感和使命感，旅游业转型升级比较缓慢。

3）机遇（O）

（1）国际低碳旅游发展趋势日趋明显，世界旅游组织呼吁实施旅游业低碳化发展战略；

（2）中央政府和江苏省政府高度重视节能减排，将低碳列为可持续发展的核心战略；

（3）全民节能减排的低碳意识觉醒，低碳旅游成为热点；

（4）国家旅游局正大力提倡低碳旅游，推进低碳旅游示范区、低碳绿色酒店等建设；

（5）科技不断进步，新的低碳技术和低碳创意不断涌现。

4）威胁（T）

（1）全球变暖带来的一系列问题影响能源和国土安全，大范围且旷日持久的旱灾、水灾、风灾危及水能、生物能等低碳新能源的开发利用；

（2）政府促进低碳旅游发展的配套政策缺位，缺乏低碳化发展的动力机制，危及低碳旅游的发展；

（3）其他省市区积极发展低碳旅游和低碳产业，抢占低碳高地；

（4）苏南工业化和城市化不断发展，自然生态空间不断萎缩，国土生态安全度不断下降；

（5）以 GDP 为主要考核业绩的机制对低碳旅游发展模式有负面效应。

根据 SWOT 模型对苏南低碳旅游发展优势（S）、劣势（W）、机遇（O）、威胁（T）分析，低碳旅游可以选择四种战略，即增长性战略（SO），利用拥有的低碳发展优势和众多机会，采取增加低碳投资、扩大低碳旅游产品的产出，提高市场占有率；多元化战略（ST），虽然拥有较大的优势，但面临外部严峻的挑战，应利用自身优势，开展多元化战略，避免或降低外部威胁的打击，分散风险，寻找新的发展机会；扭转性战略（WO），面临外部机会，但自身内部缺乏条件，应采取扭转性战略，改变内部的不利条件；防御性战略（WT），面临外部威胁，自身条件也存在问题，应采取防御性战略，避开威胁，消除劣势（图 7-1）。苏南低碳旅游发展正处新兴的发展阶段，应抓住机会，充分发挥自身的优势，采取增长性战略。

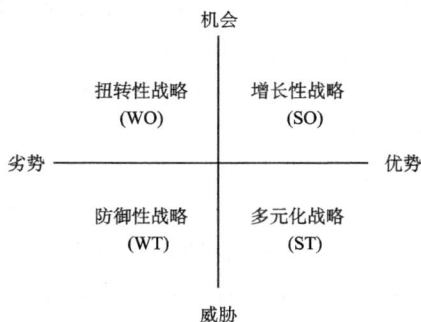

图 7-1 低碳旅游发展 SWOT 分析模型图

7.2　苏南低碳旅游发展路径

7.2.1　战略定位和总体思路

战略定位：将低碳旅游作为苏南旅游产业可持续发展和实现旅游产业转型发展的战略方向，树立苏南旅游产业低碳化发展的新形象，使旅游产业成为苏南低碳经济发展的先行者和典范行业，实现旅游产业发展与生态环境保护的和谐统一。

总体思路：苏南低碳旅游发展应遵循在政府引导下，旅游企业为主体，社会公众共参与的整合协同发展道路。政府发挥引导作用，编制《低碳旅游发展战略规划》《低碳旅游行为指南》等文件，宣传低碳旅游理念，并通过制定相应的政策、法规和优惠措施，构建低碳旅游发展机制，引导旅游企业加快技术革新，提高节能减排的效率，加大低碳旅游产品的研发和营销力度，吸引社会公众积极参与，在全社会形成浓郁的低碳旅游的氛围，从而实现苏南低碳旅游的健康持续发展。

7.2.2　发展目标

苏南低碳旅游发展目标可分为近期目标和远期目标。近期目标是到 2020 年，苏南地区低碳旅游初具规模和影响力，形成一定的知名度和品牌效应，旅游业碳排放量增速明显减缓，形成发展低碳旅游的共识，初步形成低碳旅游的产业链体系。远期目标是到 2030 年，苏南低碳旅游已成为主流产品，形成完整的产业链体系和良好的品牌效应，旅游业碳排放量达到峰值，并逐年下降，实现经济效益、社会效益与环境效益的统一。

7.2.3　重点内容

1. 制定低碳旅游发展规划，推进低碳技术的利用，倡导低碳旅游方式

充分发挥政府的主导作用，引领低碳旅游发展。为了环境保护和旅游业的持续发展，政府应编制《低碳旅游发展战略规划》《低碳旅游行为指南》，宣传低碳旅游理念，指导旅游产业低碳化发展，引导旅游者从传统的旅游方式向低碳旅游方式的转变[2]。应采取有效激励措施，推广包括低碳能源、低碳建筑、绿色建筑、绿色交通、污染减排、循环经济等一系列低碳生态核心技术在旅游产业中的应用，减小旅游业碳排放强度。倡导低碳旅游方式，使数量庞大的旅游者成为践行低碳旅游方式的主力军，他们的示范效应又会推动低碳生活方式在全社会中普及。为此，各地政府要引导旅游消费者将低碳旅游观与旅游的食、住、行、游、购、娱等各个环节结合起来，自觉规范自身的旅游行为，树立"碳中和"的旅游消费理念，倡导低碳旅游交通方式、低碳旅游住宿餐饮方式，优先选择低碳旅游

活动，实行"碳补偿"或"碳抵消"的旅游消费方式，实现低碳旅游行为方式的转变。

2. 推进"碳汇机制"在旅游业中的应用

"碳汇机制"指国际"碳排放权交易制度"（简称"碳汇"），其来源于《联合国气候变化框架公约》（UNFCCC）缔约国签订的《京都议定书》，它指"从大气中清除二氧化碳的过程、活动或机制"。"碳汇机制"倡导通过增加森林等"自然碳汇体"的方式来中和大气中温室气体含量。自然界中重要的碳汇体有森林、湿地、海洋等，其中森林碳汇是推行碳汇机制的主要载体[3]。

在旅游体验环境的培育中，既要大力提高环境的生态化含量，增加绿色环境对碳的高吸收、高贮备能力，更应该通过高碳汇机制的创新，提高旅游体验环境质量，实现更大的旅游环境效益。政府要通过推行旅游碳汇机制，制定碳汇旅游体验环境的评估指标和监督机构，不断增强旅游目的地或旅游区的碳汇能力，消除碳排放的消极影响，培育高品级的碳汇旅游体验环境。

3. 打造低碳旅游产品

1）低碳型旅游吸引物

低碳旅游吸引物是指用来吸引旅游者前来旅游的一切有形的、无形的，物质的、非物质的，自然的、人工的低碳旅游吸引要素，既可以是各种自然低碳景观，如湿地、海洋、森林等自然旅游资源，也可以是人工创造的低碳设施景观，如低碳建筑设施、低碳产业示范园区，还可以是多样化的低碳旅游活动产品，如运动休闲活动、康体活动。构建旅游吸引物，既可以运用低碳技术创新旅游吸引物的类型，也可以直接将低碳技术含量高的高科技产品包装成为直接的旅游吸引物[4]。

重点利用低碳技术打造低碳旅游吸引物，既作为旅游产品，又能起到低碳宣传和引导作用。如在山东德州，利用皇明集团打造的"太阳谷主题公园"，做的是太阳能技术的开发应用，展示的是具有显著低碳、微排特征的未来生活场景[5]。又如保定电谷锦江国际大酒店，利用"光伏玻璃幕墙"技术，利用太阳能实现能源自给，实现零排放，该酒店 2009 年已接待旅游者上万人。

2）配置低碳旅游设施

旅游各项基础设施、服务设施既可以通过运用各种节能、减排低碳技术，提高其设施水平，更应该直接使用低碳技术旅游装备，达到节约旅游运营成本、实现更大的旅游经济效益的目的。低碳旅游设施是基于低碳技术改造或直接使用低碳技术产品所建造的用以提供旅游接待服务的基础设施和专用设施。低碳旅游基础服务设施主要包括低碳道路交通设施、低碳环境卫生设施、低碳能源供应设施等；低碳旅游专项服务设施主要包括低碳旅游住宿餐饮设施、低碳旅游购物设施、低碳旅游娱乐设施以及低碳旅游游憩设施。

低碳旅游设施的建设途径主要包括：通过建设生态停车场，使用电瓶车、新型能源车等低碳旅游交通工具，以及建设低碳旅游道路等途径，发展低碳旅游交通设施[6]；通过在旅游景区的建设过程中使用循环污水处理装置，建设生态厕所，使用生态垃圾桶等方式，发展低碳旅游环境卫生设施；通过利用太阳能、风能、水能等可更新能源技术，建设新型的低碳旅游能源供应系统；通过使用低碳建筑，来建设低碳旅游住宿、餐饮、购物、娱乐设施，如低碳酒店、低碳商贸建筑；通过使用新能源观光游览车、低碳旅游休闲设施（如运动、健身设施）、低碳旅游观光设施、低碳娱乐体验设施来发展低碳游憩观光设施。

3）低碳旅游项目

在吃、住、行、游等要素设计中引入低碳消费理念，加大低碳旅游项目设计。饮食服务上，调整旅游者的饮食结构，重视动物食品和植物食品合理搭配，既保证旅游者身体健康，也有助于减少碳排放。住宿服务上，在选择目的地酒店时要多考虑小规模酒店或便捷旅馆，虽然这类酒店仅提供最基本的设施，但这意味着可以最少量地消耗能源。在交通工具选择上，不过度追求奢华——拒绝私人飞机、游艇等极度舒适却以高污染高排放为代价的旅游方式，发展低碳旅游需要提倡公共汽车、电动车、自行车等低碳或无碳的旅游交通方式；对于需要燃料的交通工具，要采用无污染的新能源，对于一些短程旅游者，在可能的情况下，可以适当选择徒步旅行或自行车旅行，这种环保的旅游方式既可以让人接近自然、放松心情，又可以最小限度地减少碳排放量，从而为低碳旅游创造了更多机会；在游览活动中，多设计自行车、徒步、骑马等游览等旅游体验项目，减少机动车、缆车等游览项目的设计。

4）低碳旅游酒店

酒店在吃、住、行方面要倡导绿色消费，采取措施尽量减少能源、水源和生活物质的使用量，特别注意减少一次性用品的使用。饭店在确保设施和服务不降低标准的前提下，物品尽可能地反复使用，把一次性使用变为多次反复使用或调剂使用。饭店在物品完成其使用功能之后，将其回收把它重新变成可以利用的资源。饭店为了节约资源、减少污染，使用无污染物品或再生物品作为某些物品的替代物，如使用纸质餐具替代塑料餐具，印有饭店标志的纸质或布质提袋替代塑料袋，使用无磷、无铅、高效、无毒、多功能型洗涤用品替代传统洗涤剂，节约水资源，减少污染排放。要合理利用常规能源，如煤、石油等，采用节能技术，提高能源效率，推广使用节能灶尽量利用可再生能源，如在高原地区用太阳能来加热，要充分结合本地能源优势，考虑利用自然能。建立以节能为中心的无污染型"绿色饭店"经营模式，减少资能源使用量和污染物产生量。

5）推进旅游电子商务

网络的普及给电子商务这种"非接触经济"带来竞争的优势。电子商务本质上是一种节能低碳的商务模式[7]。人们通过即时通讯工具进行交流，利用网络资源学习，到网上商城购物，现实生活中许多商务事宜都可以通过网络完成。网络环境下，人们所从事的活动不仅节约时间，更在许多方面减少了对自然资源的损耗。可见，作为科技先锋的互联网技术已成为低碳经济发展的重要引擎。事实上，发展和推广电子商务服务模式，就成为实施低碳经济的最佳途径。对旅游业来说，旅游业主要涉及信息流、资金流和客流，基本不会产生物流，这使得旅游业利用互联网开展电子商务有着天然的优势。应加大旅游电子商务的发展力度，实现从信息发布到检索、旅游产品预定与销售、旅游售后服务等的网络化，是实现低碳旅游的重要途径。

4. 营造低碳旅游目的地

发展低碳旅游必须依托有效的空间载体，建设低碳旅游目的地是旅游发展方式转型战略的重要选择。低碳旅游目的地涉及不同的空间尺度，既包括低碳旅游国家、低碳旅游城市，也包括低碳旅游景区、景点。未来 20 年或更长的时间尺度内，低碳发展方式成为重要的战略竞争高地，谁在低碳旅游发展方式转型、在构建低碳旅游目的地的战略层面拥有主动权，谁就能在全球化旅游竞争格局中拥有自己的发展机会和立足之地，拥有发展的话语权。因此，倡导低碳旅游发展方式，优先在一些条件适宜地区建构低碳旅游景区、低碳旅游发展示范区、低碳旅游社区、低碳旅游城市等低碳旅游目的地，应该是实现旅游发展方式转型的一种战略选择。

1）低碳旅游景区

低碳旅游景区是低碳旅游系统的综合版。低碳旅游景区的创建，能很好地将这些方面的内容结合起来，为政府、社区、旅游资源、旅游企业和旅游者推广低碳旅游理念和实施低碳旅游行为，提供了一个全方位的平台。通过创建低碳旅游景区，让旅游者通过旅游，亲身体验低碳生活，推动低碳教育，传达低碳理念，为打造低碳社会奠定基础。

2）低碳旅游示范区

全国部分城市正在积极筹集建立"低碳经济示范区"，如上海市和保定市于2008 年入选全球性保护组织世界自然基金会（WWF）"中国低碳城市发展项目"首批试点城市，建立"低碳经济实践区"。对旅游业来说，在旅游交通、旅游酒店、旅游餐饮、旅游景区等旅游者最集中的层面或空间，率先科学地提出旅游业的节能减排规划指标，遵循"低碳、微排、优区位"原则与"减排、微排、中和"的技术经济途径，建设一批低碳旅游示范区，引领中国旅游发展方式的转型，从而促进苏南低碳旅游装备制造业的崛起，建构苏南低碳旅游发展的技术经济政策及体制机制。

3）低碳旅游社区（村）

将低碳旅游与社区发展、新农村建设等结合起来，实现生态文明观下的社区可持续发展。在低碳旅游社区中，促进能源的高效利用，大力推广清洁能源的利用，实现生产方式循环化、社区生活低碳化、社区空间紧凑化。如交通和行走节能：街道两旁路灯全部采用太阳能照明，交通工具由电动车、畜力和人力组成；建筑节能：建筑采用节能玻璃窗或者太阳能玻璃窗；食品：以当地生产的无公害绿色低碳食物，包括蔬菜和植物性食物为主；取暖和煮食：主要以沼气和太阳能为主，附带一些低碳的植物燃料；垃圾处理：分类回收处理，集中处理。

4）低碳旅游城市

低碳旅游顺应全球应对气候变化、发展生态文明的趋势和中国建设"资源节约型、环境友好型"社会的要求。城市是旅游的主要载体，也是发展低碳经济的重点领域，苏南所有城市全部都是中国优秀旅游城市，在低碳旅游发展背景下，也肩负着建设低碳旅游示范城市的使命。在全国率先打造几个低碳旅游示范城市，是贯彻科学发展观、改善生态环境、提升城市知名度、美誉度、竞争力的重要内容，对于推动苏南城市旅游业的转型升级，实现从旅游城市向城市旅游的历史跨越，具有重要的意义。

7.3　苏南发展低碳旅游的对策建议

7.3.1　加强政府对低碳旅游发展的组织领导

各级政府可以成立低碳旅游发展领导小组，加强对低碳旅游发展的组织领导[8]。要明确低碳旅游发展总体目标，将其纳入国民经济和社会发展的总体规划之中。同时，要制定与低碳旅游产业相关的节能环保产业、新能源产业等行业发展规划。加强引导，分阶段、有重点、循序渐进地推进低碳生产方式和生活方式，大力促进发展低碳经济。

为促进低碳技术的研发与创新，政府应对此给予政策支持和引导，加大在科研和教育上的投资，培养高科技的人才，尽快研制出更多低碳经济的技术，加强科研机构和生产企业之间的联系，使低碳新技术发挥最快最大的作用，也使愿意从事低碳发展的企业有技术可用，有项目可投。

政府应加强各部门间的合作，加大低碳旅游的宣传力度，共同宣传绿色旅游、低碳旅游，多做公益广告，强化公众的环保意识，使其了解低碳旅游，促进公众主动进行绿色消费，践行低碳旅游，追求低碳生活。

低碳旅游是在应对全球气候变化、世界经济向"低碳经济"转型的背景下产生的，我国发展低碳旅游必然要与国际接轨，因此，政府要积极开展国际合作，采用国际国内先进的低碳管理模式，实现技术共享，以促进我国旅游业的持续发展，提高其在国际上的整体竞争力。

7.3.2　积极进行体制与机制创新，促进低碳旅游发展

为促进低碳旅游发展，要根据产业运行规律，从旅游业内在节能减排和发展转型的内部推力、气候变化与环境保护的外部拉力两方面构建低碳旅游发展的"推-拉"动力机制。对低碳旅游要从政策、财政、技术、教育、人才等方面构建相应的保障机制；旅游低碳化发展往往需要资金投入，损害部分利益相关者的利益，因此还要建立低碳旅游的生态补偿机制，对受到影响的单位和个人进行适当的补偿，保护社会各界发展低碳旅游的积极性。

要加快低碳技术开发与应用，强化低碳技术创新机制和清洁发展机制，大力应用包括碳捕获和碳封存技术、替代技术、减量化技术、再利用技术、资源化技术、能源利用技术、生物技术、新材料技术、绿色消费技术、生态恢复技术等，更大限度地提高资源生产率及能源利用率。

建立健全低碳旅游发展的制度保障。以低碳旅游为主要切入点，把科技创新与低碳经济的发展有机结合起来，建立起"以国家为引导，以企业为主体、以市场为导向、产学研相结合"的科技创新体系。破除新兴产业发展的体制机制障碍，建立科学的科技创新考核体制和正确的目标导向。健全低碳旅游发展中的技术创新和科技成果产业化的法律与制度保障。

低碳旅游发展、低碳技术创新需要巨额资金，需要构建多元化的投融资体制。政府要在财政、金融、税收等政策上加大对低碳旅游的科技创新投入力度，以引导低碳企业的科技创新投入。拓宽低碳旅游的融资渠道，鼓励企业利用资本市场进行融资，鼓励企业利用民间资金与境外资金。同时，还可以考虑设立低碳基金、私募股权基金、建设低碳交易所来解决低碳经济发展的资金投入问题。

发展低碳旅游，要通过制度创新，构建相应的激励机制，包括经济激励机制和政府激励机制。经济激励机制是以市场为基础的激励机制，它是按照价值规律的要求，运用价格、税收、信贷、收费、保险等经济手段调节或影响实施低碳旅游主体的行为，以确保低碳旅游的运行。经济激励通过实施经济政策，给市场主体一定的经济刺激，当企业或个人的行为符合要求时，行为人将获得一定的经济利益，反之行为人将会受到相应的经济处罚。发展低碳旅游是一种环境行为，环境为人类的生存和发展提供了物质基础，人人都可从自然环境中受益而不能排除他人从中受益，难免造成"搭便车"现象。因此，发展低碳旅游有公共物品性和正外部性，这就必然造成发展低碳经济的市场失灵，所以必须进行政府激励。

7.3.3　促进低碳旅游发展的重点政策与对策建议

1. 制定发展低碳旅游的法规与政策

加快制定推进旅游业低碳化建设的法规，从法律和制度层面将低碳旅游标准化和制度化。通过制定相关的政策、法规、制度来约束激励企业和消费者的行为，以制度促进低碳旅游的实施。重点是要建立和完善一系列有关低碳旅游的法律法规和经济政策体系，比如制定相关的法律法规来支持经济激励手段，若没有相关法律的保障，经济激励手段则很难实施。政府部门可以对旅游景区、旅游交通和旅游饭店等制定严格的低碳标准，并将其纳入星级酒店和 A 级景区的评定标准中，加强旅游相关企业低碳的考核制度。对于高能耗、高排放、高污染的旅游企业按照其开发利用资源的程度和污染破坏资源环境的程度征收排污税、碳税、污染产品税等环境资源税，从而加快整个旅游产业抢先进入低碳旅游的步伐。

2. 制定相应的财税政策，加大财政对低碳旅游的支持力度

政府要制定政策鼓励低碳旅游企业的发展，对该种企业在税收等方面实行优惠政策，激发旅游业开展低碳旅游的积极性[9]；同时，对于旅游景区的低碳旅游项目，政府应当投入必要的资金，鼓励旅游酒店、交通等相关旅游企业采用新能源、新材料，引进先进高效的节能减排技术。低碳财税政策可分为两大类：一是促进低碳发展的财税政策，如旨在鼓励市场主体进行能效投资、节能技术研发、新能源投资的财政补贴、预算拨款、税收减免以及贷款贴息等措施；二是抑制高碳生产、消费行为的财税政策，如旨在提高能源使用成本，鼓励节能降耗，控制温室气体排放的能源税、碳税等手段。

1）财政补贴

财政补贴就是发达国家鼓励企业实施能效投资的首选政策，目前仍是比较流行的财政激励措施。财政补贴是政府给予采取低碳措施的企业的某种形式的财务支持。对实施低碳的企业给予必要的补贴，在低碳经济发展初期是十分有利于加快发展低碳经济的步伐。补贴通常采用的形式有拨款、低息贷款和税收减免等。

2）预算拨款

为促进低碳技术研发和低碳经济发展，可将"碳预算"直接纳入财政预算之中，每年有大量的财政资金用于节能技术研发、能效示范项目投资。如 2009 年，为了配合"碳预算"的执行，英国政府安排了 14 亿英镑的预算资金，直接投向与发展低碳经济有关的领域，其中，90%的资金被用于支持海上风力发电、提高能效以及支持低碳产业与绿色产业发展。

3）税收优惠

对采用低碳技术、开展低碳旅游、进行节能减排投资项目的企业，可以享受相应的税收优惠。采购低碳与节能减排设备的优惠主要包括：加速折旧、税前扣除以及免征进口关税等。开展低碳旅游，从事低碳旅游产品开发，可以享受相应的营业税、所得税减免优惠。

4）贷款贴息

所谓贷款贴息是指财政给予能效投资项目的贷款利息补贴，能获得贴息的能效投资项目贷款也称为公共贷款或软贷款。软贷款的利率一般都比市场利率低得多。

5）征收碳税

碳税是指针对二氧化碳排放所征收的税。碳税通过对煤、石油和天然气等化石燃料产品，按其碳含量的比例征税来实现减少化石燃料消耗和二氧化碳排放。征收碳税是一种比较简单有效的经济激励措施，只需要增加非常少的管理成本就可以实现。通过碳税节制能源消耗和碳排放，鼓励企业和居民采用低碳技术、减少能源消费量。

3. 推行旅游产业碳排放交易

《京都议定书》提出的碳排放权交易是实现减缓气候变化国际合作的重要机制。可以在省内或国内实施旅游产业碳排放交易，给每个企业规定一个碳排放配额，也就是许可排放量，对于减排工作做得较好的企业，可以将碳排放配额拿到市场上交易。减排工作不足的企业排放权要用钱购买，生产型企业的负责人便会在现在配额下努力减少碳排放，同时也有动力投资较高科技的设备，以减少碳排放，这对整个市场是一个良性刺激。通过碳排放交易，可使节能减排工作做得好的企业获取相应的利益，从而促进低碳旅游的发展。

4. 成立低碳旅游发展基金

通过政府财政拨款、碳排放征税、社会捐赠等途径，建立苏南低碳旅游发展基金，用于支持低碳旅游产业项目、旅游环境保护项目、低碳技术的研究、开发和推广与应用，推动低碳技术市场的发展。同时，在减排过程中制定一些激励措施，鼓励企业寻求更好的节省能源的技术和方法。

5. 积极发展碳金融

通过发展碳金融，为低碳旅游提供资金保障。一是在金融部门成立专门的绿色机构。当前我国政府大力支持低碳经济发展，正是大力发展 CDM 项目的好时机，金融部门应抓住机遇，消除低碳发展的融资障碍，加强对低碳技术、产品和产业的评价分析，加大碳金融力度。二是加快碳金融产品创新，积极争取建立碳交易所。发达国家围绕碳减排权，已经形成了碳交易货币，形成了包括直接投资融资、银行贷款、碳基金、碳指标交易、碳期权期货等一系列金融工具。香港正筹建碳交易平台，我国北京、上海已经成立碳交易所，江苏作为经济强省和旅游强省，要积极争取打造国内碳交易所，在发展碳金融方面走在全国前列，只有这样，经济发达的苏南地区在碳金融方面就大有可为。

6. 加强低碳旅游领域人才培养和机构建设

科学技术是第一生产力，人才资源是第一资源。发展低碳旅游是个全新的理念和发展模式，需要加强低碳旅游领域人才培养和机构建设，特别要提高企业决策者的低碳意识和理念。要吸引相关技术和管理人才，以低碳旅游发展为纽带，以有关科研院所、高等院校与企业为依托，努力建设一支高素质的低碳研究队伍。要加强与国内外低碳领域先进地区、先进单位、国际相关组织、研究机构在清洁发展机制中的合作。

7. 大力开展低碳旅游的宣传教育

目前，尽管低碳旅游非常重要也非常必要，但大多数消费者对其重要性并不太了解，这在很大程度上与宣传教育不够有关。宣传教育是培养和增强企业及消费者低碳意识的重要途径。通过宣传教育使消费者意识到低碳旅游的重要性，不实施低碳旅游所带来的危害，使广大群众真正意识到低碳旅游关系到人类的未来，也关系到自己的切身利益。我们一方面可以通过各种媒体比如电视、报纸、广播、广告、小品等来宣传低碳旅游，另一方面可以结合各种形式的教育如学校教育、继续教育、职业教育培训和社会教育等来普及低碳旅游观念。

8. 完善低碳旅游考核指标体系

结合苏南的实际情况，建立低碳旅游产业发展的统计和考核指标体系，包括低碳旅游景区评价指标体系、低碳旅游酒店评价指标体系、低碳旅游目的地评价指标体系、低碳旅游城市评价指标体系等，对低碳旅游产业发展进行考核评估。建立地方各级政府发展低碳旅游与低碳经济的目标责任制，将能耗、环境保护等衡量低碳经济发展状况的重要指标纳入地方各级政府考核指标体系，把碳排放指标完成情况与各级政府政绩相挂钩，为发展低碳旅游与低碳经济提供机制保障。

参 考 文 献

[1] 柴莎莎, 延军平, 杨谨菲. 基于 SWOT 分析模型的中国低碳经济发展研究综述. 江西农业学报, 2010, 22(6): 208~210.

[2] 郭万达, 刘艺娉. 政府在低碳城市发展中的作用——国际经验及对中国的启示. 开放导报, 2009, 6: 23~27.

[3] 许文强. 森林碳汇价值评价. 昆明: 西南林学院, 2006.

[4] 张朝, 胡道华. 中国低碳旅游研究综述. 云南地理环境研究, 2011, 23(8): 53~57.

[5] 周梅. 我国低碳旅游及其发展对策研究. 现代商贸工业, 2010, 7: 124~125.

[6] 郑琳琳, 林喜庆. 试论"低碳旅游"模式的构建——气候变化条件下旅游业的应对. 襄樊职业技术学院学报, 2010, 9: 40~43.

[7] 陈联刚. 低碳经济造就电子商务服务发展的最佳模式. 电子商务杂志, 2010, 4: 13~14.

[8] 马驰, 丁俊慧. 基于低碳经济的旅游业发展对策研究. 现代经济, 2009, 8(7) : 17~19.

[9] 陈新平. 低碳经济发展模式下的财税政策——发达国家的经验及启示. 宏观经济管理, 2010, 4: 39~41.

第8章　结论与展望

在气候变化背景下，减少碳排放，促进碳吸收，推动社会经济低碳化转型是人类可持续发展的核心任务和必然选择。旅游业既是气候变化的受害方，同时旅游业碳排放也是气候变化的重要驱动力，推动旅游业低碳化转型成为旅游业最紧迫的环境问题。苏南旅游经济发达，旅游业碳排放量大，公众生态意识强烈，具备率先走上低碳之路的条件，实现苏南旅游业低碳化转型，对落实"五位一体"的发展战略具有重要的意义。本研究以苏南为案例地，将全球视角与区域视角相结合，开展旅游业低碳化转型的理论与实证研究，为区域低碳旅游发展提供理论与方法依据。

8.1　主　要　结　论

1）旅游与气候变化研究进展与趋势

旅游与气候变化研究已形成一个不断演进的知识领域，旅游与气候变化研究的前沿问题从最初的气候变化对海滨旅游影响到旅游业对气候变化的适应，再到最新的旅游业减缓气候变化的措施与政策，正沿着"影响—适应—减缓"的研究路径演化。在此过程中，旅游业的碳排放问题始终是旅游与气候变化研究的核心问题。在旅游与气候变化知识演进的过程中，《旅游的全球环境效应》等12篇论文起到了关键的作用，成为旅游与气候变化研究领域最重要的知识基础，研究热点呈现从气候变化对旅游业的影响及旅游业的适应逐渐向旅游业减缓气候变化、碳排放管理政策等延伸，从单一问题研究向多维度综合研究发展的趋势。旅游与气候变化的研究力量主要分布于欧洲、北美、大洋洲、东亚等经济与社会文化发达地区，其中许多欧洲国家和地区已形成了较为密切的合作网络，研究人员之间核心-边缘型社会网络结构已初步形成，研究呈现多主题性和多学科性。

2）苏南旅游业碳排放测度与预测

建立相关的区域旅游业碳排放测度模型，对苏南旅游业碳排放进行测度，研究表明，2002年，苏南地区旅游业的碳排放总量为24.92Mt，占全省旅游业碳排放总量的75.52%；2007年，苏南地区旅游业的碳排放总量为46.2Mt，占全省旅游业碳排放总量的73.99%。苏南地区旅游业碳排放是江苏省旅游业碳排放的主体，在苏南地区内部，旅游业碳排放明显呈现3个梯队，其中苏州、南京为第一梯队，无锡处于第二梯队，常州和镇江处于第三梯队，这与苏南旅游业发展的态势基本一致。在游客人均碳排放上，随着时间的推移，苏南各市游客每人次碳排放有所降低，各市游客每人次碳排放量的差距在缩小，但与江苏省内其他城市相比，分异比较显著且有所扩大。根据苏南旅游业碳排放影响因素的分解，游客规模效应、消费水平效应、能源强度效应、能源结构效应、旅游收入结构效应对苏南旅游业碳排放产生重要影响。

通过对南京中山陵景区、苏州同里景区、无锡灵山景区、常州天目湖景区这四大苏南典型景区的碳排放测度，发现四大景区中 2012 年碳排放总量最高的为同里景区（6994.78t），其次是天目湖景区（4570.87t），第三为中山陵景区（3620.29t），碳排放最少的是灵山景区（3217.45t）。但游客人均碳排放量由多到少依次是：天目湖景区 1.43kg，同里景区 1.06kg，灵山景区 0.92kg，中山陵景区 0.42kg。苏南旅游景区碳排放的差异主要受游客数量及性质、清洁生产技术的使用以及各市经济发展等因素的影响。

运用情景分析法对苏南旅游业碳排放进行了预测。在高碳情景下，则到 2015 年，苏南旅游业碳排放总量将达 342.4Mt。如果苏南旅游业能实现"十二五"期内能耗降低 20%左右的节能减排指标，则 2015 年，苏南旅游业碳排放总量在 273.9Mt 左右；在低碳情景下，碳排放总量增长迅速趋缓，到 2015 年，苏南碳排放总量将控制在 82.6Mt 左右。到 2020 年，苏南碳排放总量将在 93.07Mt 左右，控制在 100Mt 之内；在逐步低碳情景下，碳排放总量增长趋缓，到 2015 年，苏南碳排放总量将控制在 106Mt 左右。到 2020 年，苏南碳排放总量约在 195Mt，控制在 200Mt 之内。

3）苏南旅游业低碳化转型的条件

客观条件上，区域经济发展水平、低碳政策的推行、低碳技术的进步、区域旅游资源环境的优化都要为苏南旅游低碳化转型提供了良好的条件。主观条件上，政府和旅游行业管理部门、旅游企业及旅游从业者都对推动旅游业低碳化转型持赞同态度，作为低碳旅游的关键利益相关者之一的公众对低碳旅游感知较强，对低碳旅游发展普遍持赞成态度，公众的旅游行为有向低碳化发展的趋势。公众对于低碳旅游的认知、态度、行为之间存在着明显的正相关关系。加强旅游的低碳化转型，首先要提高公众对于低碳旅游的认知程度，其认知程度越高，公众对于旅游低碳化转型的态度就越支持，低碳旅游的各项行为措施就越容易实施。要着重通过各种渠道加强低碳旅游的宣传，提高公众对于低碳旅游的气候、参与与发展的认知，同时提高公众的践行和推广意愿，特别强调低碳旅游行为方式在"行"和"游"两方面的环保作用，从而促使公众形成良好的低碳旅游认知、树立积极的低碳旅游态度和提高低碳旅游行为水平。

4）苏南旅游业低碳化转型的系统模式

构建了旅游产业低碳化转型的动力机制模型。模型表明，旅游产业低碳转型有外因也有内因，宏观环境变化是外因，旅游业自身发展需求是内因。外部宏观环境对旅游产业低碳化转型形成拉力；旅游产业自身发展的需求形成低碳化转型的推力；经济政策为旅游产业低碳化转型提供保障力；科技文化则形成了重要的支撑力。旅游产业低碳化转型包括旅游市场转型、旅游产品转型、旅游企业运营管理转型、旅游产业结构与功能转型、政府职能与旅游管理体制转型五大方面。

构建了旅游产业低碳化转型发展的系统模型。模型表明，旅游低碳化转型系统由需求系统、供给系统、中介系统和支持系统构成。其中需求与供给是两大主导系统，需求系统创造消费牵动；供给系统提供产品吸引；中介系统和支持系统为旅游低碳化转型提供基础和支撑。中介系统形成消费引导；支持系统提供发展的基础。在需求系统与支持、中介系统地互动中，需求系统推动中介系统的服务，促进支持系统的发展，中介系统激发需求系统的旅游动机，支持系统对需求系统提供辅助决策作用；在供给系统与支持、中介系统的互动中，供给系统促进支持系统的结构优化，充实中介系统的服务内涵；支持系统则为供给系统提供了良好的发展条件，中介系统则为供给系统吸引来游客与消费。在低碳旅游系统中，核心要素包括低碳旅游目的地、低碳旅游消费方式以及低碳旅游交通方式。

苏南旅游业低碳化转型发展模式的选择受政府意志、投资者意愿、旅游者意识、低碳旅游资源禀赋、社会发展程度、科技发展水平等因素的影响。根据旅游产业低碳化转型系统模型，苏南旅游业低碳化转型的系统模式分为低碳供给模式、低碳需求模式、低碳中介模式和低碳支持模式。低碳旅游供给模式包括低碳旅游资源模式、低碳旅游设施模式、低碳旅游产品开发模式、低碳旅游示范区模式、"碳中性"旅游模式、低碳旅游景区模式等；低碳旅游需求（行为）模式包括低碳旅行模式、低碳住宿模式、低碳游览模式、低碳购物模式、低碳饮食模式等；低碳旅游中介模式包括旅游业的纵向一体化模式、网络信息旅游中介模式、低碳旅游意识培养宣传模式、低碳旅游营销模式等；低碳旅游支撑模式包括低碳旅游文化创新模式、低碳旅游城市模式、低碳产业园区模式、低碳旅游社区模式等。在苏南旅游业低碳化转型的过程及时空分异上，苏南各市都积极推进低碳旅游发展，并各有特色及优势，总体来看，苏州、南京、无锡走在旅游业低碳化转型发展的前列。

5）苏南旅游业低碳化转型的绩效评价

旅游产业向低碳化方向转型发展，最终实现低碳旅游经济过程中，形成旅游低碳化绩效，包括生态绩效、经济绩效、社会绩效、文化绩效、科技绩效等。影响旅游产业低碳化绩效的因素主要有旅游企业的低碳转型能力；低碳化转型的外部环境；旅游企业的内部条件以及低碳化转型的激励效应。旅游业低碳化转型绩效可以划分为确定低碳绩效评价的主体与客体、构建低碳绩效评价指标体系、确定低碳绩效评价的方法、低碳绩效评价工作的实施、低碳绩效评价的总结五大步骤。

运用熵权层次分析法和 DPSIR 模型选择中山陵景区、灵山景区、同里景区这三大苏南典型景区，并以大丰麋鹿保护区作为参照景区进行了低碳旅游绩效评价。研究表明，整体上大丰麋鹿保护区的低碳绩效最高，低碳绩效系数为 4.4816；同里景区低碳绩效最低，四大景区的低碳绩效由高到低在顺序为：大丰麋鹿保护区（4.4816）＞灵山景区（3.184）＞中山陵景区（3.0959）＞同里景区（1.5529）。大丰麋鹿保护区处于最高级第五级的"高低碳绩效"状态，灵山和中山陵景区处于第四级"很高低碳绩效"状态，而同里景区处于二级"较低低碳绩效"状态。

6）苏南低碳旅游产业发展路径与对策

在苏南低碳旅游发展 SWOT 战略分析基础上，提出苏南低碳旅游发展的路径，包括战略定位和总体思路、发展目标、重点内容。在战略定位上，将低碳旅游作为苏南旅游产业可持续发展和实现旅游产业转型发展的战略方向，树立苏南旅游产业低碳化发展的新形象，使旅游产业成为苏南低碳经济发展的先行者和典范行业，实现旅游产业发展与生态环境保护的和谐统一。重点要制定低碳旅游发展规划，推进低碳技术的利用，倡导低碳旅游方式、推进"碳汇机制"在旅游业中的应用、打造低碳旅游产品、营造低碳旅游目的地。要加强政府对低碳旅游发展的组织领导，积极进行体制与机制创新，出台促进低碳旅游发展的政策与对策，包括制定发展低碳旅游的法规与政策、制定相应的财税政策，加大财政对低碳旅游的支持力度、推行旅游产业碳排放交易、成立低碳旅游发展基金、积极发展碳金融、加强低碳旅游领域人才培养和机构建设、大力开展低碳旅游的宣传教育、完善低碳旅游考核指标体系。

8.2　讨论与展望

本研究对苏南旅游业的碳排放、旅游产业低碳化转型的条件、旅游产业低碳化转型的系统模式、旅游产业低碳化转型的绩效评价等问题进行了初步研究，由于数据与能力的限制，还存在许多不足，在多个方面还有待进一步深入研究和探讨：

（1）旅游业碳排放涉及面广，产业边界不清晰，既有直接排放，又有间接排放。加之旅游业统计数据不全、口径不统一、相关能源消耗数据统计缺失等因素，导致区域旅游业碳排放测度异常复杂。本文在测定苏南旅游业碳排放量时，一些数据采用间接法获得，可能使得碳排放估算的数据与实际碳排放量有一定的误差。由于统计数据的时滞性，课题研究过程中，未能获取最新的投入产出数据（投入产出表每 5 年编制一次，最新为 2012 年），导致碳排放测度仅测算到 2007 年，未能直接反映当前的碳排放情况。今后可以继续探索可行的区域旅游业碳排放测度方法，并通过多种测度方法进行综合和对比，以获得区域旅游业碳排放更可靠的测度数据。

（2）苏南旅游业低碳化转型涉及的利益主体众多，包括政府、旅游企业、旅游者、旅游地居民以及其他相关组织等，他们的态度和行为都会对旅游业低碳化转型产生影响。本研究在探讨苏南旅游业低碳化转型的主客观条件时，重点分析苏南地区旅游从业者、公众对低碳旅游的感知（认知）、态度和行为，并将政府、旅游企业以及其他利益相关者的态度与行为整合在一起做综合分析，未来可以从其他低碳转型的利益相关者角度来做进一步深入分析。

（3）旅游产业转型绩效评价是判断旅游产业低碳化程度以及转型效果的重要手段。由于旅游产业低碳化转型尚未完成，旅游行业的相关数据获取困难，本研究选择有代表性的旅游景区进行低碳旅游绩效评价，所以选择的景点和采集的数据尚不足全面反映苏南地区旅游企业低碳绩效的实际情况，在未来的研究中，应进一步扩大调查和数据采集的范围，以使研究更为全面。并可以在此基础上进一步探究区域旅游全行业低碳绩效的评价模型与指标体系。

（4）本研究是对苏南旅游业低碳化转型的初步研究，在此基础上，未来可以重点对苏南旅游业低碳化转型的相关机制和效应进行深入研究。包括旅游业低碳化转型的驱动机制、旅游业低碳发展潜力的转化机制、低碳旅游与生态文明建设的耦合互动机制、低碳旅游产业要素的空间结构与空间效应等，以推动低碳旅游研究的学术进步，并对苏南低碳旅游的发展提供理论指导。